THE White House Chef COOKBOOK

ホワイトハウスシェフの料理本

ケネディ家の想い出

──◆──

ルネ・ヴェルドン 著
鹿島公子 監修

THE WHITE HOUSE CHEF COOKBOOK
by René Verdon
Copyright © 1967 by René Verdon
This translation published by arrangement with
Doubleday, an imprint of The Knopf Doubleday Publishing Group,
a division of Random House, Inc. through
The English Agency (Japan) Ltd.

刊行のことば

　この本とわたくしが出会ったのは、今から四十数年前、アメリカ・ニューヨークでした。

　「ティファニーのテーブルマナー」と「ホワイトハウスシェフの料理本」の二冊でしたが、「ティファニーのテーブルマナー」は帰国後、鹿島出版会から企画・翻訳して上梓し、現在では32版20万部を超えるロングセラーとなっています。

　「ティファニー」の発刊後、10年ほどした1985年頃、ルネ・ヴェルドンさんと東京でお会いする機会がありました。ルネさんは、がっちりとした体格の中に、気さくでやさしい面と頑固さを併せ持ったフランス人シェフ独特の雰囲気を持つ方でした。わたくしが出版の話をした時、自分の著書が日本で出版されることに非常に驚いて喜ばれ、大変期待して待っていると言われました。

　そして今、数十年を経て、この本を上梓することが出来、ルネさんとの約束を果たせたことをうれしく思っています。

　本書に御紹介しているレシピは50年以上前のものですが、ルネさん独特のエキゾチックな味わいがあり、それはジャクリーン・ケネディ夫人も称賛されたものです。

　また、本書はケネディ家のホワイトハウスでの生活と共に、料埋の本として、わかりやすく、つくりやすく、しかも美味しいレシピとして、現在でも十分活用できるものと確信しております。

平成28年3月　鹿島公子

ここに敬意を表して
故ジョン・フィッツジェラルド・ケネディ大統領、
並びにケネディ夫人、キャロライン、そしてジョンに
捧げます
私の人生で最も幸福なひとときを与えてくださったことに感謝して

ACKNOWLEDGEMENTS
謝辞

　この本を通して、多くの主婦の方たちに喜んでいただけそうなレシピを発表できたことを大変嬉しく思っています。
　皆さんがこのような本を書くようにと勧めていただき、今日出版できたことに感謝を申し上げたいと思います。

　私はアメリカ人としては新参者ですし、英語は母国語ではありませんので、親友のルイス・ベントン博士に原稿作成の手伝いをお願いしました。彼は有名な作家であり、美食家でもあります。ルイスは執筆の準備や原稿チェックに膨大な時間を費やしてくれました。彼の変わらぬ、そしてめげない根気強さに改めて感謝しています。ルイスの素敵な奥さん、フラン・ベントンにも心からお礼を申し上げます。彼女が作る美味しい料理はこの本の完成の一翼を担っています。私たちがレシピを試すために過ごした、ロングアイランドのベントン家での愉快な週末を、私はいつも楽しい気持ちで思い出します。

　また、特にベッティ・サリバン夫人には数多くの有益な提案やコメントをいただき、大変ありがたく思っています。
　親友で、一流のシェフでもあるジーン・ベルギュ、レイモンド・リシュ、レイモンド・ヴォダールが私のレシピをもとに料理を試作し、力を貸してくれました。グレース・ディッカー夫人、ロバータ・ブロック夫人も素晴らし

い料理の腕前を提供してくれました。

　レシピをタイピングしてくれたジョイ・ブラウン夫人にも感謝しています。

　最後に、この料理本の完成に仕事で必要とされる以上の情熱を注いでくれた、ダブルデイ社のクララ・クラッセン女史に感謝のキスを贈ります。

ルネ・ヴェルドン

CONTENTS
目次

Introduction	序文	9
Appetizers & Hors d'Oeuvres	前菜&オードブル	19
Soups	スープ	61
Eggs	卵料理	89
Fish and Sea Food	魚介料理	107
Poultry and Game Birds	鳥料理とジビエ料理	145
Meats	肉料理	193
Basic Foundation for Haute Cuisine (Sauces)	高級フランス料理の基本――ソース	235
Vegetables, Rice and Noodles	野菜、米、麺料理	273
Salads	サラダ	303
Desserts	デザート	319
Suggestions for Food Preparation	下ごしらえのヒント	365
Epilogue	結び	373
Index	索引	377

アスタリスク(*)が付いている料理は、索引からレシピをさがすことができます。

本書を読む前に

単位の換算について
本書の1カップはアメリカ規格（240mℓ）です。
日本の1カップ（200mℓ）ではありませんので、注意してください。
容量と温度については、下記を基準に換算しています。

容量（原書／本書）		オーブン温度（原書／本書）	
1 cup	1カップ（240mℓ）	275 F	140℃
1 pound	450g	350 F	180℃
1 quart	1ℓ	375 F	190℃
1 pint	470mℓ	400 F	200℃
1 ounce	30g	425 F	220℃

魚の名称について（原書／本書）

Halibut	大ヒラメ（おひょう）	Truite	カワマス
Flounder	カレイ、ヒラメ	Perch	パーチ（スズキの仲間）
Haddock	タラ	Boston Scrod	コダラ
Mackerel	サバ	Pompano	ポンパーノ（アジ科）
Sole	シタビラメ	English Sole	イングリッシュソール

生クリームの分類について
ライトクリーム　　　脂肪分 18 〜 30 ％
ホイッピングクリーム　脂肪分 30 〜 36 ％
ヘビークリーム　　　脂肪分 36 ％以上

ブロイラーについて
ブロイラー（broiler）は上火式の調理機器です。
オーブンやグリルの上火で焼くことで代用できます。

バニラエクストラクトについて
日本の「バニラエッセンス」で代用する場合は、濃度が高いため、数滴にしてください。

注の凡例
原注：＊1　　訳注：[1]

INTRODUCTION
序文

　料理コンサルタントとして各地で講演をしていると、皆さんから「どうやってシェフになったのですか？」と聞かれることがあります。
　シェフのシンボルでもある丈の高い白いコック帽をかぶらずスーツ姿で講演している私は、シェフではなくビジネスマンに見えるのかもしれません。それは当然のこととも思えます。シェフは料理を作ることが仕事であり、厨房のスタッフにとってはボスであり、また厨房を切り盛りする経営者の一面も併せ持っている、そういう雰囲気がビジネスマンに見えるのだと思います。

　南フランスの片田舎に生まれた私が、ホワイトハウスの厨房でふたりのアメリカ合衆国大統領[1]のために料理するという幸運に、いかにしてめぐり合ったかをお話ししましょう。
　私と料理を結び付けてくれたのは、父が営んでいたパン屋のオーブンから香ってくる焼き立てのパンの香りでした。1924年、私はナントの70kmほど南にある人口6,000人のプゾージュという町で生まれ、美味しいものを愛する優しい両親のもと、平穏な毎日の中で楽しく食事をしながら育ちました。父の座右の銘は「あらゆる善の起源と根源は、胃袋の快楽にある」というエピクロスの格言でした。父は有能なコックではありましたが、母の料理の腕に一目置いていましたので、台所はすべて母に任せていました。
　私の兄弟も父の料理人の血を受け継いで、ひとりは父と同じパン職人に、

もうひとりは腕のいいパン菓子職人になりました。一番下の妹は夫に自分の料理の腕前を楽しんでもらうことで満足しています。家族の中で私だけが故郷を離れることとなったのです。私の愛する家族は私があのホワイトハウスで料理できる幸運を誇りに思ってくれ、手紙などでは「フランスの国民的英雄」と冗談めかして呼ぶこともありました。

　私の尊敬するオーギュスト・エスコフィエは、名だたるシェフの中でも最高のシェフだと思います。私が料理人人生をスタートしたのは、彼が料理の見習いに入った年齢と同じ13歳のときでした。それは私にとって自然のなりゆきでした。というのは私の料理人へのあこがれはその他のどんな仕事より、はるかに大きなものであったからです。

　私が料理人への道を選んだことを両親は非常に喜び、あらゆる面で私を励ましてくれました。父はたったひと言、「もし仕事が好きになれなかったら、辞めなさい」とアドバイスしてくれました。それは父が「生産的で創造的な仕事をするためには、その仕事が何よりも好きでなければならない」と信じていたからです。のちに、ホワイトハウスを辞めることを考えたとき、この父の言葉を思い出しました。そしてそれは、私にとって最大の後押しの言葉となったのです。

　私は、生まれ故郷ナントの名高いレストラン「ラ・ペラーズ」で何人もの応募者の中から選ばれ、3年間見習い奉公をしました。

　仕事はきつく要求の多いものでした。ラ・ペラーズのシェフとそのスタッフから料理のイロハ、ナイフの持ち方、野菜の正しい洗い方やむき方、さらに厨房独自の整理整頓の仕方をたたき込まれました。また、週に3日は、夜明け前にベッドから飛び起き、4時にマーケットに行くボスに付いて、重いバスケットを両手に持ち、野菜、肉、魚、鶏の買い方を学びました。夜は厨房を綺麗に清掃し、23時過ぎにすべてを片付けて一日が終わります。

ミスをしてしまったときは、罰として山のようなじゃがいもの皮むきが待っていました。何かを焦がすような、もっと手ひどいミスをしてしまったときには、ひっぱたかれたり蹴られたりもしました。ミスはミスとしてお仕置きを受け止め、一日も早くミスのないシェフになることを目指して修行に明け暮れました。それでもときどき、お仕置きがひどいと思うこともあり、「仕事を続けたいかどうかは、自分自身のために自分が決めなければいけない」と常に言っていた父と話し込むこともありました。しかし、私にはシェフの道を諦めるつもりはなく、むしろこの道を極めようと努めていたので、かえって幸せを感じることのほうが多かったのです。

　料理人にとって、一番下の見習いから最終目標のシェフになるということは、厨房で多くの役割を果たしてきたことを意味しています。私はその過程を今日まで28年かけて歩んできました。この結果、幸運にも35歳前にエグゼクティブ・シェフに任命されるという栄誉にあずかりました。

　私の名前が初めてケネディ家の皆様の耳に届いたのは、私がニューヨークの高級ホテル「エセックスハウス」で働いていたときでした。私の友人のひとりで、ニューヨークの素敵なレストラン「ラ・カラベル」のシェフであるロジャー・フェサゲ氏は、彼の雇い主のロバート・メイゼン氏とそのパートナーであるデクレ氏に、私のことをよく話していました。そして、ケネディ家はラ・カラベルでよく食事をされており、ある夜ジョセフ・P・ケネディ氏がメイゼン氏とデクレ氏に、息子である大統領のために料理を作ってくれるシェフを推薦してほしいと依頼されました。おふたりは私を直ちに推挙してくれたということです。

　それは1961年2月のことでした。私はホワイトハウスのマップルーム[2]に行くようにと指示され、そこでケネディ夫人と秘書のレティシア・ボール

ドリッジ女史にお会いしました。ボールドリッジ女史からは丁寧で細かい面接を受けました。私はケネディ夫人にプロのシェフとしてのこれまでの経歴を説明しました。このときまでの私の厨房経験は、「ル・カステ」(仏西部シャトレイヨン)、「ル・ロンスレー」「ル・カルバドス」「セルクル・ハウスマン」(いずれもパリ)、エジプトの国王ファールーク1世がよく食事をされた「ノルマンディーホテル」(仏北西部ドーヴィル)、そしてオーシャン・ライナーの「リベルテ号」が挙げられます。ニューヨークへ来てからは「カーライルホテル」と「エセックスハウス」にいました。

ケネディ夫人は私の説明にじっと耳を傾け、これらの経歴を納得するようにうなずき、面接は終わりました。

その後、数日間かけて私の人物調査が徹底的に行われたようです。大統領のすぐそばにお仕えするのですから、それは必要不可欠なことです。シークレットサービスとFBIは、私の学校や職場、交友関係まで調べ上げたようです。私がこれまでいたことのある場所は、フランスでもアメリカでもあらゆる場所が入念に調査されました。1カ月ほど経った頃、ケネディ夫人の秘書から、ホワイトハウスのシェフのポストに私が決まったと電話がありました。それはあまりにも光栄なことで、大変な喜びと誇りを持ってお引き受けしました。

こうして、私の新たなキャリアは1961年3月25日に始まったのです。エセックスハウスからホワイトハウスへの転職は、私の人生で最も驚きに満ちた一歩です。それは、思うに、私の人生の頂点であり、その日が来るのが待ちきれませんでした。

ホワイトハウスのシェフという非常に高い地位に就こうとしているわりには、私のワシントンへのデビューはつつましいものでした。私はバスでワシントンに着き、ふたつのスーツケースを引きずり、タクシーでホワイトハウ

スの警備所に着きました。その門の前で自分の名前を告げたときは、夢が現実のものとなった実感で嬉しくなりました。警備員がリストを確認すると、私の名前がそこにありました。ホワイトハウスの内部業務を担うスコウテン氏は温かく迎えてくれました。この温かな歓迎は、アメリカ大統領官邸という荘厳さの中で私をほっと安堵させてくれました。

スコウテン氏は、その後5年間を過ごすこととなる住まいに早速案内してくれました。そこはホワイトハウスの最上階にある住み心地のよさそうな部屋で、その真下のフロアに大統領一家が住まわれていました。部屋にはテレビ、ラジオ、電話、ベッド、一脚の椅子、整理ダンス、クロゼットが用意されていました。寝室の天井にスプリンクラーが付いているのを見るのは初めてでした。

最上階には、ほかにサンルーム、テラス、温室、子どもたち用の教室と浴室が設けられています。1年ほどして、私のいる階にもうひとり住人が増えました。フェルディナンド・ルーヴァ氏がその人で、彼は私の要請でスタッフに加わった腕のいいパティシエで、今もホワイトハウスで働いています。

ホワイトハウスに住むにはたくさんの手続きが必要でした。私はスコウテン氏にアイゼンハワー行政府ビルにあるシークレットサービスのオフィスに連れていかれ、そこで指紋の採取やホワイトハウスの通行証用のカラー写真の撮影を済ませました。通行証にはその場で自筆の署名をしました。

ひととおりの手続きを終えて近所のレストランに行き、夕食を取りました。そのとき私はひとりで食事をすることも全然気にならないけど、翌日のことで頭がいっぱいだったことを思い出します。私はケネディ一家に気に入っていただけるかどうか、実はかなり不安でした。一家が舌の肥えた、非常に洗練された方々であることは周知の事実です。でも私にはご満足いただけることについての自信もありました。それは、私は長年にわたって国内外

の有名人たちに料理を提供し、これらの方々から高い評価を得てきたという実績によるものです。ですから、その夜はあれこれ思い悩むことなくぐっすり眠り、翌朝8時には、厨房機器チェックをするために厨房に下りていました。

　ボールドリッジ女史はその1時間後に会いにきてくれました。その頃の私の英語は通じないことが多かったので、私は彼女の堪能なフランス語に、どれほど助けられたか知れません。ボールドリッジ女史は大変親切で、私の気持ちをほぐしてくれました。私が彼女をみんなと同じように「ティッシュ」と呼ぶようになるまでに、それほど時間はかかりませんでした。
　彼女は私をケネディ夫人のところに案内し、夫人も流暢なフランス語で温かく迎えてくださいました。私たちはその日のメニューについて話し合い、夫人は私の考えをお尋ねになりました。それ以降は、私が考えたメニューを夫人が厨房にいらしたときに毎朝お見せすることになりました。夫人は食べ物に大変気をつかわれ、また料理についても非常に精通した方でした。特に子どもたちのメニューには関心を持たれ、常にメニューの種類が多くなるようにして子どもたちの興味を引き、かつ栄養価の高いものとなるように気を付けられていました。夫人は「多くの子どもはお決まりの料理しか食べていないけれど、私の子どもたちにはさまざまな種類の食物を食べることに慣れてほしい」とのお考えでした。
　ティッシュは私をホワイトハウスのほかのスタッフに紹介してくれました。その中には、医師のジョージ・バークレー海軍少将とジャネット・トラヴェル女史もいましたし、大統領報道官のピエール・サリンジャー氏、ケネディ夫人付きの報道官パメラ・ターナー女史、18年間家政婦長をしていたウォーカー夫人、大統領秘書の中で特にチャーミングだったエヴリン・リンカーン女史、大統領の身の回りをお世話していたジョージ・トーマス氏、ケネディ夫人の個人的なメイドであるプロビデンシア・パレーデス夫人がいま

した。

　その日のうちに、ケネディ家の子どもたちの乳母であるモード・ショー女史がキャロラインを厨房に連れてきてくれました。彼女はそのとき3歳で、聡明で愛らしい小妖精のようでした。ショー女史は私を子ども部屋に連れていき、ケネディ家のもうひとりのメンバー、リトル・ジョンを紹介してくれました。リトル・ジョンはそのときわずか4カ月の乳児でした。

　翌日、ケネディ夫人が大統領を厨房にお連れになり、初めて大統領にお目にかかりました。これは決して忘れることのできない、私の人生最高の素晴らしい瞬間でした。大統領は優しく微笑みながら握手をしてくださいました。また、大統領が英語の不自由な私にフランス語で話しかけてくださったことは、とてもありがたく、忘れることのできない出来事でした。ケネディ夫人はこのように優しい心配りのある大統領の接し方に傍らで微笑んでいらっしゃいました。

　大統領のご家族に、私が初めてお出ししたメニューがこちらです。

Boula-boula Soup　ボラボラ（アメリカンスープ）*
Roast Leg of Lamb　子羊のもも肉のロースト
Roast Potatoes　ローストポテト
Puree Carrots　にんじんのピューレ
Corn on the Cob　軸付とうもろこし
Mixed Salad　ミックスサラダ
Cheese　チーズ
Chocolate Chiffon Mousse with Whipped Cream
チョコレート・シフォンムース　ホイップクリーム添え

この初めてのお食事から、またたく間に楽しくも波乱に満ちた5年の歳月が過ぎましたが、その間常に感謝の気持ちを忘れたことはありません。お仕えしたおふたりの大統領とそのご家族は、優しく思いやりのある方々でした。皆様にお仕えできたことは私の最大の誇りです。いろいろなエピソードの中で特に思い出されるのは、ケネディ夫人がくださった手書きの心温まるメモです。そこにはお出しした料理に対する感謝の言葉がフランス語で書かれていました。ケネディ大統領からは直接お褒めの言葉をいただき、私の心は感謝の気持ちでいっぱいでした。あの悲しい事件のときには、私はアメリカ国民と同じかそれ以上の深い喪失感に打ちひしがれました。私は、大統領が活気にあふれ、笑顔と教養に満ち、大変魅力的な方であったことを知っています。また、大統領はケネディ家の家長として優しく愛情深い夫であり、父親でもありました。大統領の突然の死に、お仕えしていたスタッフ全員が自分の身内を失ったように深く打ちのめされました。

　その後まもなくして私はホワイトハウスを辞めましたが、すぐには何をすべきか見当も付きませんでした。あのようなひどい悲劇から5年を経過しても、まだどのような身の振り方をすべきか分からなかったのです。ただ私は世界中の多くの有名ホテルやレストランからさまざまなお誘いを受けたことに心からありがたく思っています。皆様からの申し出をよく考えたのち、私はスコービル社ハミルトンビーチ事業部（Hamilton Beach Division of the Scovill Manufacturing Company）の料理コンサルタントのポストを受けることにしました。
　これまで高級フランス料理を提供する厨房で、二十数年を超える時をシェフとして過ごした者にしては、変わった道を選んだのかもしれません。しかし、私はそこにある価値を見つけました。新しい仕事は、国中のあらゆるところに出向き、普通の家庭の主婦の皆さんを相手として、皆さんご自身の

キッチンで美味しい食事を支度する方法をお教えすることです。私はこのことにとても魅力を感じています。最終的には、料理の試作をしたり、アメリカの一般家庭にも本格的なテーブルサービスを習得できるような公開キッチンをニューヨークに建てたいと思っています。というのは、真のグルメ料理は「味わう」という味覚だけではなく、「見栄え」という視覚にも魅力的でなければならないからです。

　各地における講演や料理の実演に大勢の方々が参加してくださり嬉しく思いました。私のアドバイスが参加者の皆さんの料理に何か役立つことは私自身にとって最高の喜びです。これまで数知れない女性の方々がいつ料理本を出版しますかと問い合わせくださいました。その質問に対する答えがこの本です。この本の1ページ、1ページには、高級フランス料理は読者の皆さんにも作れること、複雑かつ高価で時間のかかるものではないこと、さらには働く女性でも最高の素晴らしいシェフになれることを伝えています。これらのことを読者の皆さんが実感してくださることが、私の心からの願いです。

　ここで改めて皆さんに忘れないでいただきたいことがあります。新鮮でよい材料を選び、自信を持って料理に臨んでいただければ、結果は素晴らしいものになるということです。

　この本にある料理の多くは伝統的なフランスの調理方法ですが、ほとんどがアメリカの一般的なキッチンで十分作れるものです。またそうできるように心がけました。私がホワイトハウスの厨房で使ったこのレシピは、これまでも世界的に署名な方々に供されてきました。そして試食の適任者であった私の友人たちも、これらレシピを大いに楽しみました。皆さんが楽しく作って、美味しく召し上がれることを心から願っております。

［1］ ジョン・F・ケネディ（第35代）とリンドン・ジョンソン（第36代）。
［2］ ホワイトハウスの地階にある部屋。もとは娯楽室だったが、第二次世界大戦中、F・ルーズベルト大統領が戦況報告室として使用し、さまざまな地図を掛けていたことに由来。

APPETIZERS & HORS D'OEUVRES

前菜&オードブル

　それでは前菜からお話を始めることとしましょう。

　皆さんは、ケネディ家のためのレシピはもとより、ホワイトハウスの厨房で働くことがどういうものであるかにも興味をお持ちのことと思います。

　ホワイトハウスの厨房には私がこれまで経験した厨房とは異なる部分がありました。設備はほぼ同じでしたが、要求されることがまったく違っていたのです。

　そこでは大統領のおもてなしという特性上、あらゆる類いの注意が必要でした。食材に関していえば、たとえばにんにくの使用については、その調理方法についてもいつも注意をしなければなりません。ケネディ夫人は大統領に消化のよいものを食べていただくよう特に気を配られていたので、消化のよくないきゅうりも控える必要がありました。このようなことから、ラディッシュや生の玉ねぎの使用も控えなりればなりませんでした。

　ホワイトハウスには、信仰や慣習などから、ある種の食べ物を禁じられている海外の要人もお見えになります。そういった方々にお出しする料理には特に配慮が必要でした。各大使館からは事前にホワイトハウスの秘書に電話があり、特別な料理が要望されました。また、私たちも人一倍細心の注意を

払っていました。

　ある夜のことでした。理由は分かりませんが、ひとりのお客様が前菜としてお出しした料理を召し上がりたくないようで、代わりにステーキを所望されました。そのとき、ケネディ夫人は冷静に私にステーキをお出しするよう指示されました。私は速やかにその指示に従いました。このとき以来、ステーキを常に準備しておくようになりましたが、この紳士がその後ホワイトハウスに招かれることは二度となかったと記憶しています。

　あるご婦人から、「ねぇ、ムッシュ・ヴェルドン、あなたは何を召し上がるの？　お客様にお出しするものと同じメニューを召し上がるの？」と聞かれたことがありますが、とんでもないことです。ホワイトハウスには50名ほどのスタッフ用の食事を準備するために4名のコックが働く職員用の厨房があり、私はそこで自分の食事を作ります。そのための食材は朝のうちに、その晩に何を食べようかと思いながら調達しておくわけです。
　フレンチシェフが自分の食事を作るとき、それが必ずしもフランス料理ではないと知ったら、皆さんは驚かれるかもしれません。私はいろいろな国の郷土料理がことのほか好きです。ですから、私自身の食事は、たとえば大好きな中東料理のクスクスやドイツ料理のザウアークラウト、あるいは日本料理、メキシコ料理、中国料理を試すこともあります。ときには、コーンビーフとキャベツのようなシンプルで家庭的な食事も作ります。当然これらの郷土料理は、ホワイトハウスのディナーパーティーでお客様に出されることはありません。また、フランス料理は皆さんおしなべてお好きなようです。だから私はフランス料理を作る仕事に就いているというわけです。

　ケネディ夫人は見識の高い教養をお持ちの女性ですので、当然のことながら国際人としての嗜好と鋭い味覚をお持ちでした。しかしホワイトハウスで

はまずお客様のことを念頭に置きます。ですから、私はフランス料理を中心に、この本で紹介している面白いアメリカ料理を何種類かと、他国の料理も併せてお出しするようにしておりました。さらにいえば、伝統的なフランス料理が何よりもお好きだったケネディ夫人は、ほうれん草のスフレ*、デザートのフローティングアイランド*、スフレパンケーキを特に好まれました。大統領は夫人からお許しが出たときは、多少ボリュームのあるものを召し上がることもありました。

スタッフドエッグ・ナネット風*、スフレ・ヴィクトアール風*、ほうれん草のキャセロール・スザンヌ風*、オムレツ・ルイ風*、シャードエッグ・アルバート風*など、レシピ名の由来についてはよく質問を受けました。

その由来をお話ししたいのですが、残念ながら、答えはレシピを考案したそれぞれのシェフの胸の内にしまわれていることが多いのです。サラダ編にあるジーン給仕長のシーザーサラダ*のように、ときには友人の名前を付けることもあります。ジーン給仕長はニューヨークの「コロニーレストラン」の前シェフで、私の親友です。このシーザーサラダは私がクラシック・シーザーサラダをアレンジしたもので、親友である彼の名前を付けました。そのほかにも、その料理を最初に考案したシェフたちがいとしい妻や女友だちの名前を付けることもあります。

レシピ名には特別な意味を持っているものもあります。キジ胸肉のサン・チュベール風については、この料理は栗ピューレのソースとともに、猟鳥が出されます。それゆえ、レシピ名は狩りの守護聖人であるサン・ヴュベールをたたえて名付けられたというわけです。

私もケネディ夫人に敬意を表して、いくつかの料理に名前を付けさせていただきました。たとえば、クラム・ジャクリーン風*。これは夫人がハマグリをことのほかお好きで、このレシピを特別に喜ばれたからです。

Appetizers & Hors d'Oeuvres

また、材料の産地など、地名に由来しているものもあります。なすのヴォーリヴァージュ風＊は、フランスのヴォーリヴァージュ地方で多く採れるみずみずしいなすをたたえて付けられています。

　ここで、キッシュ・ロレーヌ風＊については特に申し上げたいと思います。まずお断りしておきたいのは、この料理がカニの身やほかの代用品で作られているのを見かけるでしょうが、ハムやベーコン、チーズでできている場合を除けば、それは本物のキッシュとはいえないということです。また、タルトよりも小さく作れることをご存じでしょうか。キッシュはビュッフェディナーや昼食会に最適で、パーティーでも最高の前菜メニューであり、ビュッフェでは事前に作り置きし、出す直前に温めればよいという利点があります。ケネディ大統領は、この小さなキッシュがとてもお好きでしばしば昼食に召し上がりました。

　それでは、本書の最初の章、前菜の本題に入りましょう。
　私はオードブルのことを考えると、いつもキャロラインとの会話を思い出します。ケネディ家のお子さんたちはいつも楽しそうで、所構わず歩き回られていたので、私たちは彼らをよくお見かけしました。ホワイトハウスは、この陽気なおふたりによって堅苦しい雰囲気がずいぶんと和らいだものです。
　ある日、私たちが食事やオードブルの大皿を並べていたときのことです。たまたま通りかかったキャロラインが、英国のハロルド・マクミラン首相との昼食会にお出しする前菜の前で足を止められました。キャロラインはキャビアの大皿に特に惹かれたようで、「これは何？」と無邪気に聞かれました。「これはキャビアです」と私は答えました。「チョウザメという魚の、とっても小さな卵です」

「少し食べてもいい？　お願い！」

「う〜ん」。私はさらに申し上げました。「そんなに美味しいものではなく、たいていの人はキャビアを初めて口にしたとき、好きにはなれませんよ？」

　キャロラインはキャビアを口にしたときの有り様を考えられているようでした。

「やっぱりいいわ。次の機会にします」と彼女はさっとその場を離れられました。

　それでは、幼いキャロラインより経験豊富で、もう少し多くの味をご存じの皆さんに、これから前菜のレシピについてお話しします。前菜をお出しする目的は、ゲストの食欲を呼び覚ますことです。そして、ゲストの胃液の分泌を促すことです。前菜は食欲をかき立てますが、空腹感を満たしてはいけません。食欲をかき立てるためにどういった前菜にするか、シェフの独創性が求められ、シェフの腕の見せどころとなるのです。

　ディナー前の飲酒は料理を台なしにしてしまうといわれますが、私はワイン以外のお酒はどれも確かに味覚を鈍らせてしまうと思います。真の食通は、食事前にアルコールで味覚を麻痺させてディナーを楽しむことはないと思います。そうはいっても、実際には前菜の前、あるいは前菜とともにお酒を飲むことも多いはずです。それは習慣を超えた、社会の生活様式なのです。私たちはみんなが食通ではありませんし、毎日フランス料理を食べているわけでもありません。そしてアルコールは人の集まりを楽しく、リラックスさせる何よりの活性剤なのです。

　大統領もほかの方たちと同じように、ディナー前にお酒を飲まれます。とはいえ、ケネディ大統領はありふれたマティーニは好まれませんでした。大統領のお好みは冷たいビールでした。私たちは小さなダイニングルームの

冷蔵庫にはビールを欠かしませんでした。ケネディ夫人はダイキリがお好きで、ときどき大統領も同じものを所望されていました。それでも大統領にとって、ビールに勝るものはありませんでした。ホワイトハウスの歴代大統領たちにも、それぞれのお好みがありました。ほかのスタッフの話によると、アイゼンハワー元大統領はスコッチウイスキーを飲まれ、トルーマン元大統領はバーボンを、フランクリン・D・ルーズベルト元大統領はハイボールを召し上がっていたそうです。

　皆さんが腕によりをかけたディナーを出す前に、ゲストがお酒を飲まれたとしても気にすることはありません。それは避けようのないことなのです。そのことでディナー本来の美味しさを味わえなかったとしても、その分楽しい雰囲気がそれ以上に得られるはずです。前菜が本当に食欲をそそる出来映えならば、アルコールの影響を和らげることでしょう。ここにビュッフェ形式で、あるいはカクテルとともに、さらには最初の一品としてお出しした私の料理の数々をご披露しましょう。

Anchovy Butter
アンチョビバター （カナッペ18個分）

材料................
アンチョビ（缶詰） 1/2カップ（120g） 　　　　無塩バター（室温） 1/2カップ

作り方................
すべての材料をブレンダーに入れ、蓋をして滑らかになるまで速度「強」で撹拌する。固まるまで冷やす。ペストリーに詰めるか、絞り袋に入れカナッペとして飾る。

Cheese Canapé
チーズカナッペ （カナッペ30個分）

材料................

牛乳	1/4カップ	ウスターソース	小さじ1/2
クリームチーズ（さいの目切り）（室温） 225g		タバスコ	3～4滴
		無塩バター（室温）	1/2カップ
ブルーチーズ（砕く）（室温） 85g		チャイブ（小口切り）	大さじ1
白こしょう	小さじ1/2	パセリ	3枝
塩	小さじ1/4		

作り方................
すべての材料をブレンダーに入れ、蓋をして滑らかになるまで速度「強」で撹拌する。必要なら途中でブレンダーを止め、ゴムべらで材料をブレード（刃）のほうへ集める。とろみがつくまで冷やす。ペストリーに詰めるか、絞り袋に入れカナッペとして飾る。

Chicken Canapés
チキンカナッペ（60人分）

材料................

焼きマッシュルーム（缶詰）	170g	玉ねぎ（すりおろす）	小さじ1
鶏肉（ゆでてみじん切り）	2カップ	カレー粉	小さじ1/2
セロリ（細かくみじん切り）	1/2カップ	塩	小さじ1/2
サワークリーム	2/3カップ	焼いたパイ生地*	小60個
		ミニトマト	適量

作り方................
1. マッシュルームの水気を切り、みじん切りにする。ボウルにマッシュルーム、鶏肉、セロリを入れて混ぜ合わせる。
2. 別の容器にサワークリーム、玉ねぎ、カレー粉、塩を混ぜる。**1**に加えてよくあえる。
3. 食卓に出す直前に、パイ生地に**2**を小さじ1ずつ入れ、ミニトマトを飾る。

Cucumber Canapés
きゅうりのカナッペ（1人分、3〜4個）

作り方................
きゅうりは皮をむかず5mm程度の薄切りにする。その上にクリーム状にしたカッテージチーズを塗り、スモークサーモンの薄切りをのせ、ケーパーを飾る。

Egg Canapés
卵のカナッペ（1人分、半卵1〜2個）

作り方................
固ゆで卵を横半分に切る。卵の上にレッドキャビア（またはブラックキャビア）を混ぜたサワークリームをスプーン1杯分のせ、その上に取り置いたキャビア

を飾る。みじん切りしたパセリを散らす。

Canapés Lorraine
カナッペ　ロレーヌ風　（48人分）

材料................

溶かしバター	小さじ1	卵（卵黄と卵白に分ける）	1個
小麦粉	小さじ山盛り1	白いパン（直径4cmの円形）	48枚
牛乳（温める）	1/3カップ	パプリカ	適量
キルシュワッサー	小さじ1		
シャープチェダーチーズ（すりおろす) 150g			

作り方................

1. 鍋に溶かしバターと小麦粉を入れかき混ぜる。牛乳を少しずつ加え、絶えずかき混ぜながら弱火にかける。とろみがつき滑らかになったら、キルシュワッサーとチーズを加え、チーズが溶けるまで混ぜる。
2. 鍋を火からおろし、卵黄を加え万遍なく混ぜ、冷やす。
3. 角が立つまで泡立てた卵白を入れ、さっくりと混ぜる。
4. パンをトーストし、**3**を小さじ1ずつ盛る。バター（分量外）を薄く塗った天板にパンを並べ、パプリカをふりかける。チーズがシュークリーム状に膨らみ軽く焼き色が付くまで焼く。

Hot Cream Cheese Canapés
ホットクリームチーズカナッペ　（約36個分）

材料................

クリームチーズ（室温）	大1パック	うまみ調味料	適量
卵黄	1個分	クラッカー（塩味）	36枚
玉ねぎ（すりおろす）	小さじ1		

Appetizers & Hors d'Oeuvres

作り方
1. クラッカー以外の材料をよく混ぜ合わせる。
2. クラッカーに塗り、ブロイラーに入れる。チーズが膨らみきつね色になるまで焼く。

Norway Sardines Mimosa
ノルウェーサーディン・ミモザ（4人分）

材料
A
レモン汁	小さじ1	トースト	4枚
サワークリーム	大さじ1	トマト（薄切り）	2個
洋風練りがらし	小さじ1	ノルウェーサーディン（缶詰）	
ブレンダーマヨネーズ*	大さじ1		220g
玉ねぎまたはエシャロット		固ゆで卵（裏ごしする）	1個分
（みじん切り）	小さじ1	スタッフドオリーブ（薄切り）	
挽きたて黒こしょう	少々		8個
タバスコ	数滴		
ウスターソース	数滴		
塩	適量		

作り方
1. Aをよく混ぜ、トーストに塗る。
2. トマト、サーディンをのせ、卵をふりかけ、最後にオリーブを飾る。トーストを三角形に切る。

Crab Meat Royale
カニ肉のロワイヤル（6人分）

材料

カニ肉	450g	ウスターソース	小さじ1
溶かしバター	大さじ4	パルメザンチーズ（すりおろす）	
ヘビークリーム	1/2カップ		1/2カップ
マスタード（粉末）	小さじ1/2	カニの甲羅（なければ小さい焼き皿）	
塩	小さじ1・1/4		6個
白こしょう	小さじ1/4	パン粉	大さじ3
カイエンペッパー	少々		

作り方

1. カニ肉をほぐし軟骨を取り除く。バター、生クリーム、マスタード、塩、こしょう、カイエンペッパー、ウスターソース、チーズ大さじ4を加え、カニ肉と軽くあえる。
2. **1**をカニの甲羅に6等分し、残りのチーズとパン粉をふりかける。200℃のオーブンで10分、または焼き色が付くまで焼く。

Crab St. George
カニのセント・ジョージ風（3人分）

材料

カニ肉（缶詰）	220g	チリソース	1/4カップ
アサリの貝殻		ブレンダーマヨネーズ*	3/4カップ
（または小さい焼き皿）	15個	タバスコ	2滴
ベーコン（小さめの角切り）	2枚	ウスターソース	2滴

作り方

1. カニ肉をほぐし軟骨を取り除き、貝殻にのせベーコンを散らす。天板に置き、230℃に予熱したオーブンで、ベーコンがカリカリになりカニ肉に十分火が通るまで焼く。
2. チリソースとマヨネーズを混ぜ、タバスコとウスターソースを加える。スプーンで**1**のカニ肉を覆うようにかける。ブロイラーの熱源から15cm離して、表面がふつふつとし軽く焼き色が付くまで焼く。

Roger's Deviled Crab Meat
ロジャーのデビルドクラブミート（4人分）

材料

カニ肉	1カップ	ブレンダーマヨネーズ*	大さじ3
パセリ（みじん切り）	大さじ1/2	イングリッシュマスタード	
チャイブ（小口切り）	大さじ1/2	（辛口白ワイン小さじ1で薄める）	
生タラゴン（みじん切り）	小さじ1/2		小さじ1
または乾燥タラゴン	小さじ1/4	クラッカー（四角形か円形）	
タバスコ	適量		16〜18枚
塩・こしょう	各適量		

作り方
1. クラッカー以外の材料をすべて混ぜ合わせる。
2. クラッカーに塗り、ブロイラーで焼き目を付ける。

Avocado and Crab Meat Cocktail
アボカドとカニのカクテル（6人分）

材料

完熟アボカド	小2個	ホースラディッシュ（すりおろす）	
玉ねぎ（すりおろす）	小さじ1/2		大さじ1
レモン汁	小さじ2	ウスターソース	小さじ1/2
塩	小さじ1/4	砂糖	小さじ1/4
タバスコ	適量	レタスの葉	適量
トマトケチャップ	3/4カップ	カニほぐし身（缶詰）	200g
チリソース	大さじ2	またはカニ肉	225g

作り方
1. アボカド1個の半分を、皮をむいてすりつぶし、玉ねぎ、レモン汁小さじ1、塩、タバスコを加え混ぜる。冷蔵しておく。
2. ケチャップ、チリソース、ホースラディッシュ、ウスターソース、砂糖、

レモン汁小さじ1を混ぜ合わせ、冷蔵庫で冷やす。
3. カクテルグラスにレタスの葉を敷く。残りのアボカドの皮をむいて1cm強の角切りにし、カニと混ぜてカクテルグラスに盛る。**2**のソースをかけ、**1**をトッピングする。

Avocado Cocktail
アボカドのカクテル（16〜20個分、ソース1カップ）

材料

トマトケチャップ	1/2カップ	タバスコ	少々
レモン汁またはライム果汁	大さじ2	しょうゆ または塩	小さじ1 小さじ1/4
ウスターソース	小さじ1	ブレンダーマヨネーズ*	大さじ1
ホースラディッシュ	小さじ1/2	完熟アボカド	大1個

作り方
1. アボカド以外のすべての材料をよく混ぜ合わせる。
2. アボカドを小さなボール状にくり抜き、**1**のソースをかける。冷蔵庫でよく冷やしてから食卓に出す。

Cocktail Mushrooms
カクテル・マッシュルーム（約60個分）

材料

にんにく（みじん切り）	1片	マッシュルーム（缶詰、ホール）	
オリーブオイル	1/4カップ	（缶汁を切る）	225g
ワインビネガー	大さじ2		

作り方
にんにく、オリーブオイル、ワインビネガーをよく混ぜ合わせ、マッシュルームに万遍なくかける。蓋ができる瓶に詰め、冷蔵庫で24時間保管する。器に

Appetizers & Hors d'Oeuvres

盛り、カクテルピックを添える。

Cocktail Skewers
カクテル・スキュア （20人分）

材料
イングリッシュマスタード（辛口白ワイン大さじ2で薄める）	大さじ2
溶かしバター	大さじ2
カクテルソーセージ	20個
マッシュルーム（洗って水気を切る）	小20個

作り方
1. マスタードとバターを混ぜて熱し、ソーセージとマッシュルームを中火で炒める。
2. ようじ1本にソーセージとマッシュルームを1つずつ刺す。20本分作る。

Rumaki
ルマーキ　鶏レバーのベーコン巻き　ハワイアンスタイル （24人分）

材料
鶏レバー	12切れ	ベーコン（半分に切る）	12枚
りんご（皮をむいて3.5cm長さの拍子木切り）	1個	塩・こしょう	各適量

作り方
1. レバーを半分に切り、りんごと一緒にベーコンで巻く。塩、こしょうで調味する。
2. 小さい串かようじで留める。ベーコンがカリカリになり、レバーに十分火が通るまで焼く。

Ecuadorean Seviche
エクアドル風セビーチェ　魚の冷製カクテル（4人分）

材料................

刺身用大ヒラメまたは白身魚	225g	粗挽き黒こしょう	小さじ1/2
		トマトジュース	1/8カップ
レモン汁	1/2カップ	わけぎ（小口切り）	3本
ウスターソース	小さじ1・1/2	トマト（皮をむき種を取ってざく切り）	1個
タバスコ	小さじ1/4		
塩	小さじ1・1/2	サラダ菜	適量

作り方................

1. 魚を5mm程度の角切りにする。ボウルにレモン汁、ウスターソース、タバスコ、塩、こしょうを入れ、最後に魚を混ぜ合わせる。冷蔵庫でひと晩冷やす。
2. 食卓に出す1時間前に、味がしみ込んでやわらかくなった魚にトマトジュース、わけぎ、トマトを加え、よく混ぜ合わせる。サラダ菜を敷いたシャーベットグラスに盛り付ける。

Blue Cheese and Walnut Ham Roll
ブルーチーズとくるみのハム巻き（約25個分）

材料................

ブルーチーズ（室温）	225g	キルシュワッサー	大さじ2
無塩バター（室温）	225g	ボイルハム（薄切り）	900g
くるみ（粗みじん切り）	1/4カップ		

作り方................

チーズとバターをクリーム状になるまでかき混ぜる。くるみとキルシュワッサーを加えてかき混ぜ、冷やす。ハムに塗り、縦方向に巻く。ハムの長さによって7～10cm長さに切る。ようじで留める。

Mushroom Rolls
マッシュルームロール（12〜14個）

材料................
白いパン	12〜14枚	マッシュルーム（みじん切り）	
バター（やわらかくしておく）			225g
	適量	塩	小さじ1/2
溶かしバター	大さじ2	挽きたて黒こしょう	少々
カレー粉	小さじ1/2	カイエンペッパー	少々
レモン汁	大さじ1	溶かしバター	適量

作り方................
1. パンは耳を取り除いてから、麺棒で3mm厚さにのばす。表面にやわらかくしたバターを薄く塗る。
2. 溶かしバター大さじ2、カレー粉、レモン汁を熱し、マッシュルームがしんなりするまで炒める。塩、こしょう、カイエンペッパーで味を調える。
3. **1**のパンに**2**を大さじ1ずつ塗る。ロールケーキのように巻き、ようじで端を留める。天板に並べ、刷毛で溶かしバターを薄く塗り、220℃に予熱したオーブンで約15分、軽く焼き目が付くまで焼く。

Roquefort Roll
ロックフォールロール（約60個）

材料................
ロックフォールチーズ（室温）		コニャック	45ml
	450g	チャイブ（みじん切り）	大さじ2
バター（室温）	113g	アーモンド（煎って粗く刻む）	適量
クリームチーズ（室温）	225g	無塩クラッカー（円形）	適量

作り方................
1. ロックフォールチーズ、バター、クリームチーズをつぶす。コニャック、チャイブを加え、よく混ぜ合わせる。少し冷やす。

2. 直径4cmの円柱に形を整え、アーモンドの上で転がしてまぶし、冷やす。薄く切りクラッカーに盛り付ける。

Saumon en Bière
サーモン・イン・ビア（12人分）

材料..............

鮭	1.4kg	しょうゆ	1/2カップ
ピーマン（粗みじん切り）	1/2カップ	生しょうが	大さじ1
パプリカ（粗みじん切り）	1/2カップ	または粉末しょうが	小さじ1/2
ライム果汁	1カップ	にんにく（つぶす）	1片
ビール	1・1/2カップ	玉ねぎ（すりおろす）	大さじ2

作り方..............

1. 鮭の皮をはいで骨を取り除き、7〜10cm長さの薄切りにする。包丁が筋目と交差するようにして斜めに切る。
2. バットに鮭、ピーマン、パプリカを薄く敷き詰める。ライム果汁とビール1カップを混ぜ、鮭が完全に浸るように回しかける。冷蔵庫で数時間、鮭がくすんだピンク色になるまで漬ける。
3. マリネ液を捨て、冷水ですすぎ、水気を切る。
4. 鮭を平らに並べて端にピーマンとパプリカを少量ずつのせ、巻いてようじで留める。
5. しょうゆ、残りのビール1/2カップ、しょうが、にんにく、玉ねぎを混ぜ合わせ、サーモンロールのディップとして添える。

Celery Stuffed with Caviar
セロリのキャビア詰め（約48個分）

材料..............

セロリ	2本	クリームチーズ（室温）	225g

玉ねぎ（すりおろす）	大さじ1	レッドキャビア	1/3カップ
パセリ（みじん切り）	1/3カップ	塩・こしょう	各適量

作り方
1. セロリは外の筋を取り除き、よく洗って水気を切る。
2. クリームチーズ、玉ねぎ、パセリ、キャビアを混ぜ合わせる。塩、こしょうで味を調え、セロリに詰め、5cm長さに切って冷蔵しておく。

Curried Olives
カレー風味のオリーブ（約18人分）

材料
完熟オリーブ（缶詰）	255g	ウスターソース	小さじ1
カレー粉	小さじ1/2		

作り方
1. オリーブの缶汁を小さなソースパンに入れ、カレー粉とウスターソースを加え、煮立てる。
2. オリーブにかけ、蓋のできる容器に入れて冷蔵庫で24時間漬ける。

Green Peppers with Anchovy Sauce
ピーマンのアンチョビソース仕立て（6〜8人分）

材料
バター	大さじ6	アンチョビ（缶詰）	113g
オリーブオイル	1/2カップ	ワインビネガー	大さじ2
にんにく（みじん切り）	3片	ピーマン（4つ切り）	大6個

作り方
1. ソースパンにバターとオリーブオイルを熱し、にんにくとアンチョビを加え、かき混ぜながら約10分火にかける。ワインビネガーを入れかき混ぜる。
2. 鍋に湯を沸かし、ピーマンを入れ蓋をして約15分ゆでる（固さが残る程度）。

水気を切る。
3. 器にピーマンを皮を下にして並べ、それぞれの中央にスプーンで熱いソースをかける。熱いうちに食卓に出す。

Marinated Mushrooms and Artichoke Hearts
マッシュルームとアーティチョークのマリネ （16 ～ 20人分）

材料..............

冷凍アーティチョークハーツ	2パック	にんにく（半切り）	1片
		塩	大さじ1・1/2
マッシュルーム	小900g	粒こしょう	小さじ1/2
水	1・1/2カップ	乾燥タイム	小さじ1/2
りんご酢	1カップ	オレガノ	小さじ1/2
サラダ油	1/2カップ		

作り方..............
1. アーティチョークをやわらかくなるまでゆで、水気を切る。
2. マッシュルームは軸に沿って半分に切り、アーティチョークと混ぜる。
3. 残りの材料を混ぜ、**2**を加え軽くあえる。
4. 蓋のできる容器に入れ、ときどき混ぜながらひと晩冷蔵する。汁気を切って器に盛る。

Sesame Artichokes
ごま風味のアーティチョーク （約20個分）

材料..............

アーティチョークハーツ（缶詰）	1缶	塩・挽きたてこしょう	各適量
メルバトースト（円形、ライ麦または白）	適量	ガーリックパウダー	適量（約小さじ1/4）
溶かしバター	113g		

Appetizers & Hors d'Oeuvres

ごま	適量

作り方

1. アーティチョークは缶汁を捨て、半分に切る。切り口を上にしてトーストの上に置く。オーブン皿に並べる。
2. 溶かしバターに塩、こしょう、ガーリックパウダーを加え、スプーンでアーティチョークにたっぷり注ぎかける。トーストに少し流れ出てもよい。
3. 180℃に予熱したオーブンで5分焼く。食卓に出す直前にごまをふりかけ、ブロイラーで3分ほど焼き目を付ける。

Mousse Rouge
ムース・ルージュ（4〜6人分）

材料

無香料ゼラチン	大さじ1	ブレンダーマヨネーズ*	大さじ2
水	大さじ2	サワークリーム	470mℓ
湯	1/2カップ	マスタード（粉末）	小さじ1/4
レモン汁	大さじ1	レッドキャビア（瓶詰）	130g
ウスターソース	小さじ1		

作り方

1. ゼラチンを水に入れてふやかしてから、湯に入れて溶かす。レモン汁とウスターソースを加え、よく混ぜる。
2. 別のボウルでマヨネーズ、サワークリームを混ぜ合わせ、1を入れ手早くかき混ぜる。マスタードとキャビアを加えさらに混ぜる。容量1ℓほどの型に流し入れ、固まるまで冷やす。型から外し、ひと口サイズのパンを添えて出す。

Chicken Liver Pâté
チキンレバーパテ（8〜10人分）

材料

バター	225g	玉ねぎ		小1/4個
鶏レバー	450g	バジル		小さじ1/8
にんにく（細かいみじん切り）		コニャック		大さじ2
	1/2片	塩・こしょう		各適量

作り方

1. 鍋にバター半量を溶かし、レバーを表面に焼き色が付き、中心はピンク色が残る程度に手早く炒める（約5分）。
2. 火を止め鍋に部分的に蓋をし、レバーをたびたび裏返して予熱で焼けるのを防ぎながら、バターが固まり始めるまで冷ます。
3. レバーをブレンダーに入れる。室温に戻しておいた残りのバターと残りの材料を加える。材料をへらで押し下げながら、滑らかになるまで攪拌する。
4. 味を調え、バター（分量外）をよく塗った容量1ℓの型に入れ、蓋をしてひと晩冷蔵する。

Pâté de Campagne
パテ・ド・カンパーニュ　田舎風パテ（20人分）

材料

豚肩肉	1.4kg	コンソメゼリー	1カップ
豚レバー	450g		

A
- 玉ねぎ（粗みじん切り）　中1個
- にんにく（みじん切り）　3片
- パリジェンヌ・スパイス　大さじ1
  - またはセージ小さじ1、オールスパイス小さじ1/2、
  - 塩・挽きたてこしょう適量を混ぜる

Appetizers & Hors d'Oeuvres

コーンスターチ	大さじ2
卵	4個
塩	大さじ1

作り方

1. 肩肉を肉挽き器で粗挽きにする。
2. 挽き肉に**A**とレバーを加えてよく混ぜ、蓋付きの深皿か陶器の器に移し、アルミホイルで蓋をする。
3. 湯を張った天板の中に**2**を置き、180℃に予熱したオーブンで約2時間半蒸し焼きにする。冷ます。
4. パテの上にコンソメゼリーをのせる。無塩クラッカーを添えて出す。

Pâté de Faisan Truffe en Crout
キジのパテのパイ包み トリュフ添え（25人分）

生地の材料

小麦粉	900g	バター（室温）	450g
塩	小さじ1	水	1・1/2カップ
卵	6個		

作り方

ワックスペーパーの上に小麦粉を盛って真ん中にくぼみを作り、塩、卵、バター、水を入れ、よくこねる。（残った生地は冷凍保存可能）

パテの材料

キジ肉（骨を取り除く）　2羽分（各約1.2kg）

A

塩	小さじ1	コニャック	90mℓ
白こしょう	小さじ1/4	豚肩肉	900g
パリジェンヌ・スパイス	小さじ1	卵	4個
またはセージ小さじ1、		トリュフ	24片
オールスパイス小さじ1/2、			
塩・挽きたて黒こしょう適量を混ぜる			

作り方
1. キジの胸肉を拍子木切りにし、**A**をひとつまみずつ加えたコニャックにひと晩漬ける。
2. 豚肉とキジのもも肉（骨は取り除く）を肉挽き器で細挽きにし、卵、**A**の残り、**1**のマリネ液を加える。
3. 長さ35cm、幅・高さ各10cmの型を用意し、底と側面に6mm厚さにのばした生地を敷き詰める。**2**の挽き肉と**1**のキジ胸肉の層を交互に重ねていき、型の半分まできたら中央にトリュフを並べる。さらに挽き肉と胸肉を重ね、挽き肉の層で終える。生地で蓋をし、余った生地を使って葉の形を作り表面に飾る。蒸気を逃がすために2cm四方の深い穴を2つ開ける。オーブンに肉汁が落ちないよう型を天板の上に置いて、180℃に予熱したオーブンで3時間焼く。

蒸気抜きの穴にコンソメゼリーを詰め、冷やす。型から外して、レタスの葉を敷いた上に盛り付ける。一口サイズのパンに盛り付けてもよい。

Turkey Pâté
ターキーパテ（8〜10人分）

材料
A

ターキー挽き肉（加熱調理済）	2カップ	ブレンダーマヨネーズ*	
玉ねぎ（みじん切り）	小1個	（つなぎ用）	適量
固ゆで卵（みじん切り）	2個分	トリュフまたはオリーブ	
アーモンド（粉末）	1/2カップ	（飾り用）	適量
塩・こしょう	各適量		
ホットペッパーソース	少々		
コニャック	大さじ2		

作り方
1. **A**を混ぜ、まとまるまでマヨネーズを加えてパテを形作る。
2. ボウルに入れ、トリュフかオリーブを飾り、冷やす。

Cheese and Kirschwasser Spread
チーズとキルシュワッサーのスプレッド（1・1/4 カップ分）

材料

クリームチーズ（室温）	113g	塩・こしょう	各適量
バター（室温）	大さじ2	セロリ	適量
ブルーチーズ（室温）	1/2 カップ	パプリカ（粉末）	適量
キルシュワッサー	小さじ2		

作り方

1. セロリとパプリカ以外の材料を混ぜ、泡立て器でよくかき混ぜる。
2. セロリに 1 を詰め、パプリカを散らす。

Cheese-Beer Spread
チーズとビールのスプレッド（約 1・1/2 カップ分）

材料

ゴーダチーズまたは 　エダムチーズ（室温）	小1個	ビール	3/4 カップ
		ウスターソース	小さじ 1/2
無塩バター（室温、角切り）	113g	マスタード（粉末）	小さじ 1/2
		玉ねぎ（すりおろす）	大さじ1

作り方

1. チーズの上面から直径5cmの円を切り出し、蓋用に取っておく。チーズの中を周囲に6mmの厚さを残してくり抜く。
2. くり抜いたチーズとバターをブレンダーに入れ、速度「強」で滑らかになるまで攪拌する。
3. 少しずつビールを加え、塗りやすいペースト状になるまで攪拌する。ウスターソース、マスタード、玉ねぎを加えて混ぜ、チーズの中に詰める。円形に切ったチーズで蓋をし、冷やす。器に盛り、ライ麦パンを添える。

Cold Eggplant Appetizer
なすの冷製前菜 （約470mℓ分）

材料................

なす	小1個	ディル（粉末）	小さじ1/8
セロリ（粗みじん切り）	1/2カップ	オレガノ	小さじ1/4
パプリカ（粗みじん切り）	1/3カップ	塩	小さじ1/2
にんにく（みじん切り）	1片	こしょう	小さじ1/8
ケーパー（みじん切り）	大さじ2	サラダ油	1/3カップ
パセリ（みじん切り）	大さじ2	酢	1/3カップ

作り方................

1. なすをやわらかくなるまで約20分塩ゆでし、水気を切って冷やす。皮をむき5cm長さに切る。
2. 残りの材料を加えよく混ぜる。しっかり蓋をして冷蔵する。

Eggplant Beau Rivage
なすのヴォーリヴァージュ風 （12人分）

材料................

米なす	大2個	塩・こしょう	各適量
レモン汁	小さじ2	サワークリーム（飾り用）	適量
オリーブオイル	適量		

作り方................

1. なすを縦半分に切る。そのうち2切れは皮を残して果肉をくり抜き、皮の内側に刷毛でレモン汁を塗る。残りの2切れは皮をむく。すべての果肉を2.5cm厚さに切り、やわらかくなるまでゆで、さいの目に切る。ナスの分量をはかっておく。
2. なすの果肉2カップに対し1/2カップのオリーブオイルをブレンダーに入れ、10秒撹拌して取り出す。残りのなすも同じようにして混ぜる。塩、こしょうで味を調える。

3. よく冷やしてから、なすの皮に詰める。サワークリームをかけ、くさび形に切り分けたライ麦パンを添える。

Eggplant Spread, Athens Style
なすのスプレッド アテネ風 （約3カップ分）

材料

オリーブオイル	大さじ4	にんにく（みじん切り）	2片
米なす（皮をむき、さいの目切り）		塩	小さじ1・1/2
	2個（各約680g）	挽きたて黒こしょう	小さじ1/2
玉ねぎ（薄切り）	3/4カップ	ヨーグルト	1/2カップ
ピーマン（薄切り）	1カップ	黒パン（くさび形、薄切り）	適量

作り方

オリーブオイルを熱し、なす、玉ねぎ、ピーマン、にんにくをしんなりするまで、焦げ付かないように炒める。塩、こしょうをふってかき混ぜる。冷ましてからヨーグルトを加えて混ぜる。よく冷やして黒パンに盛り付ける。

Hungarian Cheese Spread
ハンガリー風チーズスプレッド （12〜16個分）

材料

クリームチーズ（室温）	85g	にんにく（みじん切り）	1/2片
ケーパー	大さじ1	または玉ねぎ（みじん切り）	小さじ1
キャラウェイシード	大さじ2	ライ麦パン（円形の薄切り）	適量
サワークリーム	大さじ2		

作り方

パン以外の材料をフォークかブレンダーでしっかり混ぜ合わせる。ライ麦パンに盛り付ける。

Normandy Roquefort Spread
ノルマンディー風ロックフォールスプレッド（1カップ分）

材料................
ロックフォールチーズ（砕く）	1/2カップ	カルバドス（フランス産アップルブランデー）	大さじ2
バター（室温）	1/2カップ		

作り方................
すべての材料をよく混ぜ合わせる。器に盛り、メルバトーストを添える。

Polynesian Crab Spread
ポリネシア風カニのスプレッド（約1ℓ分）

材料................
サワークリーム	2カップ	塩	小さじ1/2
カレー粉	小さじ2	ココナツ（千切り）（なくてもよい）	1カップ
オニオンパウダー	小さじ1		
黒こしょう	小さじ1/8	カニ肉（ほぐし身）	225g

作り方................
すべての材料を混ぜ、冷やす。器に盛り、クラッカーかメルバトーストを添える。

Roquefort Ariadne
ロックフォール　アリアドネ風（1カップ分）

材料................
ロックフォールチーズ（室温）	113g	くるみのピクルス（すりつぶす）	3個
クリームチーズ（室温）	113g		

作り方................
チーズをすりつぶし、くるみを加え、ペースト状になるまでよく混ぜる。器に

盛り、プンパーニッケル（ライ麦黒パン）を添える。

Sardine Butter Niçoise
サーディンバター　ニース風（1カップ分）

材料................
サーディン（缶詰、トリュフ風味）	185g	レモン汁	大さじ2
		塩	小さじ1/2
バター（室温）	1/2カップ	カイエンペッパー	少々

作り方................
1. サーディンをオイルごとボウルに入れ、すりつぶす。
2. 残りの材料を加え、混ぜ合わせる。プンパーニッケル（ライ麦黒パン）を添える。

Sardine Spread
サーディンスプレッド（約1・1/2カップ分）

材料................
クリームチーズ（室温）	225g	塩・挽きたて黒こしょう	各適量
レモン汁	大さじ1・1/2	玉ねぎの絞り汁	小さじ1/4
サーディン（すりつぶす）	185 g		

作り方................
クリームチーズをすりつぶし、やわらかくする。レモン汁とサーディンを加えてかき混ぜる。塩、こしょう、玉ねぎの絞り汁で味を調える。よく冷やして器に盛り、円形のライ麦パンを添える。

Caper Dip
ケーパーのディップ（約500mℓ分）

材料

サワークリーム	470mℓ	パセリ	大さじ2
洋風練りがらし	小さじ1・1/2	砂糖	小さじ1/4
キャラウェイシード	小さじ1・1/2	ケーパー	大さじ3
パプリカ（粉末）	小さじ1・1/2	塩・こしょう	各適量
玉ねぎ（すりおろす）	大さじ1		

作り方

塩、こしょう以外の材料をブレンダーに入れ、蓋をして速度「強」で滑らかになるまで攪拌する。冷やしてから塩、こしょうで味を調える。器に盛り、無塩クラッカーを添える。

Clam Dip
クラムディップ（約20人分）

材料

アサリ（缶詰）（粗みじん切り）	小1缶	タバスコ	適量
		クリームチーズ（室温）	170g
ブレンダーマヨネーズ*	大さじ4	チャイブ（小口切り）	大さじ1
レモン汁	大さじ1	オリーブ（粗みじん切り）	大さじ1
塩	適量		

作り方

1. アサリの缶汁を切る。
2. マヨネーズとレモン汁を混ぜ、塩とタバスコで味を調える。
3. チーズをフォークでつぶし、**2**とよく混ぜ合わせる。
4. アサリ、チャイブ、オリーブを**3**に加え、十分に混ぜる。
5. 冷やしてから器に盛り、無塩クラッカーを添える。

Crab Meat Dip
カニのディップ（2カップ分）

材料................
にんにく（半切り）	1片	レモン汁	小さじ2
クリームチーズ（室温）	225g	ウスターソース	小さじ1・1/2
生クリーム	1/3カップ	塩・挽きたてこしょう	各少々
カニ肉	1カップ		

作り方................
1. ボウルににんにくをこすり付ける。
2. ボウルにクリームチーズを入れ、生クリームを少しずつ加えながら、滑らかになるまで混ぜる。残りの材料を加えよく混ぜ、冷やす。器に盛り、無塩クラッカーを添える。

Cream Cheese and Avocado Dip
クリームチーズとアボカドのディップ（1・1/3カップ分）

材料................
アボカド	中1個	玉ねぎ（みじん切り）	小さじ1/4
レモン汁	大さじ1	牛乳	約大さじ2
クリームチーズ（室温）	170g	塩・こしょう	各適量

作り方................
1. アボカドの皮をむいて種を取り除き、角切りにする。レモン汁をふりかけ、フォークでよくつぶす。
2. クリームチーズを滑らかにフワッとするまでスプーンで撹拌する。玉ねぎを入れて混ぜ、次にアボカドを入れてよくかき混ぜる。
3. **2**がペースト状になるまで牛乳を加え、塩、こしょうで味を調え冷蔵する。

Smoked Salmon Dip
スモークサーモンのディップ（約3/4カップ分）

材料

スモークサーモン（細切り）	113g	挽きたてこしょう	小さじ1/8
ヘビークリーム	1/3カップ	ケーパー	小さじ1/2

作り方

1. すべての材料をブレンダーに入れ、速度「強」で滑らかになるまで攪拌する。
2. 器に盛り、こしょう（分量外）を挽く。生野菜とクラッカーを添える。

Baked Clams Hyannisport
ベイクドクラム　ハイアニスポート風（4人分）
ケネディ一家とともにたびたび訪れた街にちなんで命名した前菜

材料

ハマグリ	24個	バター（室温）	1/4カップ
エシャロットまたは長ねぎ		塩	適量
（小口切り）	小さじ1	黒こしょう	小さじ1/4
白ワイン（辛口）	大さじ1	生パン粉	大さじ1
パセリ（みじん切り）	小さじ1	スイスチーズ（すりおろす）	大さじ1
にんにく（みじん切り）	2片		

作り方

1. オーブンを200℃に予熱する。
2. 貝の口を開いて上の殻を外し、オーブン皿に並べる。
3. 鍋にエシャロットとワインを入れ、ワインが3/4蒸発するまで煮詰める。残りの材料を加え、ペースト状になるまでへらで混ぜ合わせる。貝に詰め、オーブンで約10分焼く。

Clams Jacqueline
クラム　ジャクリーン風（8人分）

材料

ハマグリ	48個	ペルノーまたは食前酒	小さじ1
クレソン（粗みじん切り）	大さじ1	バター（溶かす）	1/2カップ
ほうれん草（粗みじん切り）	大さじ1	塩・黒こしょう	各適量
パセリ（みじん切り）	小さじ1	乾燥パン粉	適量
レモン汁	小さじ1		

作り方
1. 貝の口を開いて上の殻を外し、オーブン皿に並べる。
2. パン粉以外の残りの材料を混ぜ、貝に詰めてパン粉を散らす。200℃に予熱したオーブンで約10分焼く。

Quiche Lorraine
キッシュ　ロレーヌ風

生地の材料（直径23cmのパイ皿3台分）

小麦粉	4カップ	卵	2個
バター	1・1/4カップ	水	1/2カップ
塩	小さじ1		

作り方
1. ボウルに小麦粉、バター、塩を入れ、さらさらになるまで混ぜる。卵、水を加え、生地がまとまるまでこねる。
2. 生地を3等分し、2つは次回用に冷凍保存する。打ち粉（分量外）をした台の上に1つ分の生地をのせ、約5mm厚さにのばす。23cmのパイ皿に生地を敷き詰め、はみ出した余分な生地を切り取る。冷蔵庫で1時間程度冷やす。

フィリングの材料（パイ皿1台、6人分）

ベーコン	8枚	ハム（角切り）	1/4カップ
スイスチーズ（角切り）	1/2カップ	ライトクリーム	1・1/2カップ

塩	小さじ1/2	白こしょう	小さじ1/4
ナツメグ	小さじ1/4	卵	4個

作り方
1. ベーコンをカリッとするまで炒め、油分を切って、パイ生地の底に敷き詰める。
2. チーズとハムをベーコンの上に散らす。
3. 残りの材料をブレンダーに入れ、蓋をして速度「強」で十分に混ざるまで攪拌する。**2**の上に注ぎ入れ、180℃に予熱したオーブンで約30分、表面がきつね色になりフィリングが固まるまで焼く。温かいうちに食卓に出す。

Quiche of Sea Food Newburg
シーフードのキッシュ　ニューバーグ風　（4〜6人分）

材料
バター	大さじ1	ヘビークリーム	1カップ
カニ肉	1カップ	タバスコ	少々
パプリカ（粉末）	小さじ1	塩・こしょう	各適量
シェリー酒	大さじ2	パートブリゼ*	1台（23cm）
卵	2個		

作り方
1. オーブンを180℃に予熱する。
2. ソースパンにバターを溶かし、カニ肉を入れパプリカをふりかけ炒める。シェリー酒を加え、火を止める。
3. ボウルに卵をよくほぐし、クリームを加える。**2**に加え、タバスコ、塩、こしょうで味を調える。
4. **3**をパートブリゼに流し入れ、約20分焼く。

Quiche Piperade Biscayne
キッシュ・ピペラード　ビスケーン風（4〜6人分）

材料

オリーブオイル	大さじ2	燻製バージニアハム（角切り）	
玉ねぎ（薄切り）	小1個		1/2カップ
ピーマン（さいの目切り）	1個	塩・こしょう	各適量
トマト（皮をむき種を取ってざく切り）		卵（よくほぐす）	3個
	2カップ	パセリ（みじん切り）	大さじ1
にんにく（みじん切り）	1片	パートブリゼ	1台(23cm)
パプリカ（さいの目切り）	大さじ1		

作り方
1. オーブンを180℃で予熱する。
2. ソースパンにオリーブオイルを熱し、玉ねぎとピーマンを2分炒める。トマト、にんにく、パプリカ、ハム、塩、こしょうを加え、10分加熱する。
3. 粗熱を取ってから卵とパセリを加え混ぜる。
4. パートブリゼに流し入れ、約25分焼く。

Cheese Log
チーズログ（約2カップ分）

材料

シャープアメリカンチーズ（千切り）		サワークリーム	約1/4カップ
	225g（2カップ）	タバスコ	小さじ1/8
ロックフォールチーズ（砕く）		完熟オリーブ（みじん切り）	
	1/3カップ		1/4カップ
にんにく（細かいみじん切り）1/2片		パセリ（みじん切り）	1/2カップ

作り方
1. チーズ、にんにく、つなぎに十分な量のサワークリームを混ぜ合わせる。タバスコとオリーブを加える。

2. 十分に固まるまで冷やしてから、長い筒状に形を整える。側面にパセリをまぶし、冷蔵する。薄く切り分け、ライ麦パンに盛り付ける。

Pale Gold Cheese Pastries
ペイルゴールドチーズペストリー（64個分）

材料

小麦粉	2カップ	卵	2個
塩	小さじ1	カシュカヴァルチーズ*1	
クリーム・オブ・ウィート	1カップ	（すりおろす）	1カップ
バター（溶かして粗熱を取る）	1カップ	ベーキングパウダー	小さじ1/4
水	大さじ6	ごま	適量

作り方

1. 小麦粉、塩、クリーム・オブ・ウィート、バター、水をフォークでよくかき混ぜ、30分休ませる。
2. フィリングを準備する。卵1個を軽くほぐし、チーズとベーキングパウダーを加え、よくかき混ぜる。15分休ませる。
3. **1**の生地を3mm厚さにのばし、直径6cmのガラスのコップなどを使って円形に抜く。
4. 円の半面に**2**を小さじ1/3ずつのせ、生地を半分に折りたたみ、縁をフォークで波形につぶして閉じる。
5. 残りの卵を軽くほぐし、**4**の表面に刷毛で塗ってごまをふりかける。クッキーシートに油を引かずに並べる。
6. 180℃に予熱したオーブンで20分、薄金色になるまで焼く。

*1 ユーゴスラビアやギリシャ産の羊乳または山羊乳のチーズ。イタリアではカチョカヴァッロとして知られる。ホワイトチェダーチーズで代用でき、その場合は冷凍してからすりおろす。

Barbecued Meat Balls
バーベキューミートボール （30個分）

材料

サラダ油	1/4カップ	A1ステーキソース	小さじ1
玉ねぎ（粗みじん切り）	1/2カップ	ビーフスープ	1/2カップ
セロリ（粗みじん切り）	1/2カップ	クローブ	3本
ピーマン（粗みじん切り）	1/2カップ	チリパウダー	少々
トマトケチャップ	1/2カップ	塩・こしょう	各適量
ブラウンシュガー	大さじ1	ミートボール*	小30個
マスタード（粉末）	小さじ1		

作り方
1. 油を熱し、玉ねぎ、セロリ、ピーマンをしんなりするまで炒める。
2. ミートボール以外の残りの材料を加え、20分煮込む。
3. ミートボールを加え、さらに20分煮込む。

Cheese Meat Balls
チーズミートボール （約60個分）

材料

牛の肩またはももの挽き肉	450g	塩	小さじ3/4
		挽きたて黒こしょう	小さじ1/4
生パン粉	1/2カップ	卵	1個
ロックフォールチーズ（砕く）	1/3カップ	牛乳	大さじ3
		バター	適量
玉ねぎ（みじん切り）	大さじ2		

作り方
1. バター以外の材料を混ぜ、直径2cmの大きさに丸める。
2. バターを熱し、**1**の全面をきつね色に焼く。ようじを刺して、熱いうちに食卓に出す。

Meat Balls Scandinavian
ミートボール　スカンジナビア風（6人分）

材料................
バター	大さじ2	豚挽き肉	113g
玉ねぎ（みじん切り）	大さじ3	卵	1個
生パン粉	1カップ	塩・挽きたて黒こしょう	各適量
牛乳（または牛乳と生クリームを半分ずつ）	1カップ	パセリ（みじん切り）	適量
		小麦粉	1/4カップ
牛ももの挽き肉	340g	生クリームまたは牛乳	3/4カップ
子牛挽き肉	113g		

作り方................
1. バターを溶かし、玉ねぎをあめ色になるまで炒める。パン粉を牛乳でふやかし、玉ねぎ、挽き肉、卵、塩、こしょう、パセリを加え、よく混ぜる。直径4cmの大きさに丸め、小麦粉をまぶす。小麦粉は大さじ1を取り分けておく。
2. 鍋の底が隠れる程度のバター（分量外）を溶かし、ミートボールを中火で、形が崩れないようにときどきフライパンを揺すりながら、きつね色に焼く。器に盛り、保温しておく。肉汁は鍋に残しておく。
3. 取り分けた小麦粉と生クリームを泡立て器で混ぜ、少しずつ肉汁に加える。ときどきかき混ぜながら5分煮て、ミートボールにかけ、熱いうちに食卓に出す。

South Sea Island Meat Balls
南の島のミートボール（約16個、4〜5人分）

材料................
ソフトパン粉	1カップ	玉ねぎ（粗みじん切り）	1/2カップ
塩	小さじ1	牛乳	1/2カップ
黒こしょう	小さじ1/8	しょうゆ	小さじ3

牛挽き肉	450g	バター	大さじ1
砂糖	1/4カップ	ウォーターチェスナッツ（缶詰）	
コーンスターチ	大さじ1・1/2	（缶汁を切り6mm厚さの細切り）	
粉末しょうが	小さじ1/4		225g
パイナップルジュース	1カップ	豆もやし（缶詰）	900g
酢	大さじ2	ピーマン（乱切り）	1カップ

作り方

1. パン粉、塩、こしょう、玉ねぎ半量、牛乳、しょうゆ小さじ2、牛挽き肉を混ぜる。約大さじ2ごとにボール状に丸める。
2. ミートボールを天板に並べ、180℃に予熱したオーブンで約30分、焼き色が付くまで焼く。
3. ソースを作る。鍋に砂糖、コーンスターチ、しょうがを入れて混ぜる。パイナップルジュース、酢、バター、残りのしょうゆを加える。かき混ぜながら弱火にかけ、とろみがついたらウォーターチェスナッツを加えてさらに加熱する。
4. 付け合わせとして、豆もやし、ピーマン、残りの玉ねぎを混ぜ、玉ねぎがしんなりするまで弱火で炒める。汁気を切って皿に盛り付け、ミートボールを飾りソースをかける。

Sweet and Sour Meat Balls Yvette
甘酸っぱいミートボール　イヴェット風　（45個分）

材料

洋風練りがらし	140g	タバスコ	適量
すぐりゼリー	285g	ミートボール*	ひと口大45個
トマトケチャップ	200g		（牛肉680g分）
しょうゆ	60g		

作り方

大きなソースパンにミートボール以外の材料を入れて混ぜ、滑らかになるまで火にかける。ミートボールを加え、30分煮る。

Sweet and Sour Meat Balls Yvonne
甘酸っぱいミートボール　イヴォンヌ風（30個分）

材料……………
すぐりジャム	1カップ	ミートボール*	ひと口大30個
洋風練りがらし	1/2カップ		（牛肉450g分）

作り方……………
大きなソースパンにジャムとからしを入れて混ぜ、滑らかになるまで火にかける。ミートボールを加え、ソースにとろみがつくまで30分煮る。

Sweet and Sour Meat Balls Yolande
甘酸っぱいミートボール　ヨランダ風（60個分）

材料……………
クランベリーソース（缶詰）	450g	水	ソースの缶と瓶いっぱいの量
チリソース（瓶詰）	340g	ミートボール*	ひと口大60個
玉ねぎ（みじん切り）	1個		（牛肉900g分）

作り方……………
大きなソースパンにミートボール以外の材料を入れて混ぜ、蓋をして45分煮る。ミートボールを加え、さらに30分煮る。

Cooked Shrimp
エビのボイル　カクテルまたはサラダに（4人分）

材料……………
水	1ℓ	レモン汁	1/2個分
セロリ（薄切り）	1/2本	塩	小さじ1
にんじん（薄切り）	1本	こしょう	小さじ1/2
白玉ねぎ（薄切り）	小1個	エビ	450g

作り方
1. エビ以外の材料を15分ゆでる。
2. エビを加え蓋をして、エビがピンク色になるまで2〜5分煮る。水気を切り、冷めたらエビの殻をむいて背わたを取る。食卓に出すまで冷蔵する。

Shrimp for Hors d'Oeuvres
エビのオードブル（8〜10人分）

材料

エビ（ゆでて殻をむき背わたを取る）	900g	セロリシード	小さじ1
ブレンダーマヨネーズ*1カップ		にんにく（みじん切り）	1片
サラダ油	1/4カップ	玉ねぎ（みじん切り）	中1/2個
チリソース	大さじ山盛り3	セロリ（葉を含めてみじん切り）	1本
		ディル（みじん切り）	2枝

作り方
すべての材料を混ぜ合わせ、ひと晩漬ける。小皿に盛り付ける。

Skewered Shrimp and Bacon
エビとベーコンの串焼き（18本分）

材料

生または冷凍エビ（殻をむき背わたを取る）	18尾	塩・こしょう	各適量
オリーブオイル	大さじ2	パプリカ（粉末）	適量
レモン汁	大さじ1	ベーコン	小18枚

作り方
1. ベーコン以外の材料を混ぜ合わせ、数時間漬ける。
2. ベーコンをエビに巻き、湿らせたようじか小さな串で留める。ときどき裏返しながら、ベーコンがカリッとしてエビが明るいピンク色になるまで直

火で焼く。

Deviled Eggs Florence
デビルドエッグ　フローレンス風（8個分）

材料................

固ゆで卵	4個分	ブレンダーマヨネーズ*	小さじ2
キャビア	大さじ1	パセリ（みじん切り）	小さじ2
レモン汁	小さじ3〜4		

作り方................

1. ゆで卵の殻をむき、縦半分に切る。黄身を取り出してつぶし、残りの材料を加えよくかき混ぜる。
2. 白身に**1**を詰める。

SOUPS
スープ

　スープの味によってそのレストランの真価が問われるとよくいわれます。パリにレストランがほとんどなかった頃の1765年にも、スープだけを提供するレストランはすでにあったそうです。それから30年の間に、500軒を超えるレストランがあいついで開店し、今ではあらゆる種類の食べ物とワインを提供する街としてパリは世界中に知られています。

　ケネディ大統領の故郷、ニューイングランドを思い出される魚介のスープを供して以来、スープは大統領にとって大切な料理のひとつとなりました。大統領はボストン風クラムチャウダーがとりわけお好みで、私は何度もリクエストを受けました。

　ハイアニスポート[1]で催されたカナダのレスター・ピアソン首相との会合で、3日も続けてクラムチャウダーを出すように大統領から要望されたことがありました。1日目に大統領がクラムチャウダーを召し上がったときに、その調理方法を尋ねられたので、翌日もおふたりからクラムチャウダーをリクエストされたときは、特に驚きませんでした。しかし、3日目もまたそれを作ってほしいと望まれたときには本当に驚きました。このように3日間も立て続けにリクエストされた料理はほかに思い出すことができません。

さらに、ハイアニスポートでの3日目の会合は、その場所が大統領の父上、ジョセフ・P・ケネディ氏のお邸から大統領公邸に突然変更になったのです。そのために、食材や調理道具いっさいを移動させなくてはなりませんでした。しかしその後、さらに困ったことが伝えられました。なんと来賓が6名から15名に増え、スタート時間も午後1時から12時半に30分も早まったのです。

　その日、厨房は目が回るほどの忙しさでしたが、最初の一品をなんとか時間どおりに用意することができました。さらに、あの難しいスフレすら、きちんとお出しできたのです。

　厨房の奮闘ぶりを、大統領はすぐに気付いてくださいました。大統領自ら厨房に来られて、私たちの仕事ぶりに対し直接に感謝の気持ちを述べられたのです。大統領はよい仕事をした者には賛辞を贈るよう、常に心がけておられました。大統領はいつもリーダー然とされていましたが、同時に紳士的で思いやりのある方でした。またご自分が何を望んでいるかをきちんと明確に伝えることで、周囲が働きやすく、動きやすい環境作りをされていました。

　ニューイングランド育ちならではの魚介類がお好きであるケネディ大統領にご満足いただけるよう、あらゆる努力をしました。カトリック信者である大統領は毎週金曜には魚を召し上がっていました。それ以外でも新鮮な魚が手に入る地方に大統領のお供として出かけたときは、最高の魚介料理をお出しすることができました。この意味からもケネディ大統領と私にとってボストンとハイアニスポートは理想の地であったわけです。

　大統領のもうひとつのお気に入り、ボストン風ベイクドビーンズは、前章でふれたように、フランス料理を中心としたフォーマルな食事の場ではその料理をお出しすることは許されませんでした。

それではスープのレシピをご紹介しましょう。もちろん、大統領とピアソン首相に3日連続で大いに喜んでいただいたニューイングランド・クラムチャウダー南ボストン風*も入っています。私はこのクラムチャウダーが両国の関係の向上に少しは貢献できたと思いたいのです。少なくとも、関係を損ねることにはならなかったでしょう。

備考:レシピは参照しやすいように、温製、冷製、温冷兼用に分類しています。

[1] ボストンの東に位置するケープコッドの中核をになう港町。この地に別荘を持つことはボストンのエグゼクティブたちにとってひとつのステータスであり、ケネディ大統領の別荘の所在地としても知られる。

HOT SOUPS

Alsatian Corn Chowder
アルザス風コーンチャウダー（10人分）

材料..............

塩漬け豚肉（小さめの角切り）		ライトクリーム（沸騰直前まで温める）	
	60g		4カップ
玉ねぎ（薄切り）	大1個	粒コーン（ゆでる）	3カップ
じゃがいも（さいの目切り）		こしょう	適量
	4カップ	タバスコ	少々
チキンスープ*	4カップ		

作り方..............

1. 鍋に塩漬け豚肉を入れて火にかけ、脂を溶かす。焼き色がついてカリッとしてきたら取り出し保温しておく。
2. 鍋に残った脂で、玉ねぎをしんなりするまで炒める。じゃがいもとチキンスープを加え約10分、じゃがいもがやわらかくなるまで煮る。温めたクリーム、とうもろこしの実、保温しておいた豚肉、こしょう、タバスコを加える。
3. 弱火で十分に加熱する。

Billi-Bi
ビリビ　ムール貝クリームスープ（6～8人分）

材料..............

ムール貝	8カップ	にんにく	2片
白ワイン（辛口）	1カップ	牛乳	470mℓ
パセリ	5～6枝	卵黄	6個分
ローリエ	2枚	ヘビークリーム	1カップ

| バター | 大さじ1 |

作り方
1. 鍋にムール貝とワイン、パセリ、ローリエ、にんにくを入れ、蓋をして強火にかけ、貝の口が開くまで蒸す。だし汁を濾して取っておく。
2. ムール貝の足糸を抜く。
3. **1**のだし汁をソースパンに静かに入れる（澄んだ汁のみ）。ムール貝と牛乳を加えて煮立てる。卵黄、生クリーム、バターを加え、沸騰させない程度に加熱する。

Bouillabaisse Marseillaise
マルセイユ風ブイヤベース（魚介料理の章 p.110を参照）

Boula-Boula
ボラボラ　アメリカンスープ　（4人分）

材料

グリーンピース	2カップ	塩・こしょう	各適量
アオウミガメのスープ（缶詰）		シェリー酒	1カップ
	2カップ	泡立てた生クリーム（無糖）	
無塩バター	大さじ1		1/2カップ

作り方
1. グリーンピースをやわらかくなるまで塩ゆでし、水気を切る。アオウミガメのスープ1/2カップとともにブレンダーで撹拌し、ピューレ状にする。
2. **1**をソースパンに入れ、バター、塩、こしょうを加え、残りのアオウミガメのスープと混ぜ合わせる。シェリー酒を加えて火にかけ、沸騰する寸前で火を止める。
3. スープをカップに注ぎ、泡立てた生クリームを少量落とす。オーブンで表面に焼き色を付け、すぐに食卓に出す。

Cabbage Soup à la Russe
キャベツスープ　ロシア風（4人分）

材料

牛赤身肉	225g	水	5カップ
豚の脂身	225g	ローリエ	1枚
キャベツ（千切り）	大1個	塩	小さじ2
トマト（4つ切り）	大1個	こしょう	小さじ1/4
玉ねぎ（薄切り）	1個	サワークリーム	適量

作り方

1. 肉と野菜を混ぜ合わせて水を加える。調味料を加え、肉がやわらかくなるまで数時間煮込む。
2. 肉を取り出してスライスし、スープに盛り付ける。サワークリームをかける。

Chicken Broth
チキンスープ（1ℓ分）

材料

鶏肉	1羽分（約1.8kg）	にんじん	3本
玉ねぎ（クローブを2本刺す）	1個	ローリエ	1枚
		タイム	少々
セロリ	1本	塩・こしょう	各適量
パセリ	1枝		

作り方

1. 鶏肉を洗って大鍋に入れ、残りの材料を加える。鶏肉がかぶるくらいの水を入れ、蓋をして火にかける。沸騰したら火を弱め、2時間煮込む。
2. 鶏肉を取り出し、骨と身に分ける（身はサラダに使える）。骨をスープに戻し、さらに30分煮込む。

Chicken Soup Flanders
チキンスープ　フランダース風（6〜8人分）

材料

鶏肉	1羽分（約1.8kg）	パセリ（みじん切り）	大さじ1
レモン	1/2個	タイム	1枝
玉ねぎ	中2個	ローリエ	1枚
クローブ	4本	塩	小さじ2
セロリ（さいの目切り）	1/2カップ	こしょう	小さじ1/4
リーキ（みじん切り）	3本	白ワイン（辛口）	2カップ
にんじん（さいの目切り）	1/2カップ	パセリ（飾り用）	適量

作り方

1. 鶏肉をよく洗い、表面にレモンをこすり付けて大鍋に入れる。鶏肉が半分かぶるくらいの水を入れて煮立てる。
2. 玉ねぎの皮をむき、クローブを2本ずつ刺して1の鍋に入れる。飾り用のパセリ以外の材料も加える。蓋をして、鶏肉がやわらかくなるまでゆっくり煮込む。
3. 鶏肉を取り出して切り分け、スープ用蓋付きの深皿に盛り付ける。スープを注いで、パセリを散らす。すぐに食卓に出す。

Chicken Oyster Gumbo, Southern Style
チキン・オイスター・ガンボ　アメリカ南部風（8人分）

材料

鶏肉（ぶつ切り）	1.1〜1.4kg	玉ねぎ（薄切り）	1個
牛赤身肉（角切り）	450g	塩	小さじ2
オクラ（小口切り）	1カップ	こしょう	小さじ1/8
生カキ	24個	フィレ（サッサフラスの葉の粉末）	小さじ1・1/2
油	大さじ1		

作り方

1. 鍋に鶏肉、牛肉、オクラと水を入れて煮る。スープが煮詰まり、肉がやわらかくなったら鶏肉を取り出す。骨を外して小さく切り、スープに戻す。
2. カキを汁ごと加え、油であめ色に炒めた玉ねぎ、塩、こしょうを加えて味を調える。カキがふっくらするまで煮る。
3. フィレを加えよくかき混ぜて、熱いうちに食卓に出す。

Chicken Sherry Cream
チキン・シェリー・クリームスープ（5カップ分）

材料……………

クリームチキンスープ（缶詰）	300g	ホイッピングクリーム	
ゆでた鶏肉（角切り）	3/4カップ		1/2カップ
トマト風味コンソメスープ（缶詰）	370g	シェリー酒	1/2カップ
		チャイブ（小口切り）	適量

作り方……………
1. チキンスープと鶏肉をブレンダーに入れ、蓋をして、肉が細かくほぐれるまで速度「弱」で撹拌する。
2. トマト風味コンソメスープを小さなソースパンに入れて煮立て、**1**に加える。速度「弱」で混ぜ合わせる。生クリームとシェリー酒を加え、速度「弱」で十分に混ぜ合わせる。カップに注ぎ、チャイブを散らす。

Consommé Costa Rica
コンソメ・コスタリカ（6人分）
1963年3月17〜21日にコスタリカで開催された「進歩のための同盟」会議にちなんで命名されたスープ

材料……………

卵黄	1個分	パルメザンチーズ	大さじ4
レモン汁	大さじ1	チキンスープ*	4カップ

ごはん	3/4カップ

作り方

卵黄、レモン汁、パルメザンチーズを混ぜ合わせて、煮立てたチキンスープに加え、フォークでかき混ぜる。ごはんを加えて器に盛り付ける。

Crab and Tomato Bisque
カニとトマトのビスク（4人分）

材料

バター	大さじ2	こしょう	小さじ1/8
小麦粉	大さじ2	カニ肉（ほぐし身）	1カップ
牛乳	2カップ	トマトジュース	1カップ
塩	小さじ1/2		

作り方

1. ソースパンにバターを溶かし、小麦粉を入れて混ぜる。牛乳を少しずつ加え、とろみがつくまで加熱する。調味料とカニ肉を加える。
2. 器に盛る数分前に別の鍋でトマトジュースを温める。温まったら、**1**に少しずつ加え、食卓に出す。

Crab Soup
カニスープ（8〜10人分）

材料

バター	大さじ2	チキンスープ	1ℓ
セロリ（さいの目切り）	1/2カップ	トマト（皮をむいてざく切り）	
にんじん（さいの目切り）	1/2カップ		2個
リーキ（小口切り）	1本	サフラン	小さじ1/2
ピーマン（さいの目切り）	1個	タラバガニ（缶詰）	1缶
玉ねぎ（さいの目切り）	1個	ごはん	大さじ1

作り方
1. 鍋にバターを溶かして、トマト以外の野菜とチキンスープ1カップを加え10分煮る。トマトを加える。
2. 別の鍋に残りのチキンスープとサフランを入れ、煮立てる。それを濾して**1**に加え、30分煮る。
3. カニとごはんを加える。器に盛り、クラッカーを添える。

Cream of Broccoli Soup
ブロッコリーのクリームスープ（8～10人分）

材料

玉ねぎ（薄切り）	小1個	カイエンペッパー	少々
リーキ（白い部分のみ小口切り）		米	大さじ2
	1本	チキンスープ*	2カップ
セロリ（茎のみ薄切り）	小1本	ブロッコリー（ゆでて乱切り）	
バター	大さじ1		2カップとゆで汁
水	1/2カップ	生クリームまたは牛乳	1/2カップ
塩	小さじ2		

作り方
1. 容量2ℓのソースパンに玉ねぎ、リーキ、セロリ、バター、水を入れ、中火で約2分煮る。塩、カイエンペッパー、米、チキンスープ1カップを加え、沸騰させないように15分煮込む。
2. **1**をブレンダーに入れ、蓋をして液状になるまで速度「強」で撹拌し、鍋に戻す。
3. ブロッコリーと残りのチキンスープをブレンダーに入れ、蓋をしてブロッコリーが液状になるまで速度「強」で撹拌する。とろみが強すぎる場合は、ブロッコリーのゆで汁(1/2カップ)でゆるめる。それを鍋に加える。生クリームか牛乳を入れて沸騰させないように温め、器に盛る。

Cream of Split Pea Soup
スプリットピーのクリームスープ（6〜8人分）

材料

乾燥スプリットピー（割れえんどう）	1カップ	バターまたは油	大さじ4
水	2ℓ	小麦粉	大さじ3
塩漬け豚肉	小片	塩	小さじ1・1/4
玉ねぎ	小1/2個	こしょう	小さじ1/8
		牛乳	2カップ

作り方

1. 豆をより分けて水に一晩浸し、水気を切る。
2. 鍋に豆、水、豚肉、玉ねぎを入れて4時間、やわらかくなるまで煮込む。
3. 裏濾し器またはポテトマッシャーでつぶす。
4. バターを溶かし、小麦粉を入れて、なめらかなペースト状になるまで混ぜる。**3**と塩、こしょう、牛乳を加える。とろみが強すぎる場合は牛乳を足す。

Potage Cressonière
クレソンのポタージュ（6〜8人分）

材料

バター	1/4カップ	水	3/4カップ
リーキ（小口切り）	1本	クレソン	1束
玉ねぎ（粗みじん切り）	1/2カップ	牛乳	1・1/2カップ
じゃがいも（薄切り）	4カップ	水	1・1/2カップ
塩	大さじ1	卵黄	2個分
挽きたて黒こしょう	小さじ1/4	ヘビークリーム	1/2カップ

作り方

1. 大きなソースパンにバターを熱し、リーキと玉ねぎを加えて、しんなりするまで約4分炒める。
2. じゃがいも、調味料、水3/4カップを加え、蓋をして煮る。沸騰したら火

を弱め、じゃがいもがほぼやわらかくなるまで煮込む。
3. クレソンの茎を3mm幅に刻み、葉は粗く刻む。
4. 2にクレソンの茎、葉の半量、牛乳、水1・1/2カップを加え15分煮る。
5. ブレンダーに入れ、蓋をして、ピューレ状になるまで速度「強」で撹拌する。鍋に戻して温める。
6. 卵黄と生クリームを混ぜ、少しずつスープに加え、かき混ぜながらとろみが出るまで煮る。器に盛り、取り分けたクレソンの葉を散らす。

Fish Chowder Manhattan
フィッシュチャウダー　マンハッタン風（4人分）

材料

魚の頭またはアラ	4尾分	完熟トマト（皮をむいてざく切り）	2カップ
水	2カップ		
玉ねぎ（粗みじん切り）	小1個	じゃがいも（あられ切り）	中2個
にんにく（みじん切り）	1片	セロリ（みじん切り）	1/2カップ
ピーマン（粗みじん切り）	大さじ2	ローリエ	1枚
バターまたはオリーブオイル	大さじ2	塩	小さじ1
		挽きたて黒こしょう	小さじ1/8

作り方

1. 魚の頭またはアラを水洗いし、鍋に水から入れて12分煮る。ざるで濾し、煮汁は取っておく。魚の身を取り分け、骨は捨てる。
2. 玉ねぎ、にんにく、ピーマンをバターまたはオリーブオイルで、玉ねぎが透き通るまで炒める。
3. **1**の煮汁と残りの材料を加え、味を調える。じゃがいもがやわらかくなるまで煮て、魚の身を加えさらに温める。

Manhattan Clam Chowder
マンハッタン風クラムチャウダー（6人分）

材料

溶かしバター	大さじ2	トマト（皮をむき種を取ってざく切り）	2カップ
玉ねぎ（粗みじん切り）	1個	アサリのむき身（細かく刻む）	2カップ
セロリ（みじん切り）	1/2カップ	塩・こしょう	各適量
ピーマン（みじん切り）	大さじ1	タイム	適量
にんにく（みじん切り）	1片	セージ	適量
じゃがいも（さいの目切り）	1カップ	カイエンペッパー	適量
湯（薄い塩味）	3カップ	パセリ（粗みじん切り）	小さじ1
		ソーダクラッカー（粗く砕く）	3〜4枚

作り方

1. 溶かしバターに玉ねぎ、セロリ、ピーマン、にんにくを加えて弱火で20分炒める。
2. 1にじゃがいもと湯を加え、じゃがいもがやわらかくなるまで煮る。
3. トマト、貝とその汁、調味料を加え味を調える。沸騰するまで煮て、パセリを散らし、クラッカーを敷いたスープ用蓋付きの深皿に盛る。

Minestrone
ミネストローネ（6〜8人分）

材料

乾燥白いんげん豆（ひと晩水に浸す）	225g	にんにく（みじん切り）	1片
塩水	3ℓ	玉ねぎ（粗みじん切り）	小1個
オリーブオイル	小さじ1	リーキ（小口切りにして水にさらす）	1本
塩漬け豚肉（小さめの角切り）	60g	パセリ（みじん切り）	小さじ1
		バジル（みじん切り）	小さじ1

トマトペースト	大さじ1	ズッキーニ（さいの目切り）	1本
トマト（皮をむき種を取ってざく切り）	3個	水	1.4ℓ
		塩	適量
セロリ（粗みじん切り）	3本	挽きたて黒こしょう	小さじ1/2
にんじん（薄切り）	2本	エルボーマカロニまたはディターリパスタ	1カップ
じゃがいも（さいの目切り）	2個		
キャベツ（千切り）	小1/4個	パルメザンチーズ	大さじ6

作り方

1. 豆を水洗いして塩水で約1時間、やわらかくなるまで煮る。
2. 大鍋にオリーブオイル、豚肉、にんにく、玉ねぎ、リーキ、パセリ、バジルを入れ、あめ色になるまで炒める。水少々（分量外）でゆるめたトマトペーストを加えて5分煮る。トマト、セロリ、にんじん、じゃがいも、キャベツ、ズッキーニ、水、塩、こしょうを加え、45分〜1時間煮込む。豆を加える。
3. マカロニを加えて、やわらかくなるまで10分煮る。塩、こしょうで味を調え、温かいうちに食卓に出す。パルメザンチーズを別の器に入れて添える。

New England Clam Chowder, South-of-Boston Style
ニューイングランド・クラムチャウダー　南ボストン風（8〜10人分）

材料

アサリ	中粒48個	塩・挽きたて黒こしょう	各適量
水	5カップ		
塩漬け豚肉（小さめの角切り）	5cm角大1切れ	牛乳（温める）	2カップ
		ヘビークリーム（温める）	1・1/2カップ
玉ねぎ（みじん切り）	大1個		
じゃがいも（さいの目切り）	中4個		

作り方

1. アサリをよく洗う。深鍋に入れ、かぶるように水5カップを加えて煮立て、

10分または貝の口が開くまで煮る。
2. 煮汁をチーズクロスで濾し、取っておく。
3. アサリの身を殻から外し、適当な大きさに切る。
4. ソースパンで豚肉と玉ねぎを混ぜ、弱火で焦がさないように約3分炒める。
5. **2**の煮汁とじゃがいもを加える。塩、こしょうで味を調え、じゃがいもがやわらかくなるまで煮る。
6. アサリの身を加える。
7. 鍋を火からおろして、牛乳と生クリームを少しずつ加え、すぐに器に盛る。

Newport Cheese Soup
ニューポート風チーズスープ（8人分）

材料................

バター	大さじ2	牛乳（沸騰直前まで温める）	
小麦粉	大さじ8		2カップ
チェダーチーズ（小さめの角切り）		玉ねぎ（薄切り）	1個
	225g	生クリーム（温める）	1カップ
チキンスープ*	3カップ	塩・こしょう	各適量

作り方................
1. ソースパンにバターを溶かし、小麦粉とチーズを入れて混ぜながら弱火で5分炒める。絶えず混ぜながらチキンスープを少しずつ加え、次に牛乳と玉ねぎを加えて、しばらく煮る。
2. 裏濾しして再度火にかけ、絶えず混ぜながら10分煮る。生クリームを加えてよくかき混ぜ、塩、こしょうで味を調える。

Soupe à l'Oignon
オニオンスープ（6〜8人分）

材料................

バター	大さじ2	白ワイン（辛口、シャブリ）	1/2カップ
玉ねぎ（極薄切り）	小6個	塩・挽きたてこしょう	各適量
小麦粉	小さじ1	バゲット（焼いてから1日たったもの）	
ビーフスープ（缶詰）			6枚
またはチキンスープ*	6カップ	スイスチーズ（すりおろす）	大さじ3

作り方

1. バターを熱し、玉ねぎをあめ色になるまで炒める。小麦粉をふり入れさらに炒める。スープ、白ワイン、塩、こしょうを加え、味を調える。10～15分加熱する。
2. バゲットの両面をトーストしてスープ用蓋付きの深皿または個々のキャセロールに入れ、スープを注ぐ。チーズをふりかけ、中温のオーブンに入れ、表面に焼き色が付くまで焼く。熱々のうちに食卓に出す。

Potato Soup with Sour Cream
サワークリーム入りポテトスープ（6人分）

材料

じゃがいも（さいの目切り）		玉ねぎ（薄切り）	小1個
	2カップ	こしょう	小さじ1/2
湯	1カップ	サワークリーム	2カップ
塩	小さじ1	パセリ（みじん切り）	適量

作り方

鍋にじゃがいも、湯、塩、玉ねぎ、こしょうを入れ、15分煮る。サワークリームを加え、じゃがいもがやわらかくなるまで煮る。熱いうちに盛り付け、パセリを散らす。

Shrimp Bisque Bengal
シュリンプビスク　ベンガル風（4人分）

材料................
冷凍シュリンプスープ（解凍する）	パセリ	1/4カップ
1缶	カレー粉	小さじ1/2
牛乳　シュリンプスープ缶と同量	エビ（飾り用）（ゆでる）	4尾

作り方................
1. エビ以外の材料をブレンダーに入れ、約10秒撹拌する。
2. とろ火で温める。器に盛り、エビを飾る。

Shrimp Chowder
シュリンプチャウダー（6〜8人分）

材料................
ベーコン（角切り）　2枚	じゃがいも（さいの目切り）	1カップ
玉ねぎ（粗みじん切り）　小1個	クールブイヨン*	3カップ
エビ（殻をむいて小さく切る）	パプリカ（粉末）	小さじ1/4
中12尾	塩・こしょう	各適量
粒コーン（なくてもよい）大さじ2	ヘビークリーム	1/2カップ
コーンクリーム（缶詰）1/2カップ	ウスターソース	小さじ1/2

作り方................
1. ソースパンにベーコン、玉ねぎ、エビを入れ、約4分炒める。コーン、コーンクリーム、じゃがいも、ブイヨン、パプリカ、塩、こしょうを加え15分煮る。
2. 器に盛る直前に生クリームとウスターソースを加える。

Vegetable Chowder
野菜チャウダー（8人分）

材料

じゃがいも（さいの目切り） 3カップ	ピーマン（さいの目切り）	1個
	小麦粉	大さじ2
にんじん（さいの目切り）2カップ	牛乳	2カップ
塩漬け豚肉（小さめの角切り） 113g	トマト（缶詰）（温める）	2カップ
	塩	小さじ1
玉ねぎ（粗みじん切り） 1/2カップ	こしょう	小さじ1/8

作り方

1. 鍋にじゃがいもとにんじん、材料がかぶるくらいの水を入れ、やわらかくなるまで煮る。
2. 別の鍋で豚肉、玉ねぎ、ピーマンを焦がさないように約5分炒め、小麦粉を加えて混ぜる。牛乳を加え、かき混ぜながらなめらかになるまで5分加熱する。じゃがいも、にんじん、トマト、塩、こしょうを加え、器に盛る。

COLD SOUPS

Asparagus Soup
アスパラガススープ（約6人分）

材料

アスパラガスクリームスープ		セロリソルト	小さじ1/2
（缶詰、濃縮）	300g	牛乳	1カップ
サワークリーム	1カップ	氷	1カップ
タバスコ	3ふり	チャイブ（小口切り）	適量

作り方

1. 氷とチャイブ以外の材料をブレンダーに入れ、蓋をして速度「強」で十分に混ぜる。
2. 氷を加えて蓋をし、速度「強」で氷が溶けてスープが冷えるまで撹拌する。器に注いでチャイブを散らす。

Avocado Soup Carmel
アボカドスープ　カーメル風（4人分）

材料

アボカド（皮をむき種を取って		玉ねぎの絞り汁	小さじ1
さいの目切り）	2カップ	塩	小さじ1
チキンスープ*	2カップ	白こしょう	小さじ1/2
レモン汁	小さじ1	ヘビークリーム	1/2カップ

作り方

1. 生クリーム以外の材料をブレンダーに入れ、蓋をして速度「強」でアボカドが液状になるまで撹拌する。生クリームを加え、十分に混ざるまでブレンダーにかける。
2. 冷蔵庫で1時間冷やす。

Brazilian Cold Cream Soup
ブラジル風　冷製クリームスープ（8人分）

材料................
バター	1/2 カップ	完熟トマト（ざく切り）	1.4kg
リーキ（小口切り）	6本	塩	適量
玉ねぎ（粗みじん切り）	2個	砂糖	少々
小麦粉	1/2 カップ	ライトクリーム	2•1/4 カップ

作り方................
1. バターを溶かし、リーキと玉ねぎをしんなりするまで炒める。小麦粉をふり入れかき混ぜながら、焦がさないように数分炒める。トマトを加え、ときどきかき混ぜながら2時間静かに煮込む。塩と砂糖を加える。
2. スープを濾して冷やし、クリームを加える。冷たいまま食卓に出す。

Cold Melon Soup
冷製メロンスープ（6人分）

材料................
カンタロープメロン	大1個	ライム果汁	大さじ2
シナモン	小さじ1/2	フレッシュミント	適量
オレンジジュース	2•1/4 カップ		

作り方................
1. メロンの種を取り、皮をむき、果肉をひと口大に切る。メロンの果肉、シナモン、オレンジジュース1/4カップをブレンダーに入れ、ピューレ状にする。
2. 残りのオレンジジュースとライム果汁を混ぜ、**1**に加えてよく混ぜる。十分に冷やしてから器に盛り、ミントを飾る。

Cream Senegalese
クリームスープ　セネガル風　カレースープ（3・1/2 カップ分）

材料

牛乳	1/2 カップ	りんご（皮をむき芯を除く）	
ヘビークリーム	1/2 カップ		1/4 個
クリームチキンスープ（缶詰）		メース（粉末）	小さじ 1/2
	300g	カレー粉	小さじ 1
ココナツ（細切り）	大さじ山盛り 1	氷	1 カップ
塩	小さじ 1/2		

作り方

氷以外の材料をブレンダーに入れ、蓋をして速度「弱」でなめらかになるまで撹拌する。氷を加え、速度「強」で氷が溶けるまでブレンダーにかける。

備考：さらりとした仕上がりがお好みであれば、牛乳か生クリームを足す。

Gazpacho
ガスパチョ（6人分）

材料

にんにく	1 片	挽きたて黒こしょう	小さじ 1/4
玉ねぎ（薄切り）	小 1/2 個	バジル	小さじ 1/2
ピーマン（薄切り）	小 1 個	塩	小さじ 1
完熟トマト（皮をむき種を取って4つ切り）	3 個	オリーブオイル	大さじ 2
		ワインビネガー	大さじ 3
きゅうり（皮をむいて薄切り）	大 1 本	チキンスープ*(冷やす)	1/2 カップ

作り方

すべての材料をブレンダーに入れ混ぜる（なめらかにしすぎない）。食卓に出すまで冷やしておく。

Iced Vegetable Soup
冷製野菜スープ（6人分）

材料

エシャロット（みじん切り）	3/4カップ	じゃがいも（皮をむき、さいの目切り）	2カップ
リーキ（小口切り）	2本	塩	小さじ1/2
溶かしバター	大さじ2	セロリシード	小さじ1/4
チキンスープ*	3カップ	生クリーム	2カップ
グリーンピース	2カップ		

作り方

1. エシャロットとリーキを、色づき始めるまでバターで炒める。
2. チキンスープ、グリーンピース、じゃがいも、塩、セロリシードを加え、やわらかくなるまで煮る。
3. **2**をスープも含め2カップずつブレンダーにかけてピューレ状にする。スープを冷まし、生クリームを加えてよく混ぜる。食卓に出すまで冷やしておく。

Jellied Madrilène Consommé
ゼリーコンソメ　トマト風味（8人分）

材料

A

トマト（皮をむいてざく切り）	6カップ	チキンスープ*	700mℓ
チャイブ（小口切り）	小さじ2	ラゴンビネガー	小さじ1
玉ねぎ（粗みじん切り）	小1/4個	ウスターソース	小さじ1/2
セロリ（粗みじん切り）	1/4カップ	カイエンペッパー	少々
ローリエ	1枚	無香料ゼラチン（水1/3カップに溶かす）	大さじ2
クローブ	2本	レモン（輪切り）	適量
砂糖	小さじ1		

卵白	1個分
塩	小さじ1
にんにく	1/2片

作り方

1. **A**の材料を鍋に入れ、にんにくをこすり付けた木製スプーンでよく混ぜる。火にかけ、沸騰したら弱火にして30分煮込む。
2. 具を押さえ付けないようにして、チーズクロスでゆっくり濾す。この汁とチキンスープを合わせて火にかけ、レモン以外の残りの材料を加える。
3. ビーツの絞り汁を少々加えると鮮やかな赤色になる。冷蔵庫で冷やす。器に盛って、レモンを飾る。

Mexican Jellied Veal Consommé
メキシコ風　子牛のゼリーコンソメ（2ℓ分）

材料

子牛の膝または脛の骨	1.4kg	ローリエ	2枚
鶏の首と手羽	2羽分	タイム	2枝
水	3ℓ	クローブ	2本
塩	大さじ1	玉ねぎ	1個
粒こしょう	小さじ1/4	パプリカ（みじん切り）	大さじ6
カイエンペッパー	少々	ピーマン（みじん切り）	大さじ6
セロリ	3本		

作り方

1. 骨と肉を流水で洗って鍋に入れ、パプリカとピーマン以外の材料を加え、蓋をして火にかける。沸騰したらアクを取り、4時間煮込む。
2. 二重にしたチーズクロスで濾し、具は捨てる。
3. 冷やして固める。フォークで崩して、冷やしたスープカップに盛り、ピーマンをリング状に飾り、その中心にパプリカを散らす。

Summer Mushroom Soup
夏のマッシュルームスープ（4～6人分）

材料

マッシュルーム（缶詰、ホールまたはスライス）	170g	ヘビークリーム	1/2カップ
片栗粉	大さじ2	卵黄（軽くほぐす）	3個分
チキンスープ*	5カップ	チャイブ（小口切り）	大さじ2

作り方

1. マッシュルームを汁ごとブレンダーに入れて、ピューレ状にする。
2. 片栗粉をチキンスープ1/2カップと混ぜる。残りのスープを煮立て、ピューレ状のマッシュルームを少しずつ加えて混ぜ、3分加熱する。そのスープを少量、片栗粉に加えて溶き、鍋に戻して、かき混ぜながら煮立てる。
3. 生クリームと卵黄を混ぜ、泡立て器でかき混ぜながらスープに加える。とろみがつくまで、かき混ぜながら温める（沸騰させない）。冷ましてから冷蔵する。器に盛って、チャイブを散らす。

Vichyssoise
ヴィシソワーズ（8人分）

材料

リーキ（白い部分のみ小口切り）	6本	牛乳（温める）	2カップ
玉ねぎ（薄切り）	小2個	塩	小さじ1
セロリ（粗みじん切り）	1本	白こしょう	適量
水	1/2カップ	生クリーム	1カップ
チキンスープ*	4カップ	チャイブ（小口切り）	適量
じゃがいも（さいの目切り）	5個	ウスターソース（なくてもよい）	適量

作り方

1. 鍋にリーキ、玉ねぎ、セロリ、水1/2カップを入れ、弱火で5分煮る。

2. チキンスープとじゃがいもを加え、さらに15分煮る。
3. 牛乳を加えて煮立てる。塩とこしょうで味を調え、2カップずつブレンダーにかけてピューレ状にする。
4. 十分に冷やしてから生クリームを加え、冷やしたカップに注いで、チャイブを散らす。お好みでウスターソースを加える。

HOT or COLD SOUPS

Hot or Cold Cream Bourbonnaise
クリームスープ　ブルボン風（6〜8人分）
フランス、スペイン、イタリアを支配したフランス王家にちなんで命名されたスープ

材料................
溶かしバター	大さじ2	チキンスープ*	1ℓ
水	大さじ3	塩・こしょう	各適量
リーキ（白い部分のみ小口切り）		ライトクリーム	1カップ
	3本	チャイブ（小口切り）	大さじ2
じゃがいも（薄切り）	2個		

作り方................
1. 鍋に溶かしバターと水、リーキを入れ、弱火で約5分煮る。
2. じゃがいもとチキンスープを加え、15〜20分煮る。
3. 半量ずつブレンダーに入れ、蓋をして、速度「強」で液状になるまで撹拌する。塩、こしょうで味を調える。
   温かいスープがよければ、ここでクリームを加える。
   冷たいスープがよければ、冷やしてからクリームとチャイブを加える。

Cream of Chicken Soup Burmese
チキンクリームスープ　ビルマ風（4人分）

材料................
クリームチキンスープ（缶詰）	300g	レモン汁	大さじ3
牛乳　チキンクリームスープ缶と同量		バナナ（ピューレ状にするか	
カレー粉	小さじ2	すりつぶす）	1/2本

作り方................
1. ソースパンにすべての材料を入れて、十分に加熱する。

2. 温かいうちに、または冷やして食卓に出す。

EGGS
卵料理

　アメリカ人は卵料理から一日をスタートするとよくいわれます。フランス人はというと、朝は「コンチネンタル・ブレックファースト」、カフェオレかホットチョコレートに、ジャムを付けたパンかロールパンを食べるのを好みます。

　卵料理はアメリカでは伝統的な定番の朝食メニューですが、どこの国の人にも個人の好みがあるように、アメリカの卵料理にも卵とトースト、卵とベーコン、卵とソーセージといった組み合わせをはじめ、たくさんのバリエーションがあります。

　ホワイトハウスのケネディ家ではシンプルな卵料理が多かったと思います。ケネディ夫人の朝食は、オレンジジュース、スクランブルドエッグ、ベーコン2枚に、少しの蜂蜜と1杯のスキムミルクでした。たまに紅茶やコーヒーも飲まれました。リトル・ジョンはしばしば夫人と一緒に、大人の蜂蜜とベーコンを召し上がっていましたが、小食の夫人は特に気にされるご様子はありませんでした。

　大統領の朝食はめったに変わりません。ほぼ毎日、オレンジジュースを大きなグラスで1杯、ジャム付きのトースト、4分半ゆでた卵2個、焼いたベー

コン数枚、そしてクリームと砂糖入りのコーヒーです。大統領が食事にも増して嬉しそうだったのは、キャロラインとジョンが「おはよう、ダディ」と大声で言いながら駆け寄り、大統領にハグし、キスをして、いっせいに話したり笑ったりするときで、それはケネディ家のほほえましい朝食のひとこまでした。

　大統領は夫人の好物のスフレを一緒に召し上がることがありました。それはおもに昼食会でのことでした。しかしある日、スフレはたとえ大統領といえども待ってはくれないということを物語る出来事がありました。秘書のリンカーン女史が私に、大統領が12時半の昼食にスフレを召し上がりたいそうですと告げてきました。大統領はとても忙しい方であり、また重要な会議を切り上げられるわけもなく、私は大統領がいつでもスフレを召し上がれるように準備を整えました。スフレ4個分の材料を用意し、ひとつ目は大統領ご指定の時刻、12時半ちょうどに合わせて準備しました。

　12時半、オーブンに入れたスフレは見事に膨れ、お出しする用意が整いました。しかし、大統領はまだ召し上がれる状況ではなく、最初のスフレは、皆さんもよく体験する、がっかりするような下がり方でしぼんでしまいました。私は2番目と3番目のスフレを15分おきにオーブンに入れました。しかし、そのときでもまだ大統領は昼食を始める状況にはなっていませんでした。そして、2個とも惨めにしぼんでしまいました。

　成す術はもうありません。私はただ、最後のスフレが大統領のテーブルに無事に届けられることを祈るのみです。どうなるか分からないといった空気が厨房に張り詰める一方、スフレはそれは見事にめいっぱい膨れ上がりました。ちょうどそのとき、大統領ご自身より昼食を始めるとの連絡が入りました。私はほっとして、ほとんど気絶しそうでした。大統領はお忙しい中でも、スフレは時間をおけばしぼんでしまうということ、食事の予定時刻の遅

れが厨房に大変な思いをさせたことを理解されていたに違いありません。というのは、その後大統領から感謝のお言葉をいただいたからです。私たちにとってはそれだけで十分なご褒美でした。

この章の4番目のレシピでは、私を気絶寸前まで追いつめたこの悲劇を、読者の皆さんが味わうことがないように工夫しました。それは温め直せばまた膨らむスフレです。だから皆さんは、夕食が何かの理由で遅れたとしても、スフレ作りの苦悩を経験しないで済むと思います。

Souffle Marthe
スフレ　マルト風　（4人分）

材料................

バター	1/3カップ	卵（卵黄と卵白に分ける）	4個
小麦粉	大さじ3	塩・こしょう	各適量
牛乳	1カップ	アスパラガスの穂先	1・1/2カップ

作り方................

1. 鍋にバターを溶かし、小麦粉を加えて、絶えずかき混ぜる。なめらかになったら少しずつ牛乳を加え、とろみがつくまでかき混ぜる。火からおろし、少し冷ましてから、ほぐした卵黄、塩、こしょうを加え、よくかき混ぜる。
2. 卵白を角が立つまで泡立て、**1**にさっくりと混ぜる。
3. バター（分量外）をよく塗ったスフレ皿にアスパラガスを並べ、その上に**2**を流し込む。180℃に予熱したオーブンで約35分、きつね色になるまで焼く。

Souffle Victoire
スフレ　ヴィクトアール風　（4人分）

材料................

バター	大さじ4	スイスチーズ（すりおろす）	
小麦粉	大さじ4		1カップ
牛乳	1カップ	挽きたて黒こしょう	小さじ1/4
ディジョンマスタード	小さじ1	カイエンペッパー	少々
パルメザンチーズ（すりおろす）		卵（卵黄と卵白に分ける）	4個
	1カップ		

作り方................

1. 鍋にバターを溶かし、小麦粉を混ぜる。煮立たせた牛乳を一度に加え、かき混ぜながら火にかける。とろみがついてなめらかになったらマスタードを加えて混ぜる。

2. 火からおろし、チーズ2種を入れて溶けるまでかき混ぜる。こしょう、カイエンペッパーで味を調え、少し冷ましてから軽くほぐした卵黄を入れかき混ぜる。
3. 卵白を角が立つまで泡立て、**2**に静かに軽く混ぜ合わせる。バター(分量外)をよく塗ったスフレ皿(容量6カップ)に流し込む。
4. 180℃に予熱したオーブンで約25〜30分、スフレが膨らみきつね色になるまで焼く。

Spinach Casserole Suzanne
ほうれん草のキャセロール　スザンヌ風 (8人分)
少し手間はかかるものの、努力する価値のあるひと品

材料

卵(卵黄と卵白に分ける)	4個	塩・こしょう	各適量
溶かしバター	小さじ1	挽きたてナツメグ	少々
アンチョビペースト	少々	クローブ(粉末)	少々
ほうれん草(ゆでて水気を切ってみじん切り)	3カップ	スイスチーズ(すりおろす)	大さじ1
パン(牛乳1/4カップでふやかす)	1/3カップ	パセリ(みじん切り)	大さじ2
		玉ねぎ(すりおろす)	大さじ2

作り方

1. 卵黄をほぐし、バターとアンチョビペーストを混ぜ合わせてから加え、かき混ぜる。ほうれん草とパンを加え、塩、こしょう、ナツメグ、クローブで味を調え、よく混ぜる。さらにチーズ、パセリ、玉ねぎを入れて混ぜる。
2. 卵白を角が立つまで泡立て、**1**にさっくりと混ぜる。
3. 25×35cmのオーブン皿にオーブン用シートを敷き、バター(分量外)を塗って**2**を流し込む。190℃に予熱したオーブンで約15分、固まるまで焼く。すぐにオーブンから取り出し、かたく焼けた縁を切り取り、手早くフィリングを塗り広げロールケーキのように巻く。4cm厚さに切り分け、食卓に出す。

フィリングの材料

バター	大さじ3	玉ねぎ（すりおろす）	大さじ1
マッシュルーム（みじん切り）		チャイブ（小口切り）	大さじ1
	大4個	塩・こしょう	各適量
牛肉（粗みじん切り）	225g	ナツメグ	適量

作り方

バターを溶かし、マッシュルームと牛肉を肉の赤みがなくなるまで炒める。玉ねぎ、チャイブを加え、塩、こしょう、ナツメグで味を調える。生地が焼き上がる前までに作っておく。

Vegetable, Cheese or Sea Food Souffle
野菜、チーズまたはシーフードのスフレ（4人分）

温め直すと再び膨らむスフレのレシピです。スフレがしぼんでしまう難点については説明しましたが、これで、もしゲストが遅れても気をもむことはないでしょう。

材料

バターまたはマーガリン	大さじ3	お好みの具1種	1カップ
コーンスターチ	大さじ2	チーズ（すりおろす）、エビ（粗みじん切り）、シーフード（ほぐす）、野菜（粗みじん切り）	
塩	小さじ1/2		
こしょう	小さじ1/4		
牛乳	1カップ	卵黄（よくほぐす）	4個分
		卵白（角が立つまで泡立てる）	4個分

作り方

1. ソースパンにバターを溶かし、コーンスターチ、塩、こしょうを混ぜる。
2. いったん火からおろし、牛乳をゆっくり加えかき混ぜる。中火にかけ、とろみがつくまで混ぜながら加熱する。
3. お好みの具を入れて混ぜてから、卵黄を加え混ぜ、さらに卵白をさっくりと混ぜる。
4. 油を塗った耐熱キャセロール（容量2ℓ）に**3**を流し込み、湯を張った天板に置き、180℃のオーブンで1時間15分焼く。

再び膨らませるには：スフレをキャセロールに入れたまま、湯を張った天板に置く。再び膨らむまで180℃のオーブンで約20〜30分温め直す。

Shirred Eggs Albert
シャードエッグ　アルバート風（1人分）

材料................
微粉パン粉（バターで炒める）　　　　マッシュルーム（ゆでてみじん切り）
　　　　　　　　　大さじ4　　　　　　　　　　　　　　大さじ2
卵　　　　　　2個

作り方................
1. バターを塗った小さい焼き皿にパン粉の半量を敷き詰め、卵を崩れないように割り入れる。
2. マッシュルームと残りのパン粉で卵白を覆う。140℃に予熱したオーブンで約10〜12分、白身がなめらかさが残る程度に乳白色になるまで焼く。

Shirred Eggs Robert
シャードエッグ　ロバート風（1人分）

材料................
フォアグラのパテ　　　　　　　　チャイブ（小口切り）　　小さじ1
　　　小さい焼き皿の底を覆う量　　卵　　　　　　　　　　2個
グリーンオリーブ（みじん切り）　　塩・白こしょう　　　　各適量
　　　　　　　　　小さじ1

作り方................
1. 小さい焼き皿の底にバターを塗り、フォアグラのパテを敷き詰め、オリーブとチャイブを散らす。
2. **1**に卵を崩れないように割り入れる。塩、こしょうで味を調え、ごくごく低温のオーブンで卵が固まるまで加熱する。

Eggs

Scrambled Eggs Carmaux
スクランブルドエッグ　カルモー風（8人分）

材料................
ロブスターむき身（ゆでて小さめの角切り）	3/4カップ	カレー粉	小さじ1・1/2
		塩	小さじ1/4
溶かしバター	大さじ3	卵	7個
パプリカ（粉末）	少々	ヘビークリーム	1/3カップ

作り方................
1. 鍋に溶かしバターとロブスターを入れ、火が通るまでかき混ぜながら炒める（炒めすぎないように）。パプリカ、カレー粉、塩で味を調える。
2. 卵をオムレツのように溶き、クリームを加え、**1**に注ぎ入れる。弱火にかけ卵が固まり始めるまで静かにかき混ぜる。

Scrambled Eggs Nièvre
スクランブルドエッグ　ニエーブル風（8人分）

材料................
溶かしバター	大さじ3	白ワイン（辛口）	1カップ
パルメザンチーズ（すりおろす）	113g	卵（よくほぐす）	8個
		塩・こしょう	各適量
エシャロット（みじん切り）	大さじ1	挽きたてナツメグ	少々
チャイブ（みじん切り）	大さじ1		

作り方................
1. ソースパンに溶かしバターとチーズを入れてかき混ぜ、エシャロットとチャイブを交互に入れながらかき混ぜる。弱火で火が通るまで加熱する。ワインを少しずつ混ぜ、なめらかになるまで火にかける。
2. 卵を塩、こしょう、ナツメグで調味してから**1**に注ぎ入れ、卵が固まるまで静かに混ぜながら加熱する。

Omelette
オムレツ(2人分)

材料
卵	4個	牛乳または生クリーム	大さじ2
塩	小さじ1	バター	大さじ1
こしょう	小さじ1/8		

作り方
1. 卵に塩、こしょう、牛乳または生クリームを合わせて軽くほぐす。
2. 23cmのフライパンにバターをジューと音がするまで焦がさないよう熱し、**1**を注ぎ入れる。卵液の底と周囲に火が通ってきたら、フォークでかき混ぜる。半熟になったら折りたたみ、焼き色が付くまで数分焼いて、温めた器に盛る。

Mushroom Omelet
マッシュルームオムレツ(2人分)

材料
マッシュルーム(薄切り)	1カップ	塩・こしょう	各適量
溶かしバター	大さじ2	オムレツ*の材料	

作り方
1. マッシュルームを溶かしバターに入れ5分炒める。塩、こしょうで味を調える。
2. オムレツのレシピに従って、卵液に**1**を加えて調理する。

Omelette Gruyère
オムレツ グリュイエール(2人分)

材料

Eggs

卵	4個	グリュイエールチーズ（すりおろす）	
塩	小さじ1		1/4カップ
こしょう	小さじ1/8	バター	大さじ1
生クリーム	大さじ1		

作り方
1. 卵、塩、こしょう、生クリームをよく混ぜ、チーズを加えてかき混ぜる。
2. 23cmのフライパンにバターをジューと音がするまで熱し、卵液を注いでオムレツ*のレシピに従い調理する。お好みでハムやカリッと炒めたベーコンを添える。

Omelette Louis
オムレツ　ルイ風（6人分）

材料

卵（卵黄と卵白に分ける）	6個	パセリ（みじん切り）	大さじ1
塩	小さじ3/4	玉ねぎ（みじん切り）	大さじ1
ナツメグ	小さじ1/4	チャイブ（みじん切り）	大さじ1
白こしょう	小さじ1/8	バター	大さじ3
カッテージチーズ	3/4カップ	グリュイエールチーズ（すりおろす）	
牛乳	1/3カップ		大さじ3
ピーマン（みじん切り）	大さじ3	パプリカ（粉末）	適量

作り方
1. 卵黄、塩、ナツメグ、こしょう、カッテージチーズ、牛乳をブレンダーに入れ、蓋をして速度「強」で1分攪拌する。ボウルに移し、ピーマン、パセリ、玉ねぎ、チャイブを加える。
2. 卵白を角が立つまで泡立て、**1**にさっくりと混ぜる。
3. 薄手のフライパンにバター大さじ2を溶かし、卵液を注いでオムレツを作る。卵液が固まり始め、底に少し焼き色が付いたら、オムレツを折りたたむ。
4. 温めた大皿に裏返してのせ、溶かしバター大さじ1を刷毛で塗る。グリュイエールチーズをふりかけ、ブロイラーで焼いてチーズを溶かす。パプリ

カを散らす。

Omelette Monterey
オムレツ　モントレー風（6〜7人分）

材料................

玉ねぎ（薄切り）	中1個	チャイブ（小口切り）	大さじ1
油	大さじ1	にんにく（みじん切り）	1片
バター	大さじ1	塩・こしょう	各適量
マッシュルーム（薄切り）	113g	アボカド（さいの目切り）	1個
卵（ほぐす）	10個		

作り方................

1. 油とバターを熱し、玉ねぎをしんなりするまで炒める。マッシュルームを加えて混ぜ、数分加熱する。
2. 卵にチャイブ、にんにくを加え、**1**に混ぜる。塩、こしょうを加える。
3. **2**の卵液でオムレツ*を作り、折りたたむ直前にアボカドを中心に置いてくるむ。

Omelette Nontron
オムレツ　ノントロン風（8人分）

材料................

アーティチョークボトム		ベシャメルソース*	1/2カップ
（缶詰または生をゆでる）	12個	卵	8個
溶かしバター	大さじ3		

作り方................

1. アーティチョークをみじん切りにして、溶かしバターで5分、ときどきかき混ぜながら炒める。
2. ベシャメルソースとよく混ぜ合わせる。

3. オムレツ*の要領で卵を焼く。卵が固まり始めたら、中央に**2**をのせ、折りたたむ。オムレツを滑らせて温めた大皿に移す。

Omelette à l'Oignon
オニオンオムレツ（2～3人分）

材料

卵	4個	バター	大さじ4
塩・こしょう	各適量	甘玉ねぎ（極薄切り）	中1個

作り方
1. 卵に塩、こしょうを加え、軽くほぐす。
2. フライパンにバター大さじ2を熱し、玉ねぎを約5分炒め、ボウルに移す。**1**を加え、よくかき混ぜる。
3. フライパンに残りのバターを溶かし、卵液を注ぐ。オムレツ*のレシピどおりに焼く。

Spanish Omelet
スパニッシュオムレツ（6人分）

材料

トマト	6個	パセリ（みじん切り）	3枝
油	大さじ3	タイム	小さじ1/2
玉ねぎ（粗みじん切り）	1個	ローリエ	1/2枚
ピーマン（粗みじん切り）	1個	塩・挽きたて黒こしょう	各適量
にんにく（みじん切り）	1片		

作り方
1. トマトの皮をむき、半切りにする。種と汁を取り除き、ざく切りにする。
2. フライパンに油を熱し、玉ねぎ、ピーマン、にんにく、パセリを5分炒める。トマト、タイム、ローリエを加え、塩、こしょうで味を調える。野菜がや

わらかくなるまで約10分、弱火で加熱する。ローリエは取り出す。卵を3個ずつ使ってオムレツ*を6つ作り、そこに詰めても添えてもよい。

Eggs Benedict
卵のベネディクト風（6人分）

材料

イングリッシュマフィン	3個	ポーチドエッグ*	6個
炙りハム	6枚	オランデーズソース*	適量

作り方
1. マフィンを半分に割り、トーストする。
2. ハムをマフィンと同じ大きさに切り、マフィンにのせる。その上にポーチドエッグを崩れないように滑らせて重ね、オランデーズソースをかける。

Poached Eggs
ポーチドエッグ（1人分）

材料

水	卵がかぶる程度	レモン汁または酢	大さじ1/2
塩	小さじ1/2	卵	1〜2個
こしょう	適量		

作り方
1. 浅鍋に水を入れて沸騰させ、塩、こしょう、酢を加える。
2. カップに卵を崩れないように割り入れ、**1**にそっと滑り落とす。沸騰する手前で約5分、または白身が固まり黄身に薄い膜ができるまでゆで、穴じゃくしですくう。

Poached Eggs Lille
ポーチドエッグ　リール風（6人分）

材料...............

じゃがいも	3個	グリュイエールチーズ（すりおろす）	
溶かしバター	大さじ4		1/3カップ
塩・こしょう	各適量	卵	6個
挽きたてナツメグ	少々	ヘビークリーム	適量

作り方...............

1. じゃがいもを薄切りにし、溶かしバターで、両面に焼き色が付きやわらかくなるまで中火で炒める。塩、こしょう、ナツメグで味付けする。
2. バター（分量外）を塗ったオーブン皿に**1**を敷き詰め、チーズをふりかける。卵を間隔を開けて割り入れ、好みで塩、こしょうを足し、生クリームで卵全体を覆う。190℃に予熱したオーブンで約10分、卵が固まるまで焼く。

Poached Eggs Nimes
ポーチドエッグ　ニーム風（4人分）

材料...............

溶かしバター	大さじ1	カイエンペッパー	少々
白ワイン（辛口）	1/2カップ	ロックフォールチーズ（すりおろす）	
卵	4個		大さじ2
塩・こしょう	各適量		

作り方...............

1. 鍋にバターを溶かし、ワインを加える。
2. 卵を1個ずつ滑り落とし、塩、こしょう、カイエンペッパーで味を調える。白身がほぼ固まるまでゆでる。チーズをふりかけ、チーズが溶けるまで加熱する。バターを塗った温かいトーストに盛り付けてもよい。

Eggs à la Menton
エッグ・ア・ラ・マントン（6人分）

材料................
スイスチーズ（すりおろす）	85gおよび1/3カップ	チャイブ（みじん切り）	大さじ1
		チャービル（みじん切り）	大さじ1
卵	6個	玉ねぎ（みじん切り）	大さじ1
塩・白こしょう	各適量	無塩バター	大さじ1・1/2
パセリ（みじん切り）	大さじ1		

作り方................
1. 陶器のオーブン皿にバター（分量外）を塗り、チーズ85gを散らす。卵を崩れないように割り入れ、塩、こしょうをふる。
2. チーズ1/3カップ、パセリ、チャイブ、チャービル、玉ねぎを混ぜ、**1**の全体を覆う。
3. バターを散らし、180℃に予熱したオーブンで、焼き色が付きふつふつするまで焼く。

Eggs Pacific
エッグ・パシフィック（6人分）

材料................
固ゆで卵（殻をむいて薄切り）	12個分	塩	小さじ1
		こしょう	少々
エビ（ゆでて殻をむく）	450g	白ワイン（辛口）	大さじ1
バター	大さじ3	ケーパー（水気を切る）	大さじ1
小麦粉	大さじ3	パセリ（みじん切り）	大さじ2
ライトクリーム	1・2/3カップ	タイム	小さじ1/4
洋風練りがらし	小さじ2	スイスチーズ（千切り）	1/2カップ

作り方................
1. オーブン皿（容量2ℓ）にバター（分量外）を塗り、ゆで卵の半量を敷き詰める。

上にエビを散らし、残りの卵を重ねる。
2. バターを溶かし小麦粉を混ぜ入れ、約1分火にかける。少しずつクリームを加え、よくかき混ぜる。チーズ以外の残りの材料を入れて混ぜ、**1**にかける。チーズを散らし、220℃に予熱したオーブンでふつふつするまで約15分焼く。

Stuffed Eggs
スタッフドエッグ（12個分）

材料................

固ゆで卵	6個分	ウスターソース	少々
角切りのハム、またはオリーブかパプリカ（お好みで）	12片	塩・こしょう	各適量
		ブレンダーマヨネーズ*	大さじ2
バター（室温）	大さじ3		

作り方................

1. 卵を縦または横半分に切る。卵が立つように底を少し切り、黄身を取り出しておく。器に白身を並べ、くぼみにハム、オリーブあるいはパプリカをお好みで入れる。
2. ハンドミキサーで卵黄をつぶし、残りの材料を加え、なめらかになるまでよく撹拌する（アンチョビペースト、レモン汁、粉末のマスタードを加えてもよい）。**1**の材料を覆うように白身のくぼみに詰める。

Stuffed Eggs California
スタッフドエッグ　カリフォルニア風（6人分）

材料................

燻製サーディン（缶詰）（缶汁を切る）	小1缶	完熟オリーブ（粗みじん切り）	6個
固ゆで卵	6個分	レモン汁	大さじ1

| 塩・こしょう | 各適量 | ブレンダーマヨネーズ* | 適量 |
| パプリカ（粉末） | 適量 | クレソン | 適量 |

作り方
1. サーディンを万遍なくすりつぶす。
2. 卵を縦半分に切る。黄身を取り出してすりつぶし、サーディン、オリーブ、レモン汁、塩、こしょう、パプリカと、全体がしっとりするくらいマヨネーズを加えて混ぜる。
3. 白身に2を詰め、クレソンを敷いた器に盛り付ける。

Stuffed Eggs Nanette
スタッフドエッグ　ナネット風（6人分）

材料
固ゆで卵	6個分	チャービル（みじん切り）	小さじ1/2
フォアグラのパテ	大さじ3	ベシャメルソース*	2カップ
黒トリュフ（細かくみじん切り）		パルメザンチーズ（すりおろす）	
	小さじ1		小さじ6
バター（室温）	小さじ1		

作り方
1. 卵を半分に切る。黄身を取り出し、フォアグラのパテ、トリュフ、バター、チャービルと混ぜる。
2. 白身のくぼみに1を詰め、ひと組ずつ合わせて全卵の形に戻す。バター（分量外）を塗ったキャセロール6つに、卵を1個分ずつ置く。
3. ベシャメルソースを6等分し、卵を覆うようにかけ、チーズを散らす。グリルでさっときつね色に焼く。

FISH AND SEA FOOD
魚介料理

　フランス料理の中でも、魚介料理とその盛り付けはシェフの腕の見せどころです。しかるべきワインやソースとともに、食卓に魚介料理を並べることは立派なアートの領域となっているからです。ですから、量がそれほど多くなくても、食べた人が「とても満足でした」と心から言えるのです。

　世界には3万種を超える魚がいて、その漁獲高は年間で約4,500万トンにも及んでいます。魚は農産物の次に人間にとって大切な食糧源となっており、さらに嬉しいことに身体にもよいのです。

　魚介類を調理し食べることには数千年もの歴史があります。魚が美味しい食べ物だと最初に知ったのは、先史時代の人間でした。ローマ帝国時代の人々が残した記述によると、魚介料理は、上質の料理を愛し生活に余裕のあるローマの美食家たちが、地中海で捕れた食材を巧みに調理した素晴らしい料理をゲストに提供できるまでになっていました。その記録のひとつに紀元220年頃、エラガバルス帝がアナゴだけを捕る専用の漁船団を持っていたとあります。捕れたアナゴのうち最上級のものは桶に入れ、キャビアにするための魚卵を採るために手間暇かけて肥育されていました。またドミティアヌス帝は食事にことのほか重きを置く人物でした。晩餐会で食べるエスカルゴ

にかけるソースについて意見を求めるために元老院での議論でさえ中断することもしばしばでした。元老院議員が皇帝に何と告げたか、さらには議員たちの助言がソースのことだけに留まったのかは記録に残っていません。

ウナギを含めた魚介料理は、ローマ料理の功績のひとつですが、フランスでは、シーフードはソースを添えることや下準備を施すことにより、最高レベルの味に高められたと考えられています。たとえば地中海のルー・ド・メール（大西洋のスズキ）料理は、下準備にフェンネルの枝を使うことでとても素晴らしいフレーバーをスズキに与えます。

フランスの美食家にとっての魚介料理の重要性は、フランス国王ルイ14世の給仕長、ヴァテルに起こった有名な話でうかがい知ることができます。その話というのは、魚屋が約束した時間に魚を届けなかったために、料理が時間どおりに国王に出せないと追いつめられたヴァテルが36歳という若さで自殺したというものです。皮肉なことに、魚は彼の死後、数分して届いたのです。

私がフランスのドーヴィルにあるノルマンディーホテルにいたとき、先のエジプト国王ファールーク1世が付き人を従えてたびたびお見えになりました。ウエーターの話によれば、国王はニューデリー風ロブスター*をことのほかお気に召したということで、しばしばふたり分の量を注文されました。ある夜、国王は私を褒めるため、そしてレシピを聞くために厨房に来られました。もちろん私は喜んでレシピをお渡ししました。この章にそのレシピをご用意しましたので、試してみていただきたいと思います。

万全の準備で臨めば、シーフード料理は見事に仕上げることができます。それは大変気難しい美食家をも喜ばせることでしょう。シーフード料理の準

備においてまず必要なことは、魚が新鮮であることです。えらは鮮紅色、身は堅く引き締まり、嫌な臭いや生臭さがなく、目は透き通っていて盛り上がっていることを確かめてください。
　さあ、皆さん。準備ができたら、ここに挙げるレシピのひとつを試してみましょう。このレシピはキッチンに立つ皆さんの創造力に対する挑戦状です。きっと皆さんに大いに満足していただけるものと信じています。

Bouillabaisse Marseillaise
マルセイユ風ブイヤベース（10 〜 12人分）

材料

レッドスナッパー（フエダイ）	680g	にんにく（みじん切り）	4片
スズキ	680g	フェンネルの鱗茎（薄切り）	1個
シマスズキ	680g	ホワイトリーキ（薄い小口切り）	1本
大ヒラメ	450g	セロリ（薄い小口切り）	1本
活ロブスター	2尾（各680g）	サフラン	小さじ1
ムール貝（殻付き）	450g	クールブイヨン*	1ℓ
エビ（殻をむき、背わたを取る）	450g	ローリエ	1枚
		タイム	少々
オリーブオイルまたは植物油	大さじ4	白ワイン（シャブリ）	1カップ
玉ねぎ（粗みじん切り）	中1個	塩・こしょう	各適量
完熟トマト（皮をむき、ざく切り）	6個	ペルノー	大さじ1
トマトペースト	大さじ1	フランスパン（薄切りにし、軽くにんにくをすり付ける）	適量
		パセリ（みじん切り）	大さじ1

作り方

1. すべての魚の皮をはぎ、きれいにして、7.5 〜 10cmの切り身にする。ロブスターは頭ごとぶつ切りにする。
2. 大きなソースパンにオリーブオイルを熱し、玉ねぎ、トマト、トマトペースト、にんにく、フェンネル、リーキ、セロリ、サフランを入れてかき混ぜ、2分加熱する。クールブイヨン、ローリエ、タイム、ワイン、塩、こしょうを加える。
3. 魚、ロブスター、ムール貝、エビを**2**に加える。スープを煮立たせ、15分煮る。ペルノーを加え、静かに混ぜる。
4. パンをトーストし、丸い深皿の底に敷き、スープだけを注ぎ入れる。
5. 別の皿にすべてのシーフードをきれいに盛り付け、パセリを散らす。

Crab and Rice, Italian Style
カニとライス　イタリア風（4人分）

材料................

オリーブオイル	大さじ3	にんにく（みじん切り）	1片
米	1カップ	カニ肉	450g
玉ねぎ（粗みじん切り）	中2個	パルメザンチーズ（すりおろす）	
トマトソース（缶詰）	450g		適量
パセリ（みじん切り）	1/3カップ		

作り方................
1. オリーブオイルを熱し、米と玉ねぎを米が透き通るまで炒める。トマトソースを加え、蓋をして、米が炊き上がるまで蒸す。
2. 残りの材料を加え、材料に火が通り、チーズが溶けるまで弱火で炒める。

Crab Carib
クラブ・カリブ（6人分）

材料................

固いアボカド	3個	塩	適量
ガーリックビネガー	大さじ6	カニ肉	1・1/2カップ
バター	大さじ2	ケーパー（水気を切る）	大さじ1
小麦粉	大さじ2	タバスコ	少々
生クリーム（沸騰直前まで温める） 1カップ		チェダーチーズ（すりおろす） 大さじ6	

作り方................
1. アボカドは皮をむかずに縦半分に切り、種を取り除く。表面にビネガーを大さじ1ずつふりかけ、30分置いておく。
2. 鍋にバターを溶かし、小麦粉を混ぜる。生クリームを加えて、なめらかにとろみがつくまでかき混ぜながら加熱する。塩、カニ肉、ケーパー、タバスコを加える。

3. アボカドに**2**を詰め、チーズを大さじ**1**ずつふりかける。190℃に予熱したオーブンで、十分に火が通るまで約20分焼く。

Crab Meat Valentine
カニのヴァレンタイン風（4～6人分）

材料................

カニ肉	450g	塩・こしょう	各適量
バター	大さじ2	冷凍アスパラガス	2パック
シェリー酒	1/2カップ	泡立てた生クリーム	1カップ
小麦粉	大さじ2	パルメザンチーズ（すりおろす）	
ライトクリーム	2カップ		大さじ4

作り方................

1. カニ肉をバターで軽く炒め、シェリー酒を加え、水分が半量になるまで煮詰める。
2. **1**に小麦粉、ライトクリーム、塩、こしょうを加え、とろみが出るまで火にかける。フォークでカニ肉をまとめるようにかき混ぜる。
3. 冷凍アスパラガスを解凍し、水気を切る。
4. バター（分量外）を塗ったキャセロールの底にアスパラガスを並べる。その上に**2**をかけ、生クリームを広げ、チーズを散らして、弱めの上火で表面がきつね色になるまで焼く。

Crab-Stuffed Fish with Cucumber Sauce
魚のカニ詰め　きゅうりソース（4～6人分）

材料................

レッドスナッパー（フエダイ）または シマスズキ	1尾（1.4kg）	玉ねぎ（粗みじん切り）	1/4カップ
		セロリ（粗みじん切り）	大さじ3
バター	1/4カップ	カニ肉（ゆでる）	225g

パセリ（みじん切り）	大さじ2	生パン粉	1カップ
塩・こしょう	各適量	牛乳または生クリーム	1/4カップ

作り方
1. 魚は詰め物ができるように内臓などをきれいに取り除き、よく洗って拭いておく。
2. 鍋にバターを溶かし、玉ねぎ、セロリをしんなりするまで炒める。
3. 魚以外の残りの材料を加え、よく混ぜ合わせる。
4. 魚の腹に**3**を軽く詰め、開口部分を糸で縫う。
5. バター（分量外）を塗ったオーブン皿に**4**をのせ、上からバター（分量外）を散らす。
6. 200℃のオーブンで35分、魚の身が簡単にほぐせるようになるまで焼く。
7. 糸を抜き取り、きゅうりソースを添えて盛り付ける。

きゅうりソースの材料

小麦粉	大さじ3	牛乳	1カップ
溶かしバター	大さじ3	生クリーム	1/4カップ
アサリ（ハマグリ）煮汁	1/4カップ	きゅうり（粗みじん切り）	1/2カップ

作り方
1. 鍋に小麦粉と溶かしバターを混ぜる。
2. アサリの煮汁と牛乳を加え、ソースにとろみがつくまで混ぜる。
3. ときどきかき混ぜながら15分煮る。
4. 食卓に出す直前に生クリームときゅうりを入れてかき混ぜる。

Crabes Mous Amandines
カニのアーモンド添え（6人分）

材料

ソフトシェルクラブ	18杯	アーモンド（湯通しして皮をむき細切り）	
バター	3/4カップ		1カップ
塩・こしょう	各適量		

作り方

Fish and Sea Food

1. カニを洗い、軽くペーパーで押さえて水気を取る。大きな鍋にバターを溶かし、カニを殻を下にして5分、裏返してさらに3分炒める。塩、こしょうを好みで加える。
2. 温めた皿にカニを並べる。
3. 鍋に残った汁にアーモンドを加え、きつね色になるまで炒める。カニの上に汁ごとアーモンドをかける。

Flounder Aiglon
カレイのエグロン風 （3人分）

材料................

溶かしバター	大さじ2	白ワイン	1/2カップ
セロリ（千切り）	1/2カップ	クールブイヨン*	1/2カップ
マッシュルーム（千切り）		生クリーム	1/4カップ
	1/4カップ	カレイの切り身	3枚
トリュフ（千切り）	小1個	パセリ（みじん切り）	適量

作り方................
1. 鍋にバターを熱し、セロリとマッシュルームを約5分弱火で炒める。
2. トリュフ、ワイン、クールブイヨン、生クリームを加える。
3. バター（分量外）を塗ったオーブン皿に切り身を並べ、**2**のソースをかける。
4. 200℃に予熱したオーブンで約10分焼く。パセリを散らし、器に盛り付ける。

Fillets of Haddock in Pink Sauce
タラのフィレ　ピンクソース （6人分）

材料................

バター	1/2カップ	生クリーム	1カップ
小麦粉	大さじ3	塩・挽きたて黒こしょう	各適量
白ワイン（辛口）	1/2カップ	パプリカ（粉末）	適量

シェリー酒	大さじ4	パセリ（みじん切り）	適量
タラの切り身	6枚		

作り方

1. オーブンを160℃に予熱する。
2. 鍋にバターを熱し、小麦粉を入れてかき混ぜ、少し色づくまで火にかける。
3. ワインを加え、なめらかになるまでかき混ぜる。
4. 生クリームを少しずつ加え、なめらかにややとろみがつくまでかき混ぜ続ける。5分加熱し、塩、こしょう、パプリカで味を調える。
5. シェリー酒を加える。
6. 油を塗ったオーブン皿に魚の切り身を並べ、**5**のソースをかける。蓋をしないで25〜30分焼く。温めておいた器に盛り、パセリを多めに散らす。

Turbotin à la Duglère
大ヒラメのデュグレレ風（6〜8人分）

材料

大ヒラメ	1尾（約2〜3kg）	塩・こしょう	各適量
玉ねぎ（粗みじん切り）	小さじ1	無塩バター	1カップ
トマト（皮をむき種を取ってざく切り）		パセリ（みじん切り）	大さじ1
	2カップ	パフペストリー*(飾り用)	適量
白ワイン（辛口）	1カップ		

作り方

1. 魚は内蔵などを取り除いてきれいに洗い、切り身にする。
2. バター（分量外）を塗ったオーブン皿に魚の切り身を並べ、玉ねぎ、トマトで覆ってワインをかける。
3. 塩、こしょうをふる。
4. オーブン皿にオーブンペーパーで蓋をし、180℃に予熱したオーブンで約20分、フォークで身がほぐせるようになるまで焼く。
5. 魚を崩さないよう器に盛る。
6. オーブン皿に残った液汁を、とろみのあるピューレになるまで強火で煮詰

める。
7. 少しずつバターを入れ、かき混ぜる。
8. パセリを散らす。
9. 魚にソースをかける。器に三日月型のパフペストリーを飾る。

Halibut St. Tropez
大ヒラメのサントロペ風 (6人分)

材料..............

大ヒラメの切り身	6枚 (2.5cm厚)	オリーブオイル	大さじ1
塩・こしょう	各適量	スイスチーズ (すりおろす)	適量
パプリカ (粉末)	適量	乾燥パン粉	適量
卵 (軽くほぐす)	2個	バター	大さじ4
牛乳	大さじ2	にんにく	1片

作り方..............
1. 魚の切り身を塩、こしょう、パプリカで調味する。
2. 卵、牛乳、オリーブオイルを混ぜる。魚を卵液、粉チーズ、再び卵液の順にくぐらせ、最後にパン粉をまぶして衣を付ける。
3. 鍋にバターを溶かし、にんにくを2分炒めて、にんにくを取り出す。切り身を入れ、時折裏返しながら両面がきつね色になるまで弱火で焼く。

Halibut in Wine Sauce
大ヒラメの白ワインソース (6人分)

材料..............

大ヒラメ	900g	塩・こしょう	各適量
バター	大さじ2	マッシュルーム (薄切り)	225g
エシャロット (みじん切り)	大さじ2	白ワイン (辛口)	2/3カップ

作り方..............

1. 浅い鍋に魚を入れ、バターを散らす。エシャロットを散らし、塩、こしょうをふる。表面にマッシュルームをのせ、ワインを全体にかける。
2. アルミホイルでしっかりと蓋をして、160℃に予熱したオーブンで30分焼く。

Lobster Americaine
ロブスターのアメリケーヌソース（4人分）

材料................

活ロブスター	4尾（各680g）	クールブイヨン*	2カップ
植物油	1/4カップ	ピザトマトソース*	1/2カップ
バター	大さじ1	ブラウンソース*	1カップ
エシャロット（粗みじん切り）	大さじ1	トマト（皮をむき種を取ってざく切り）	4個
にんじん（あられ切り）	大さじ1	塩・こしょう	各適量
セロリ（あられ切り）	大さじ1/2	バター（室温）	大さじ1
にんにく（みじん切り）	小1片	小麦粉	大さじ1
コニャックまたはブランデー	1/2カップ	タラゴン（みじん切り）	小さじ1
白ワイン（辛口、シャブリ）	2カップ	パセリ（みじん切り）	大さじ1

作り方................
1. ロブスターを切り分け、液汁や肝臓（消化腺）は取っておき、胃嚢は捨てる。
2. 鍋に油とバター大さじ1を熱し、ロブスターを身がかたくなり、殻が赤くなるまで炒める。
3. エシャロット、にんじん、セロリ、にんにくを加え、かき混ぜる。ブランデー半量を入れてフランベする。
4. 炎が消えたら、白ワイン、クールブイヨン、トマトソース、ブラウンソース、トマト、塩、こしょうを加え、20分煮る。
5. ロブスターを皿に盛り、保温しておく。
6. バター、小麦粉、ロブスターの液汁と肝臓をペースト状になるまで混ぜ合わせる。

Fish and Sea Food

7. **6**を**4**のソースに混ぜ2分加熱し、タラゴン半量とパセリ半量を入れる。ソースをロブスターにかけ、残りのブランデーを加え、残りのタラゴンとパセリを散らす。熱々のうちに食卓に出す。

Homard à la Newburgh
オマールのニューバーグソース （6人分）

材料

活ロブスター	4尾（各570g）	カイエンペッパー	ひとつまみ
酢	水1ℓに対して 大さじ1	シェリー酒	1/2カップ
無塩バター（溶かす）	大さじ1	生クリーム	1カップ
パプリカ（粉末）	大さじ1	卵黄	3個分
塩・こしょう	各適量		

作り方

1. ロブスターを塩（分量外）を加えた湯に入れ、酢を加えて20分ゆでる。流水で冷やす。
2. 殻を割り、尾やはさみから身を丁寧に取り出し、背わたを取り除く。1.3cm厚さに切り分ける。
3. 卓上鍋に溶かしバターとロブスターを入れて火にかけ、あえるように揺すりながら数分焼く。パプリカを散らし、ロブスターの身が赤色になるまで混ぜる。塩、こしょう、カイエンペッパーを加える。シェリー酒を加えて数分さらに煮て、生クリーム半量を加える。
4. 残りの生クリームと卵黄を混ぜてから、**3**の鍋に加えてかき混ぜ、すぐ火からおろし、ソースにとろみがつく程度で凝固させないようにする。卓上鍋のまま食卓に出す。

Lobster Supreme
ロブスターのシュプレームソース （4人分）

材料

バター	大さじ4	卵黄	2個分
小麦粉	大さじ2	レモン汁またはシェリー酒	
塩	小さじ1/2		大さじ2
パプリカ（粉末）	小さじ1/2	ロブスターの身（ゆでて角切り）	
牛乳（温める）	1・1/2カップ		2カップ

作り方

1. ソースパンにバターを溶かし、小麦粉を入れ、なめらかになるまで混ぜる。塩、パプリカ、牛乳を加え、とろみが出るまでよくかき混ぜ、火からおろす。
2. 卵黄を1個分ずつほぐして加える。レモン汁またはシェリー酒とロブスターの身を入れて混ぜ、しっかり火を通す。

Homard Thermidor
オマール・テルミドール （4人分）

材料

活ロブスター	2尾（各680g）	粉末マスタード（少量のワインで溶く）	
酢	水1ℓに対して 大さじ1		小さじ1
マッシュルーム（小さめの角切り）		牛乳（温める）	1カップ
	225g	塩・こしょう	各適量
バター	大さじ2	カイエンペッパー	適量
小麦粉	大さじ1・1/2	生クリーム（温める）	1/2カップ
		スイスチーズ（すりおろす）	適量

作り方

1. ロブスターを塩（分量外）と酢を加えた湯で15〜18分ゆで、流水にさらし完全に冷やしてから、縦半分に切る。はさみと尾から身を取り出し、ひと

口大に切る。胴部分の殻はよく洗ってすすいでおく。
2. マッシュルームとバター小さじ1を混ぜ、蓋をして6分火にかける。マッシュルームの汁気を切り、液汁は取っておく。マッシュルームとロブスターの身を混ぜ合わせる。
3. 残りのバターを熱し、小麦粉を入れて1〜2分混ぜ、ルーを作る。絶えずかき混ぜ、焦がさないようにする。
4. マスタードを加え、牛乳と**2**の液汁を少しずつ入れかき混ぜる。かき混ぜながら2分加熱し、塩、こしょう、カイエンペッパーで味を調える。
5. 生クリームを加え、1分程度かもう少し長く煮る。
6. ソースを濾して、ロブスターとマッシュルームにかける。
7. **6**を殻に詰め、チーズをふりかけ、高温のオーブンで表面がきつね色になるまで焼く。

New Delhi Lobster
ニューデリー風ロブスター （4人分）

材料

バターまたは油	大さじ3	レモンの皮（すりおろす）	大さじ1
玉ねぎ（粗みじん切り）	中2個	ライトクリーム	1カップ
にんにく（みじん切り）	大1片	塩・こしょう	各適量
カレー粉	大さじ1	ロブスターの身（ゆでてひと口大に切る）	
レモン汁	1個分		450g

作り方

1. 鍋にバターまたは油を熱し、玉ねぎを黄色くなるまで炒め、にんにくを加える。
2. カレー粉を加えよく混ぜる。レモン汁とレモンの皮を加えて、なめらかになるまでかき混ぜながら加熱する。クリーム、塩、こしょうを加え、なめらかになるまでさらにかき混ぜる。
3. ロブスターの身を入れ、しっかり火を通す。

Baked Stuffed Mackerel
サバの詰め物焼き （4人分）

材料

バター	大さじ4	塩　小さじ1またはお好みに合わせて	
玉ねぎ（みじん切り）	大1個	挽きたて黒こしょう	小さじ1/4
ピーマン（粗みじん切り）	1/2個	セージ	小さじ1/4
セロリ（みじん切り）	1/2カップ	タイム	小さじ1/4
マッシュポテト		サバ	1尾（約1.1kg）
3カップ（じゃがいも約680g分）			

作り方

1. オーブンを190℃に予熱する。
2. 鍋にバター大さじ2を溶かし、玉ねぎ、ピーマン、セロリを炒め、玉ねぎが透き通ったら火を止める。サバ以外の残りの材料を加えて混ぜ、サバに詰める。詰めた口を糸で縫うか串を刺して閉じる。
3. バター（分量外）を塗ったオーブン皿に置く。皮の表面にいくつか切り目を入れる。残りのバターを溶かし、魚に散らす。フォークで身が簡単にほぐせるようになるまで、約45分焼く。

Filets de Maquereaux Pêcheur
サバのフィレ　漁師風 （2人分）

材料

ハマグリ	6個	サバの切り身	2枚
わけぎ（小口切り）	2本	白ワイン	1/4カップ
塩・こしょう	各適量	バター	大さじ1
生パン粉	大さじ2		
（またはペーストを作るのに十分な量）			

作り方

1. ハマグリの口を開け、身を取り出す。刻んで、身を裏濾しし、液汁は取って

Fish and Sea Food

おく。ハマグリ、わけぎ、塩、こしょう、パン粉を混ぜてペーストを作る。
2. 浅い鍋にサバの切り身を並べ、表面に **1** のペーストを広げる。ワインとハマグリの汁を加え、バターを散らし、180℃に予熱したオーブンで15分焼く。

Moules Mariniere
ムール貝の白ワイン煮（2〜3人分）

材料................

ムール貝	4カップ	パセリ（みじん切り）	小さじ1/2
白ワイン（辛口）	1/4カップ	挽きたて黒こしょう	適量
エシャロットまたはねぎ		ヘビークリーム	小さじ1
（粗みじん切り）	小さじ1/2	バター（小麦粉小さじ1を混ぜる）	
玉ねぎ（粗みじん切り）	小さじ1/2		大さじ1

作り方................
1. ムール貝を丁寧にこすり洗いする。
2. 鍋に貝、ワイン、野菜類、お好みで黒こしょうを入れ、しっかり蓋をして貝の口が開くまで約5分強火にかける。
3. 鍋の中身をざるにあげ、液汁は取っておく。貝は器に盛り、保温しておく。
4. 液汁を鍋に戻し、1〜2分そのまま置く。液汁をゆっくり別のソースパンに注ぐ。強火で1/3の量になるまで煮詰め、生クリームを加える。
5. バターを加え、かき混ぜてソースにとろみをつける。1〜2分程度加熱し、貝にかける。

Huîtres Casino
オイスター・カシーノ（2人分）

材料................

カキ	12個	ピーマン（粗みじん切り）	大さじ1
溶かしバター	大さじ1	パプリカ（さいの目切り）	大さじ2

レモン汁	1/2個分	ベーコン（4cm幅に切る）	2枚
塩・こしょう	各適量	乾燥パン粉	適量

作り方
1. カキの殻を開け、深いほうの殻に身を残す。
2. バターを熱し、ピーマンを炒める。パプリカ、レモン汁を混ぜ、塩、こしょうで味を調える。
3. カキの身にベーコンと **2** をトッピングする。
4. パン粉を散らす。
5. 230℃に予熱したオーブンで約7分焼く。天板に岩塩を敷き詰めると、カキの殻を置くときにバランスを取りやすい。

Flaming Perch
パーチのフランベ（4人分）

材料
パーチ	1尾（1.4〜1.8kg）	フェンネルの葉	小2束
塩	小さじ2	ブランデー（温める）	1/3カップ
溶かしバター	大さじ3		

作り方
1. 魚を洗い、水気をよく拭き取る。塩を身の中と外にすり込み、溶かしバターに浸す。直火で約10分、溶かしバターをたびたびかけながら、身が簡単にほぐせるようになるまで焼く。
2. 浅めのオーブン皿にのせ、洗ってよく乾かしたフェンネルで表面を覆う。
3. ブランデーをかけ、フランベする。

Filets de Pompano Héloïse
ポンパーノのフィレ　エロイーズ風（6人分）

材料

Fish and Sea Food

エシャロットまたはねぎ（粗みじん切り）	2本	塩・こしょう	各適量
		白ワイン（辛口）	2カップ
マッシュルーム（みじん切り）	1/2カップ	レモン汁	1/2個分
		バター	大さじ2
ポンパーノの切り身	6枚		

作り方

1. バター（分量外）を塗ったオーブン皿に、エシャロットとマッシュルームを散らす。
2. ポンパーノの切り身を塩、こしょうで調味し、**1**の上に並べる。
3. ワインとレモン汁を加え、バター（分量外）を塗ったハトロン紙で魚を覆う。
4. 180℃に予熱したオーブンで約15分、フォークで魚の身がほぐせるようになるまで焼く。
5. ソースパンに**4**の焼き汁を注ぎ、強火で1/4の量になるまで加熱する。
6. ソースパンを火からおろし、バターを加え、回しながら溶かす。
7. 塩、こしょうで味を調え、魚にかける。
8. ブロイラーで1〜2分焼いて、照りを出す。

Baked Red Snapper Florida
ベイクドレッドスナッパー　フロリダ風（6〜8人分）

材料

フエダイ	1尾（2kg前後）	バジルまたはディル	小さじ1/2
塩	適量	パセリ（みじん切り）	小さじ2
バター	大さじ6	塩	小さじ1/4
玉ねぎ（みじん切り）	小1/2個	挽きたて黒こしょう	適量
前日のパンのパン粉またはパンの角切り	1カップ	グレープフルーツの果肉（皮をむいて出た果汁も使う）	1個分
クラッカー（細かく砕く）	1/2カップ	オレンジの果肉	1個分

作り方

1. オーブンを200℃に予熱する。

2. 魚の中と外に塩をふる。
3. 鍋にバター大さじ4を溶かし、玉ねぎを透き通るまで炒める。
4. パン粉と砕いたクラッカー、バジル、パセリ、塩小さじ1/4、こしょうを加え、よく混ぜる。
5. 魚に**4**を詰め、串で綴じ、ひもでくくる。
6. 油を塗ったアルミホイルを敷いた天板に置き、身が簡単にほぐれるようになるまで40分焼く。その間、グレープフルーツの果汁と残りのバターを刷毛で頻繁に塗る。
7. 魚をオーブンから出す3分前に、グレープフルーツとオレンジの果肉を魚の上に並べ、**6**の残りのバターか追加のバターを刷毛で塗る。

Poached Salmon Steak
サーモンステーキのポシェ（6人分）

材料..............

バター	大さじ2	タイム	ひとつまみ
玉ねぎ（粗みじん切り）	1/3カップ	塩	適量
セロリ（粗みじん切り）	1/3カップ	粒こしょう	適量
水	1ℓ	サーモンステーキ	1枚（1.4kg）
酢	1/2カップ	オランデーズソース*またはブレンダーマヨネーズ*	適量
ローリエ	1枚		

作り方..............
1. 大きな鍋にバターを熱し、玉ねぎとセロリを5分炒める。水、酢、ローリエ、タイム、塩、こしょうを加え、5分煮る。
2. サーモンをチーズクロスで包んで**1**に入れ、蓋をして弱火で約25分（または450g当たり8分）、静かに煮る。
3. サーモンを崩さないように取り出してチーズクロスを外し、温製ならオランデーズソースを添えて、冷製にするならマヨネーズを添えて出す。

Curried Scallops
ホタテのカレーソテー（6人分）

材料................
ホタテ	900g	エシャロットまたはねぎ（みじん切り）	
小麦粉（塩・こしょうで味付け）			6本
	適量	カレー粉	大さじ1・1/2
バター	大さじ8	白ワイン（辛口）	1/3カップ

作り方................
1. ホタテを洗い、水気を取る。
2. 小麦粉を軽くまぶす。
3. 鍋にバターを溶かし、エシャロットを3分炒める。
4. ホタテを加え、手早く炒め、全体がきつね色になるようにしばしば裏返す。
5. カレー粉をふりかけ、ワインを加えてよく混ぜる。ライスの上に盛り付け、ソテーしたアーモンドを飾る。

Scallops Antoine
ホタテのアントワーヌ風（6人分）

材料................
ホタテ	900g	小麦粉	大さじ2
白ワイン（辛口）	2カップ	ヘビークリーム	大さじ2
バター	1/4カップ	パセリ（みじん切り）	大さじ2
エシャロット（みじん切り）	1/4カップ	パン粉（バターで焼く）	1/2カップ
マッシュルーム（薄切り）	225g		

作り方................
1. ホタテとワインを鍋に入れ、しっかり蓋をしてやわらかくなるまで5分煮る。煮汁を切り、汁は取り置く。
2. バターを溶かし、エシャロット、マッシュルームを3～5分炒める。小麦粉を入れかき混ぜ、取り置いた煮汁と生クリームを少しずつ混ぜ入れる。

かき混ぜながら煮立たせる。
3. ホタテとパセリを**2**に加え、浅いキャセロールに移す。パン粉を表面に散らし、ブロイラーで軽く焼き色が付くまで焼く。

Scallops Bruni
ホタテのブルーニ風 （4～6人分）

材料

バター	60g	卵（軽くほぐす）	4個
玉ねぎ（粗みじん切り）	1/2カップ	ヘビークリーム（沸騰直前まで温める）	2カップ
リーキ（白い部分のみ小口切り）	1/2カップ	塩	小さじ1/2
ホタテ（角切り）	450g	黒こしょう	小さじ1/4
小麦粉	大さじ2	ナツメグ	小さじ1/8
生のパイ生地*	1台（23cm）		

作り方

1. 鍋にバターを溶かし、玉ねぎとリーキを5分炒める。
2. ホタテに小麦粉をまぶして**1**に加え、強火で約5分焼き、野菜ごとパイ生地に流し込む。
3. 卵と生クリームを混ぜ、塩、こしょう、ナツメグを加え、ホタテにかける。190℃に予熱したオーブンで軽く焼き色が付き固まるまで焼く。

Scallops en Brochette
ホタテの串焼き （4人分）

材料

ホタテ	900g	フェンネルの葉（みじん切り）	1/2カップ
塩・こしょう	各適量	ミニトマト	適量
ベルモット酒（辛口）	1・1/2カップ	サラダ油	適量

Fish and Sea Food

作り方
1. ホタテを洗って水気を取り、塩、こしょうで調味する。
2. ベルモット酒とフェンネルを混ぜ合わせ、ホタテを入れて約2時間漬ける。
3. ホタテとトマトを串に交互に刺し、油の上で転がす。
4. ホタテが軽くきつね色になるまでゆっくりグリルする。

Scallops Sariat
ホタテのサリアト風（4〜6人分）

材料

バター	大さじ8	ローリエ	1枚
にんじん（みじん切り）	小1本	ホタテ	900g
玉ねぎ（みじん切り）	1個	白ワイン（辛口）	1カップ
エシャロット（みじん切り）	2本	トマト（皮をむき種を取ってざく切り）	
パセリ（みじん切り）	2枝		3個
タイム（粉末）	ひとつまみ	ブランデー	1/4カップ

作り方
1. バター大さじ4を熱し、にんじん、玉ねぎ、エシャロット、パセリを、軽くきつね色になるまで静かに炒める。タイム、ローリエを加え、弱火で約15分加熱する。
2. ホタテを洗って水気を取り、**1**に加える。ホタテが軽くきつね色になるまで炒める。ワイン、トマトを加え10分煮る。ブランデーを鍋に注ぎ、フランベする。
3. ホタテを取り出し、保温しておく。鍋の煮汁を1・1/2カップになるまで煮詰める。残りのバター大さじ4を加え、さらに2分加熱する。ホタテを鍋に戻し、しっかり火を通す。

Scallops St. Yves
ホタテのセント・イブ風 （1人分）

材料

マッシュルーム（さいの目切り）		白ワイン（辛口）	大さじ1
	1個	溶かしバター	大さじ1/2
チャイブ（小口切り）	小さじ1/2	ホタテ	6〜8個
乾燥パン粉	大さじ1	ホタテの貝殻またはココット皿	
塩・こしょう	各適量		1個

作り方
1. ホタテ以外の材料を混ぜる。
2. ホタテを加えて混ぜ、貝殻に詰める。表面にパン粉をふりかけてもよい。
3. 180℃に予熱したオーブンで20分焼く。

Boston Scrod, New Orleans Style
コダラのニューオーリンズ風 （2人分）

材料

バター	大さじ1	ピザトマトソース*	1/2カップ
玉ねぎ（薄切り）	中1個	にんにく（みじん切り）	1/2片
ピーマン（薄切り）	1個	白ワイン（辛口、シャブリ）	1/2カップ
マッシュルーム（薄切り）	4個	塩・こしょう	各適量
セロリ（薄切り）	1本	コダラの切り身	2枚
トマト（皮をむいて種を取りざく切り）		パセリ（みじん切り）	大さじ1
	3個		

作り方
1. ソースパンにバターを溶かし、玉ねぎ、ピーマン、マッシュルーム、セロリを1分炒める。トマト、トマトソース、にんにく、ワイン、塩、こしょうを加え、10分加熱する。
2. 魚を耐熱ガラス製のオーブン皿に並べ、**1**をかけ、180℃に予熱したオー

Fish and Sea Food

ブンで約15分焼く。
3. 表面にパセリを散らし、食卓に出す。

Shad Roe Angevine
シャッドの卵の煮付け　アンジュ風（4人分）

材料................
無塩バター	大さじ3	シャッド（ニシン科の魚）の卵	
エシャロット（みじん切り）	大さじ2		4腹
ソレル（缶詰）	1/4カップ	塩・白こしょう	各適量
白ワイン（辛口）	1・1/2カップ	ヘビークリーム	1・1/4カップ

作り方................
1. 鍋にバターを熱し、エシャロット、ソレル、ワインを加え、表面に魚卵を並べる。塩、こしょうをふる。
2. 蓋をして沸騰させ、弱火にして約20分煮込む。
3. 魚卵を温めた皿に移し、保温しておく。
4. 鍋のソースに生クリームを加え、煮立たせたのち火を弱め、蓋をせずに薄いホワイトソースになるまで煮詰める。調味料で味を調え、卵にスプーンでかける。

Shad Roe Polonaise
シャッドの卵の煮付け　ポーランド風（2〜4人分）

材料................
バター	1/4カップ	固ゆで卵（刻む）	1個分
シャッドの卵	中2腹	パセリ（みじん切り）	大さじ1
塩・こしょう	各適量	チャイブ（小口切り）	小さじ2
レモン汁	小さじ2	パン粉	大さじ1

作り方................

1. 鍋にバターを熱し、魚卵を入れて塩、こしょうをふる。蓋を使ってはねるのを防ぎ、崩さないように一度裏返し、約12分で両面を焼く。
2. 魚卵によく火が通ったら、温めた皿に盛る。
3. 残りの材料を鍋に加え、かき混ぜながら加熱し、魚卵にかける。

Chilled Shrimp Shanghai
冷製エビの上海風 （4人分）

材料

しょうゆ	1/2カップ	エビ（ゆでて殻をむき背わたを取って冷やす）	24尾
レモン汁	1/4〜1/2カップ		
粉末しょうが	小さじ1	クレソン	1束

作り方
1. しょうゆ、レモン汁、しょうがをよく混ぜる。
2. エビとクレソンを冷やした皿に盛り付け、**1**のソースに付けて食べる。

Oriental Shrimp
エビのオリエンタル風 （6人分）

材料

エビ（殻をむいて背わたを取る）	680g	酢	1/2カップ
植物油	大さじ4	しょうゆ	大さじ1
玉ねぎ（薄切り）	2個	粉末マスタード	小さじ1
ピーマン（薄切り）	1個	水	1/4カップ
パイナップル（ぶつ切り）	1/2カップ	コーンスターチ	大さじ1
砂糖	1/2カップ	ライス	適量

作り方
1. 鍋に油を熱し、エビに火が通るまで約5分炒め、取り出す。玉ねぎ、ピー

Fish and Sea Food

マン、パイナップルを加え、1分炒める。
2. 砂糖と酢を混ぜて鍋に加え、煮立てる。
3. しょうゆとマスタードを加える。分量の水で溶いたコーンスターチを入れて、とろみがつくまでかき混ぜながら加熱する。さらに1分煮て、エビを戻す。ライスを添えて出す。

Shrimp Amandine Bombay
エビのアーモンドソース　ボンベイ風（4〜6人分）

材料

バター	1/4カップ	白ワイン（辛口）	1カップ
にんじん（皮をこすり洗いし、さいの目切り）	小1本	カレー粉	小さじ1/2
		トマト（皮をむき種を取ってざく切り）	2個
玉ねぎ（みじん切り）	大さじ1		
エシャロット（みじん切り）	大さじ1	塩	小さじ1/2
乾燥タイム	小さじ1/4	アーモンド（湯通しし皮をむいて刻む）	1/2カップ
ローリエ	1/2枚		
エビ（殻をむき背わたを取る）	680g	ヘビークリーム	1/2カップ

作り方

1. 厚手の鍋にバターを溶かし、にんじん、玉ねぎ、エシャロット、タイム、ローリエを加える。玉ねぎが透き通るまで約5分炒める。
2. エビを加え、身がピンク色になるまで約5分炒める。ワイン、カレー粉、トマトを加え、10分煮込む。塩を加える。
3. エビを温めた皿に移す。**2**のソースを濾して、アーモンドと生クリームを加え、しっかり火を通す（沸騰させないよう注意する）。エビをソースに戻し、再び温めてから食卓に出す。

Shrimp and Lobster Mediterranean
エビとロブスター　地中海風（4人分）

材料................

活ロブスター	大1尾	にんにく（みじん切り）	2片
オリーブオイル	大さじ3	パセリ（みじん切り）	小さじ2
エビ（殻をむき背わたを取る）		白ワイン（辛口）	2カップ
	900g	塩	適量

作り方................

1. ロブスターを大型ナイフでぶつ切りにする。オリーブオイルを熱し、ロブスターの表面が赤くなるまで炒める。エビ、にんにく、パセリを加え、かき混ぜながら約3分、野菜がしんなりしてくるまで火にかける。
2. ワインと塩を加えて煮立たせたのち、弱火で約15〜20分煮込む。

Shrimp d'Oral
シュリンプドラール（6人分）

材料................

バター	1/4カップ	小麦粉	大さじ3
玉ねぎ（粗みじん切り）	1カップ	アサリ（ハマグリ）の煮汁	
カレー粉	小さじ2〜3		240mℓ
塩	小さじ1/2	エビ（殻をむき背わたを取る）	
しょうが	小さじ1/8		900g
チリパウダー	小さじ1/8	レモン汁	大さじ1

作り方................

1. 大きな鍋にバターを熱し、玉ねぎとカレー粉を入れ、玉ねぎがしんなりするまで約5分炒める。火からおろす。
2. 塩、しょうが、チリパウダー、小麦粉を加え、よく混ぜる。アサリの煮汁を入れ、かき混ぜながら煮立たせたのち、弱火にして5分煮る。
3. エビとレモン汁を加えてかき混ぜ、やわらかくなるまで煮る。

Shrimp Francesca
エビのフランチェスカ風（4人分）

材料

小麦粉	大さじ6	油	1/2カップ
パルメザンチーズ（すりおろす）	大さじ2	にんにく（みじん切り）	1片
塩	小さじ1	白ワイン（辛口）	1/4カップ
エビ	450g	塩	小さじ3/4
ピーマン	中6個	こしょう	適量

作り方

1. 小麦粉、チーズ、塩を紙袋に入れ混ぜる。エビを加え、袋を振って衣を付ける。
2. ピーマンは種を取り、細切りにする。
3. 油を熱し、エビとにんにくをきつね色になるまで5分炒める。エビを取り出す。鍋にピーマンを入れ、蓋をして10〜15分、やわらかくなるまで蒸し焼きにする。
4. エビを鍋に戻し、ワイン、塩、こしょうを加え、火を入れる。

Shrimp Margaret
エビのマーガレット風（4人分）

材料

パン（焼いてから1日たったもの）	6枚	溶かしバター	大さじ4
エビ（ゆでて殻をむき背わたを取る）	450g	卵（ほぐす）	3個
		粉末マスタード	小さじ1/4
		塩・こしょう	各適量
チェダーチーズ（さいの目切り）	225g	カイエンペッパー	適量
		牛乳	2カップ

作り方

1. パンは耳をカットして、角切りにする。
2. 油を塗ったキャセロールにパン、エビ、チーズを順に積み重ね、溶かしバターを全体にかける。
3. 卵に、マスタード、塩、こしょう、カイエンペッパーを加える。牛乳と混ぜ、**2**に注ぎ入れる。
4. 180℃に予熱したオーブンで1時間焼く。

Shrimp Napoli
エビのナポリ風（4～6人分）

材料

バター	大さじ6	エビ（殻をむき背わたを取る）	450g
オリーブオイル	大さじ3		
玉ねぎ（粗みじん切り）	1/2カップ	塩	小さじ1・1/2
にんにく（みじん切り）	1片	こしょう	適量
米	1・1/2カップ	カイエンペッパー	小さじ1/4
白ワイン	3/4カップ	パルメザンチーズ（すりおろす）	1/4カップ
チキンスープ*(沸騰させる)	2・1/2カップ		

作り方

1. 厚手のキャセロールにバター大さじ4とオリーブオイルを熱し、玉ねぎを艶が出るまで炒める。にんにく、米を加え加熱する。米が色づき始めたらワインを加え、中火で汁気がなくなるまで加熱する。
2. チキンスープ半量を加え、蓋をしてかき混ぜずに15分、静かに加熱する。エビ、塩、こしょう、カイエンペッパー、残りのチキンスープを加え、フォークで軽くかき混ぜる。蓋をして米がやわらかくなるまで煮込む。チーズと残りのバターを入れかき混ぜ、熱いうちに食卓に出す。

Shrimp Newburgh
エビのニューバーグ風 （4人分）

材料................

バター	大さじ4	エビ（加熱済みまたは缶詰）	
小麦粉	大さじ4	（背わたを取る）	1・1/2カップ
牛乳	1・1/2カップ	パプリカ（粉末）	適量
シェリー酒	大さじ3	ライス	適量
バター	大さじ1		

作り方................

1. 小さなソースパンにバター大さじ4を中火で熱し、小麦粉をゆっくり加え、火が通るまでかき混ぜる。火からおろし、少し冷ます。
2. 牛乳を別の小さなソースパンに入れ、強火で沸騰直前まで加熱し、**1**にゆっくり加え、ハンドミキサーを使ってとろみがつきなめらかになるまで混ぜる。中火にかける。
3. ボウルにシェリー酒を入れ、**2**のソースをハンドミキサーでかき混ぜながら少しずつ加える。ソースパンに戻し、ゆっくり加熱する。
4. 鍋にバター大さじ1を熱し、エビを弱火で炒める。パプリカを少しふりかける。熱々のソースの上にエビを盛り、ライスを添えて出す。

Shrimp Ratatouille
エビのラタトゥイユ （6人分）

材料................

オリーブオイル	1/4カップ	なす（6mm厚さに薄切り、レモン汁大さじ	
にんにく（みじん切り）	4片	1・1/2をふりかける）	中1個
白玉ねぎ（薄い輪切り）	450g	ズッキーニ（薄切り）	450g
塩	大さじ1	トマト（皮をむき薄切り）	900g
挽きたてこしょう	小さじ1/2	エビ（殻をむき背わたを取る）	900g
ピーマン（細切り）	450g	オリーブオイル	1/4カップ

作り方

1. 大きなキャセロールにオリーブオイル1/4カップを熱し、にんにく半量を1分炒める。玉ねぎ半量を加え、さらに1分炒める。塩、こしょうを少々ふりかける。
2. 1の上に残りの材料を2層に分けて重ねる。まず材料の半量を敷き詰めて、塩、こしょう、オリーブオイルをふりかけ、もう1層も同じように重ねる。
3. 火にかけて煮立ったら弱火にし、蓋をして20分煮る。蓋を外し、約10分火にかけソースを煮詰める。
4. ソースを濃くしたい場合は、バター小さじ2と小麦粉小さじ2を追加する。

Shrimp Rimini
エビのリミニ風（4人分）

材料

A

卵黄	1個分
オリーブオイル	1/2カップ
サラダ油	1/4カップ
ワインビネガー	1/4カップ
洋風練りがらし	大さじ2
パセリ（みじん切り）	大さじ2
チャイブ（小口切り）	大さじ2
エシャロット（みじん切り）	大さじ1

アーティチョークハーツ（冷凍）
　（ゆでて水気を切り冷やす）1パック
エビ（ゆでて殻をむいて背わたを取る）
　　　　　　　　　　　　　　24尾

作り方

Aの材料をよく混ぜる。アーティチョークハーツとエビを入れ、冷蔵庫で約4時間、ときどき混ぜながら漬ける。

Shrimp South-of-the-Border Style
エビの中南米風 （4〜6人分）

材料............

エビ（殻をむき背わたを取る）	680g	ローリエ	1枚
ピーナツオイル	大さじ3	タイム	小さじ1/2
玉ねぎ（薄切り）	中2個	チリパウダー	大さじ1
にんにく（みじん切り）	1片	マッシュルーム（薄切りにし、バターで	
セロリ（粗みじん切り）	4本	しんなりするまで炒める）	225g
小麦粉	大さじ1・1/2	パプリカ（粗みじん切り）	2個
トマト（缶詰）	2・1/2カップ	塩・こしょう	各適量

作り方............

1. エビをよく洗い、十分に水気を取る。
2. 大きな鍋にピーナツオイルを熱し、玉ねぎ、にんにくと、セロリの2/3の量をしんなりするまで炒める。
3. 小麦粉をふりかけ、かき混ぜながら少しきつね色になるまで炒める。トマト、ローリエ、タイム、チリパウダー、マッシュルーム、パプリカを加える。塩、こしょうで味を調え、10分煮る。
4. エビと残りのセロリを加え、さらに10分煮る。

Shrimp with Herbs
エビのハーブ焼き （4人分）

材料............

エビ（殻をむき背わたを取る）	900g	粉末マスタード	小さじ1
にんにく（みじん切り）	3片	塩	小さじ1
パセリ（みじん切り）	1/4カップ	オリーブオイル	1/2カップ
バジル	小さじ1	レモン汁	1個分

作り方............

1. ボウルにエビを入れ、残りの材料をよく混ぜ合わせてから加え、室温で数

時間漬ける。
2. 直火で4〜5分焼き、その間に一度裏返す。

English Sole Arlésienne
イングリッシュソール　アルル風（3〜4人分）

材料................
イングリッシュソールの切り身6枚	マッシュルーム（みじん切り）
またはカレイの切り身　680g	1/2カップ
トマト（皮をむき種を取ってざく切り）	白ワイン　1/2カップ
1/2カップ	バター　大さじ2
アーティチョークボトム（生または缶詰）	塩・こしょう　各適量
（さいの目切り）　2個	パセリ（みじん切り）　適量

作り方................
1. 魚の切り身をナイフの腹で軽く平らにならし、バター（分量外）を塗った鍋に並べる。
2. トマト、アーティチョーク、マッシュルームを上にのせ、ワインを加え、バターを散らす。塩、こしょうをする。
3. 200℃に予熱したオーブンで約10分焼く。仕上げにパセリを散らす。

Fillets of Sole Normande
イングリッシュソールのフィレ　ノルマンディー風（4人分）

材料................
イングリッシュソールの切り身　8枚	ムール貝（こすり洗いする）　8個
塩・こしょう　各適量	マッシュルームのかさ　中4個分
エシャロット（みじん切り）　大さじ1	白ワイン（辛口、シャブリ）　1/2カップ
エビ（殻をむき背わたを取る）　小4尾	レモン汁　小さじ1
	ヘビークリーム　1/2カップ

Fish and Sea Food

卵黄	2個分	パン（トーストして三角形に切る）	2枚

作り方

1. バターを塗ったオーブン皿に魚を並べ、塩、こしょうをふる。エシャロット、エビ、ムール貝、マッシュルーム、ワイン、レモン汁を加える。
2. 蓋をして、180℃に予熱したオーブンで15分焼く。
3. 魚、エビ、マッシュルーム、ムール貝を器に取り分け、貝は殻を外す。保温しておく。
4. 煮汁をソースパンに移し、生クリームを加える。ひと煮立たちさせ、卵黄を加える。沸騰させないようにかき混ぜながら加熱し、濾して魚にかける。
5. パンを添えて出す。

Filets de Sole Véronique
シタビラメのフィレ　ヴェロニカ風　（6人分）

材料

シタビラメの切り身	6枚	白ぶどう（皮をむいて種を取る）	
塩・こしょう	各適量		1カップ
クールブイヨン*	1カップ	生クリーム	1/2カップ
白ワイン	1/2カップ	バター	大さじ2

作り方

1. 魚の切り身をナイフの腹で軽く平らにならし、半分に折りたたむ。
2. 塩、こしょうし、バター（分量外）を塗った鍋に並べ、クールブイヨンと白ワインをかける。
3. 魚に火が通るまで10分静かに加熱する。
4. 魚を皿に移し、ぶどうを飾る。
5. 鍋の煮汁が1/4の量になるまで強火にかける。
6. 生クリームを加え、バターをゆっくり回し入れる。火からおろし、調味料で味を調える。
7. このソースを魚とぶどうにかけ、ブロイラーで焼いて照りを出す。

Sole d'Antin
シタビラメのアンタン風 （4人分）

材料

バター	大さじ2	トマト（皮をむき種を取ってざく切り）	3個
玉ねぎ（みじん切り）	大さじ2	マッシュルーム（薄切り）	5個
シタビラメまたはカレイの切り身	4枚	パセリ（みじん切り）	大さじ2
		にんにく（みじん切り）	1/2片
アサリ（ハマグリ）の煮汁	1/4カップ	塩	適量
		挽きたて黒こしょう	小さじ1/8
白ワイン（辛口）または水	1/2カップ	ヘビークリーム	大さじ2

作り方

1. 鍋にバターを熱し、玉ねぎを透き通るまで炒める。
2. 魚の切り身をオーブン皿に並べ、アサリの煮汁とワインをかける。
3. 1の玉ねぎ、トマト、マッシュルーム、パセリ、にんにく、塩、こしょうを加える。
4. 180℃に予熱したオーブンで10分焼く。
5. 魚を銘々皿に取り分け、保温しておく。
6. オーブン皿の煮汁を鍋に移し、かき混ぜながら強火で少し煮詰まるまで2〜3分加熱する。
7. 生クリームを加え、さらにかき混ぜる。
8. このソースを魚にかける。

Sole Doria
シタビラメのドリア （4人分）

材料

ベルモット酒（辛口）	1・1/2カップ	きゅうり（種を取り、2.5cm長さ6mm厚さに切る）	1本
エシャロットまたはピーマン（粗みじん切り）	大さじ3	シタビラメの切り身	小8枚

Fish and Sea Food

塩・挽きたてこしょう	各適量	卵黄	6個分
バター（小さく切る）	1・1/4カップ	ヘビークリーム	大さじ2

作り方................

1. 鍋にベルモット酒、エシャロット、きゅうりを入れ、5分煮る。
2. 魚の切り身を加え、身が簡単にほぐれるようになるまで、沸騰させないように静かに煮る。魚が煮汁から出ないよう、必要ならばベルモット酒を足す。
3. 魚を平らなオーブン皿に移し、塩、こしょうして、保温しておく。
4. 煮汁を1/2カップの量になるまで煮詰める。
5. 煮汁をボウルに移し、バター、卵黄を混ぜる。
6. ソースにとろみが出るまで湯せんする。
7. 生クリームを加え、ソースを魚にかける。
8. 予熱したグリルに数秒置いて表面に照りを出し、熱いうちに食卓に出す。

Sole Dieppoise

シタビラメのディエップ風 （6人分）

材料................

ムール貝（こすり洗いし、足糸を取る)		エビ（瓶詰）	小1瓶
	2カップ	バター	1/2カップ
白ワイン（シャブリ）	大さじ2	小麦粉	大さじ1
マッシュルーム	小6個	卵黄	2個分
水	大さじ1	ヘビークリーム	1/2カップ
レモン汁	小さじ1/2	塩・こしょう	各適量
シタビラメの切り身	小6枚		

作り方................

1. ソースパンにムール貝、ワインを入れ、蓋をして貝の口が開くまで蒸す。貝の水気を切り、煮汁は取っておく。
2. 分量の水とレモン汁でマッシュルームを2分火にかける。マッシュルームの水気を切り、煮汁は取っておく。
3. **1**と**2**の煮汁を混ぜて1・1/2カップにし、魚の切り身と一緒にソースパン

に入れる（煮汁が1・1/2カップに満たなければ、水か白ワインを加える）。ことこと10分煮て、魚を銘々皿に移し、ムール貝、マッシュルーム、エビをその周囲に飾り、保温しておく。
4. ソースパンにバター大さじ2を熱し、小麦粉を加え火にかけ、きつね色になるまでかき混ぜる。**3**の煮汁を加えてしっかりかき混ぜ、約4分沸かす。
5. 卵黄に生クリームを混ぜ、**4**に加え、沸騰直前までかき混ぜながら煮る。残りのバター、塩、こしょうを加え、目の細かい濾し器で濾して、魚にかける。

Sole Meunière
イングリッシュソールのムニエル（3人分）

材料

イングリッシュソールの切り身	6枚	バター	大さじ3
		レモン汁	適量
ビールまたは牛乳	1/2カップ	パセリ（みじん切り）	適量
小麦粉（塩小さじ1/2とこしょう		レモン（薄切り）	中1個
小さじ1/8を混ぜる）	適量	パセリ（みじん切り）	適量
ピーナツオイル	適量	パプリカ（粉末）	適量

作り方
1. 浅い皿に魚の切り身を置き、ビールか牛乳を注ぎ入れ、約15分漬ける。
2. 魚を軽くたたいて水気を取り、小麦粉をまぶす。
3. 鍋にピーナツオイルを6mm深さまで入れて熱し、魚の両面をきつね色になるまで揚げる。
4. 魚を温めた皿に移し、鍋のオイルは捨てる。
5. 鍋にバターを加え、色づいてきたら魚にかける。
6. レモン汁とパセリを散らす。薄切りにしたレモンに、半円ずつパセリとパプリカをまぶして彩り、皿に飾る。

Truites de Rivière au Bleu
カワマスのクールブイヨン煮（3人分）

材料................

活カワマス	3尾（各約450g）	クールブイヨン*	1ℓ

作り方................

1. カワマスを水から上げ、頭をたたいて気絶させる。ひれを切り、魚をきれいにする。
2. 魚をラックにのせ、クールブイヨンを沸騰させた鍋にゆっくり入れる。身が崩れないよう、火を細め、煮立てないようにする。
3. 魚の大きさにより、8〜10分煮る。器に盛り、溶かしバターとゆでたじゃがいもを添える。

Truites Amandines
カワマスのアーモンドソテー（2人分）

材料................

カワマス	2尾（各約450g）	無塩バター	大さじ5
塩・こしょう	各適量	アーモンド（湯通しして皮をむき	
牛乳	適量	細切り）	大さじ2
小麦粉	適量	レモン汁	小さじ2

作り方................

1. カワマスに塩、こしょうで調味し、牛乳にくぐらせ小麦粉をまぶす。鍋にバター大さじ3を熱し、魚の両面がきつね色になるまで弱火でソテーする。魚を取り出し、保温しておく。
2. 鍋のバターは捨てずにさらにバター大さじ2を加え、ふつふつするまで熱する。アーモンドを入れかき混ぜ、鍋をゆすりながら1分加熱する。
3. 魚にレモン汁と**2**をかける。

POULTRY AND GAME BIRDS
鳥料理とジビエ料理

　魚と同じくらい、鳥肉も新鮮であることが大切です。いくら熟練した腕があっても、食材の鮮度をごまかすことはできません。

　皆さんが鳥肉を買うときは、第一に、やわらかくて弾力があるものを特に注意して選んでください。胸骨を指で押したときに弾力があり、色鮮やかなものにしましょう。

　そのほかに大切なことは、鳥肉に嫌な臭いがしていないか確認することです。ラップで包装されていてもラップをはがし、匂いを嗅ぐことをためらってはいけません。店が包装しないで売っている場合は、匂いを嗅がせてくれるよう頼みましょう。この点を特に強調するのは、近年は大型冷凍庫で食料品を保管しているので、鳥肉が傷んでいることがよくあるからです。

　レシピに料理酒を加えると指示があったら、たくさん使いすぎないように注意しましょう。それは繊細な風味を消してしまいます。鳥肉とほかの珍味を合わせる料理を作ったことがなければ、この章にある子キジのスヴァロフ風*をぜひ試してみてください。この料理ではフォアグラのパテが重要な役割を担っています。人々はたいてい、パテは食事の前に出されるか、あるいは飲み物と一緒に出されると考えますが、この食通好みの特別なパテ料理

は、18世紀半ばにノルマンディー[1]のコンタード元帥に雇われたシェフが考案したもので、多くの料理に使うことができます。アルザス人は1762年にその最初のレシピが考案されて以来、パテを郷土の名物料理としてきました。

　ケネディ家が家族で食卓を囲むときに特に好まれ、ホワイトハウスの重要な行事でもよくお出しした鳥料理は、若鶏のエストラゴン風味*——タラゴンの葉を添えた鶏肉の蒸し焼きでした。このレシピもこの章で紹介しています。

［1］原書では in Normandy となっているが、コンタード元帥がアルザス赴任中に雇ったシェフが考案したという説がある。

Poulet à l'Estragon
若鶏のエストラゴン風味 （4人分）

材料

鶏肉	1羽分（1.4kg）	チキンスープ*	1/2カップ
小麦粉	大さじ2	ローリエ	1枚
塩・こしょう	各適量	タイム	ひとつまみ
溶かしバター	170g（3/4カップ）	パセリ	2枝
エシャロット	2〜3本	タラゴンの茎	小1束分
白ワイン（辛口）	1/2カップ		

作り方

1. 鶏肉を8〜10切れに切り分ける（または1羽丸ごと使う）。
2. 小麦粉、塩、こしょうを混ぜ合わせ、鶏肉にまぶす（残った小麦粉は取り置く）。溶かしバターで4〜5分焼き、全体を軽くきつね色に焼く。
3. エシャロットを非常に細かく刻み、鶏肉の上に広げ、2〜3分弱火で煮る。残りの材料を加える。タラゴンは茎だけを使い、葉はソース用に取っておく。蓋をして25分（丸ごとの場合は鶏肉をたびたび裏返しながら約45分）、やわらかくなるまで煮込む。鍋から取り出し、保温しておく。

ソースの材料

ヘビークリーム	1カップ	タラゴンの葉	小1束分

作り方

1. 鶏肉を煮込んだスープに、生クリーム、まぶした小麦粉の残りを加え、ソースにとろみがつくまで静かに煮る。
2. ソースを濾して鶏肉にかけ、タラゴンの葉をそのまま、または刻んで飾る。

Baked Chicken with Fruit Sauce
鶏肉のオーブン焼き　フルーツソース（6人分）

材料

鶏肉（ロースト用）（人数分に切り分ける）　　1羽分（1.8kg）

A

白ワイン（辛口）	1/2カップ	バター	大さじ2
ライム果汁	1/4カップ	サラダ油	大さじ1
醤油	1/4カップ	小麦粉	大さじ2
玉ねぎ（みじん切り）	1カップ	きんかん（缶詰）（半分に切る）	
にんにく（つぶす）	4片		1カップ
オレガノ	小さじ1/2	卵黄（軽くほぐす）	2個分
タイム	小さじ1/2	塩	適量
カレー粉	小さじ1		
粉末しょうが	小さじ1		

作り方

1. 鶏肉を大きな浅いオーブン皿に入れ、**A**を混ぜ合わせてかけ、ラップをして約8時間マリネする。その間に鶏肉を2回裏返す。鶏肉の水気を切り、マリネ液は取っておく。

2. 大きなフライパンにバターと油を熱し、鶏肉をきつね色に焼いてオーブン皿に戻す。フライパンに残った油に小麦粉を加え、かき混ぜながらふつふつするまで火にかける。かき混ぜながらマリネ液を少しずつ加え、とろみがつくまで火を入れる。ソースを鶏肉にかけ、オーブン皿をアルミホイルで覆い、180℃に予熱したオーブンで1時間、やわらかくなるまで焼く。

3. ソースから鶏肉を取り出し、浅い器に盛り付ける。鶏肉の周囲や上にきんかんを飾り、保温しておく。

4. オーブン皿に残ったソースを小さなソースパンに移し、煮立てる。少量を取り卵黄と混ぜ、ソースパンに戻す。かき混ぜながら、ソースにとろみがつくまで沸騰させないように火にかける。塩で味を調え、鶏肉の上にソースをかける。

Breast of Chicken à la Reine Elisabeth
鶏の胸肉　エリザベス女王風（6人分）

Ⅰ　ピーナツバター

材料................

ピーナツ（皮むき、塩味）　　2カップ

作り方................

ブレンダーにピーナツを入れ、蓋をして速度「弱」で回し、細かくなったら速度「強」に変え、なめらかになるまで回す。このとき側面にピーナツが散らばったら、ブレンダーを止めて集め直す。約1・1/2カップ作る。

Ⅱ　バターフィリング

材料................

無塩バター（室温）	1/2カップ	Ⅰのピーナツバター	1/2カップ

作り方................

1. 洗ったブレンダーにバターとピーナツバターを入れ、蓋をして速度「弱」でよく混ざるまで回す。材料が散らばったらブレンダーを止め、ゴムべらで集め直す。
2. **1**を小さなボウルにあけ、冷蔵庫で45分または冷凍庫で15分冷やす。
3. 冷やした生地を6つに分け、それぞれ7.5×1.3cm大の筒状に丸める。アルミホイルで包み冷凍する。

Ⅲ　鶏胸肉

材料................

鶏胸肉（骨を取り除き、2枚に切る）	3枚	小麦粉	1カップ
		卵（軽くほぐす）	1個
塩・白こしょう	各適量	サラダ油	大さじ1
バター	225g	ソフトパン粉	適量

作り方................

1. 鶏肉の皮を丁寧にはがす。切り口を上にして、表面がなめらかなミートハンマーか麺棒で肉を裂かないようにたたいて、約6mm厚さの「フィレ」

にする。軽く塩、こしょうをふる。
2. 鶏肉の上にバターフィリングを1つずつ置き、完全に包み込むように縦長に肉を巻く。ワックスペーパーかアルミホイルに包んで、冷蔵庫で冷やす。
3. バターを湯せんにかけ、底に残った不純物は残し、澄んだバターだけを使う。
4. 小麦粉はバットに広げ、卵とサラダ油は混ぜておき、パン粉はブレンダーで粉砕する。鶏肉を冷蔵庫から取り出し、小麦粉を万遍なくまぶしたあと、卵液にくぐらせ、パン粉を丁寧にまぶす。鶏肉の巻きがゆるくなり、フィリングが出てこないように注意する。
5. 厚手のフライパンに**3**の澄ましバター1/4カップを入れ、**4**のチキンロールを1～2本ずつ焼く。裏返しながら、むらなく焼き色を付け、天板に移す。残りのチキンロールも同様に調理する。180℃に予熱したオーブンで10～15分、鶏肉がやわらかくなるまで焼く。この間にソース・シュプレームを作る。

Ⅳ　ソース・シュプレーム

材料

バター	大さじ1	チキンスープ*	1カップ
小麦粉	大さじ2	ヘビークリーム	大さじ3

作り方
1. 厚手の小さなソースパンにバターを溶かし、小麦粉を入れかき混ぜる。泡立て器でかき混ぜながら1分火にかける。チキンスープを少しずつ加え、弱火で15分加熱する。
2. 生クリームを加え、チーズクロスで漉す。食卓に出すまで保温しておく。

Ⅴ　盛り付け

材料

パン	6枚	バージニアハム（塩辛いハム）	6枚

作り方
1. パンをトーストして、ハート形にカットする。
2. フライパンでバージニアハムの両面を温める。
3. 器にトーストを置き、その上にハム、最後に鶏の胸肉の順で盛り付ける。

ソース・シュプレームは横に添えて出すか、スプーンでかける。

Breast of Chicken, Indian Style
鶏の胸肉　インド風（4人分）

材料

玉ねぎ（粗みじん切り）	大さじ2	シェリー酒	大さじ1
セロリ（粗みじん切り）	大さじ2	桃のピクルス（さいの目切り）	
バター	大さじ3		1/4カップ
塩	小さじ1/4	鶏胸肉	4枚
カレー粉	小さじ2	チキンスープ*	1カップ
小麦粉	大さじ3	パルメザンチーズ（すりおろす）	
牛乳	1カップ		適量
生クリーム	1/2カップ	クルトン	適量

作り方

1. 玉ねぎとセロリを玉ねぎが黄色くなるまでバターで炒める。塩、カレー粉を加えてよく混ぜ、小麦粉を加えふつふつしてくるまで加熱する。牛乳と生クリームを加え、なめらかにとろみがつくまでしっかりかき混ぜ、でんぷんの匂いが完全に消えるまで火を入れる。シェリー酒と桃を加える。
2. 鶏肉をチキンスープでゆでてから1に加え、10分煮る。パルメザンチーズをまぶしたクルトンをスプーンでかける。

Supreme de Volaille Gismonda
シュプレーム・ド・ボライユ・ジスモンダ　鶏の胸肉　マッシュルームとほうれん草添え（4人分）

材料

鶏胸肉（骨を取り除く）	4枚	水	大さじ1
塩・白こしょう	各適量	卵（ほぐす）	1個
小麦粉	適量	パルメザンチーズ（すりおろす）	1/4カップ

Poultry and Game Birds　151

白いパン粉	3/4カップ	マッシュルーム（薄切り）	113g
バター	大さじ3	ブラウンソース*	大さじ2
ほうれん草（ゆでてざく切り）	450g	パセリ（みじん切り）	適量

作り方

1. 鶏肉の皮をはがし、肉をたたいて平らにする。塩、こしょうし、小麦粉をまぶす。
2. 肉を水と卵を混ぜた液にくぐらせ、チーズとパン粉を混ぜたものにまぶす。
3. 鍋にバター大さじ2を熱し、肉を片面約10分ずつ、きつね色になるまで焼く。
4. 器にほうれん草を敷き、その上に鶏肉を盛り付け、保温しておく。
5. 鍋に残りのバターを加えてマッシュルームをしんなりするまで炒め、鶏肉の上に盛り付ける。鶏肉の周囲にブラウンソースをかけ、パセリを散らす。

　ホワイトハウスでこの料理を初めてお出ししたのは、1961年5月のモナコ公国レーニエ大公とグレース妃のための昼食会でした。そのときのメニューをご紹介します。

ピュリニー・モンラッシェ 1958	カニのアーモンド添え*
シャトー・コルトン	シュプレーム・ド・ボライユ・ジスモンダ*
	ミモザサラダ*
ドン・ペリニヨン 1952	ストロベリーロマノフ
	プチフール・セック
	デミタスコーヒー

Chicken and Beef, Country Style
鶏と牛肉の田舎風（6人分）

材料

牛肉（シチュー用）	450g	塩	小さじ3
鶏のドラムスティック	6本	レモン汁	小さじ1
湯	3・1/2カップ	白玉ねぎ	小12個

にんじん（薄切り）	6本	挽きたてこしょう	小さじ1/4
セロリ（薄切り）	1カップ	小麦粉	大さじ3
さやいんげん（5cm長さに切る）	1カップ	水	1/3カップ
とうもろこし（5cm長さに切る）	3本		

作り方

1. 牛肉は余分な脂身を取り除いてから、2.5cm角に切る。牛肉と鶏肉を、取り除いた脂身を使って、ダッチオーブンか厚手のソースパンで焼き色が付くまで焼く。鶏肉を取り出す。
2. 1の鍋に湯、塩、レモン汁を加え、蓋をして肉がやわらかくなるまで約1時間煮込む。
3. 2に鶏肉、玉ねぎを入れて15分火にかけ、さらににんじん、セロリ、さやいんげんを加え10分加熱する。
4. とうもろこし、こしょうを加え、さらに10分火を入れる。小麦粉を水で溶いてから加え、とろみをつける。

Chicken and Noodles in Creamy Sauce
鶏肉とヌードルのクリームソース（4人分）

材料

小麦粉	1/4カップ	にんにく（みじん切り）	1片
パプリカ（粉末）	小さじ1	水	1/2カップ
塩	小さじ1	レモン汁	大さじ3
こしょう	小さじ1/4	固形ブイヨン	1個
鶏肉（ぶつ切り）	1羽分（約1.4kg）	サワークリーム	1カップ
サラダ油	大さじ3	麺（ゆでて湯切りする）	225g
玉ねぎ（粗みじん切り）	中1個		

作り方

1. 小麦粉、パプリカ、塩、こしょうを混ぜて鶏肉にまぶす。余った粉類は取っておく。
2. 鶏肉をサラダ油できつね色になるまで焼き、ペーパータオルで油分を拭き

Poultry and Game Birds

取る。
3. 玉ねぎとにんにくを炒め、鶏肉、水、レモン汁、固形ブイヨンを加え、蓋をして30分煮込む。
4. 火からおろし、鶏肉を取り出す。**1**で余った粉類大さじ1を加えてかき混ぜ、少しずつサワークリームを入れ混ぜる。麺を加え、ソースをからめる。

Chicken and Pineapple in Chinese Sauce
鶏肉とパイナップルの中華炒め （4人分）

材料...............

小麦粉	1/4カップ	醤油	1/3カップ
挽きたてこしょう	小さじ1/4	ピーマン（細切り）	2個
うまみ調味料	小さじ1/4	玉ねぎ（粗みじん切り）	中2個
鶏肉（ぶつ切り）	1羽分（約1.6kg）	パイナップル（つぶす）	1/3カップ
サラダ油	大さじ6		

作り方...............

1. 小麦粉、こしょう、うまみ調味料を混ぜて鶏肉にまぶす。
2. サラダ油大さじ3を熱し、鶏肉の両面をきつね色に焼く。醤油を加え、蓋をして10分蒸し焼きにする。鶏肉を取り出す。
3. 残りの油を熱し、ピーマンと玉ねぎを加え、ピーマンがしんなりするまで炒める。鶏肉を鍋に戻し、パイナップルを入れ、蓋をして鶏肉がやわらかくなるまで蒸し焼きにする。

Chicken Baltimore
鶏肉のボルチモア風 （4人分）

材料...............

鶏肉（フライ用）（人数分に切り分ける）	小麦粉	適量
2羽分（各900g）	バター	大さじ2

玉ねぎ（みじん切り）	小1個	ヘビークリーム	1カップ
チキンスープ*	1カップ	とうもろこし（ゆでる）	1カップ
塩・こしょう	各適量	ベーコン（直火で焼くか炒める）	8枚

作り方

1. 鶏肉に小麦粉を軽くまぶす。
2. 大きな鍋にバターを溶かし、鶏肉の全体を軽くきつね色に焼く。玉ねぎとチキンスープを加え、塩、こしょうで味を調え、やわらかくなるまで約20分ゆっくり煮る。
3. 鶏肉を皿に移し、保温しておく。
4. 鍋に生クリームを加え、弱火にしクリーミーになるまで煮詰める。とうもろこしの実を入れかき混ぜ、鶏肉にかけ、ベーコンをその上に盛り付ける。

Chicken Basquaise
鶏肉のバスク風（4人分）

材料

鶏肉（人数分に切り分ける）		にんにく（みじん切り）	1片
	1羽分（1.1kg）	マッシュルーム（薄切り）	6個
塩・こしょう	各適量	バージニアハム（塩辛いハム）	
植物油	大さじ3	（小さめの角切り）	1/2カップ
玉ねぎ（薄切り）	中1個	白ワイン（辛口）	1/2カップ
トマト（皮をむき種を取って、		ブラウンソース*	1/2カップ
ざく切り）	4個	パプリカ（さいの目切り）	大さじ1
ピーマン（薄切り）	2個	パセリ（粗みじん切り）	大さじ1

作り方

1. 鶏肉に塩、こしょうする。
2. 鍋に油を熱し、鶏肉の両面をきつね色に焼く。
3. 玉ねぎ、トマト、ピーマン、にんにく、マッシュルーム、ハムを加え、4分煮る。
4. ワインとブラウンソースを加え、鶏肉がやわらかくなるまで30分煮る。

5. 食卓に出す前に、パプリカとパセリを表面に散らす。

Chicken Beauvais
鶏肉のボーヴェ風（2人分）

材料................

鶏肉（フライ用）（半分に切り分ける）		ヘビークリーム	1/2カップ
	1羽分（約1.4kg）	グリュイエールチーズのスライス	
バター	大さじ2		4枚
レモンのスライス	4枚	塩・こしょう	各適量
シェリー酒（辛口）	大さじ2		

作り方................

1. 浅いロースティングパンに鶏肉を皮目を上にして置く。バターを散らし、180℃に予熱したオーブンの上段で約30分焼く。鶏肉にレモンを2枚ずつのせる。
2. シェリー酒と生クリームを混ぜて鶏肉にかけ、さらに1時間、肉がやわらかく表面がパリパリになるまで焼く。レモンを取り除き、代わりにチーズを2枚ずつのせて溶けるまで焼く。もしシェリー酒と生クリームが蒸発し始めていたら、チキンスープ*を少し加える。
3. 温めておいた器に鶏肉を移す。ロースティングパンの液汁に塩、こしょうを加え、鶏肉にかける。

Chicken Bombay
鶏肉のボンベイ風（4人分）

材料................

若鶏（ぶつ切り）	1羽分（約1.4kg）	バター	大さじ4
小麦粉（塩小さじ1とこしょう		玉ねぎ（さいの目切り）	1/3カップ
小さじ1/4を混ぜる）	1/4カップ	ピーマン（さいの目切り）	1/3カップ

にんにく（みじん切り）	1片	トマト（缶詰、水煮）	2カップ
カレー粉	小さじ1・1/2	アーモンド（湯通しして皮をむき煎る）	
タイム	小さじ1/2		適量

作り方

1. 鶏肉に小麦粉をまぶす。
2. バターを熱して、鶏肉の全体をきつね色に焼く。
3. 鶏肉を取り出し、玉ねぎ、ピーマン、にんにく、カレー粉、タイムを入れ、かき混ぜながらさっと炒める。トマトを汁ごと加え、鶏肉を皮目を上にして戻す。蓋をして鶏肉がやわらかくなるまで煮る。アーモンドを添えて出す。

Chicken Breast Florio
鶏の胸肉　フロリオ風（8人分）

材料

鶏胸肉	8枚	ベシャメルソース*	2カップ
塩・こしょう	各適量	牛乳	1カップ
マジョラム	少量	チキンスープ*	1カップ
バター	大さじ5	オランデーズソース*	1カップ
マッシュルーム（小さく切る）		白ワイン（辛口）	1/2カップ
	450g	パルメザンチーズ（すりおろす）	
麺	340g		適量

作り方

1. 鶏肉を塩、こしょう、マジョラムで調味し、バター大さじ2で完全に火が通るまでソテーする。
2. マッシュルームはお好みに味付けをし、バター大さじ2で炒める。
3. 麺をゆでて湯を切り、バター大さじ1を加えよくからめる。
4. ベシャメルソースに牛乳とチキンスープを加え、とろみがつくまで火にかける。そこにオランデーズソースを混ぜ、ワインを加える。
5. キャセロールにバター（分量外）を塗り、底に麺を敷き、マッシュルーム、

鶏肉の順に重ねる。4のソースを全体にかけ、チーズをたっぷりふりかけ、ブロイラーで焼き目を付ける。

Poulet Sauté à la Créole
若鶏のソテー　クレオール風（2〜3人分）

材料

鶏肉	1羽分（1.1kg）	ピーマン（薄切り）	1個
塩・こしょう	各適量	にんにく（つぶす）	2片
小麦粉	適量	ブーケガルニ（パセリ1枝、タイム1枝、ローリエ少々をまとめてひもで結ぶ）	
澄ましバター（湯せんで溶かして作る）	大さじ2		1束
玉ねぎ（薄切り）	1個	チキンスープ*	1/2カップ
トマト（皮をむき薄切り）	3個	シェリー酒	1/2カップ

作り方

1. 鶏肉を4つ切りにして塩、こしょうし、小麦粉を軽くふりかけ、鍋に熱したバターで全体をきつね色に焼く。鶏肉を取り出し、保温しておく。
2. 同じ鍋で玉ねぎをあめ色に炒め、そこにトマト、ピーマン、にんにく、ブーケガルニを加える。
3. 15〜20分煮て、チキンスープとシェリー酒を加え煮立て、塩、こしょうでよく味を付ける。
4. 鶏肉を鍋に戻し、蓋をして20分、鶏肉が十分にやわらかくなるまで煮る。ライスと一緒に出す。

Chicken Diablo
チキン・ディアボロ（3〜4人分）

材料

若鶏（ぶつ切り）	1羽分（1.1kg）	塩・こしょう	各適量

サラダ油	1/2カップ	ウスターソース	小さじ2
小麦粉	大さじ2	トマトケチャップ	小さじ2
湯またはチキンスープ*	1カップ	パプリカ（粉末）	適量
マスタード（粉末）	小さじ1・1/2		

作り方

1. 鶏肉に塩、こしょうし、サラダ油できつね色に焼く。鍋から取り出す。
2. 鍋に残った油に小麦粉を混ぜ、湯かチキンスープを加え、かき混ぜながらとろみがつくまで加熱する。残りの材料を加える。
3. 鶏肉を鍋に戻し、蓋をしてやわらかくなるまで約1時間煮込む。

Chicken Française
チキン・フランセーズ（4～6人分）

材料

ハム（小さく角切り）	225g	乾燥タイム	小さじ1/4
バター	1/4カップ	マッシュルーム（粗みじん切り）	1カップ
鶏肉（ぶつ切り）	1.4～1.8kg		
小麦粉	1/2カップ	塩	小さじ1
白玉ねぎ（4つ切り）	5個	こしょう	小さじ1/4
にんにく（つぶす）	1片	ブランデー	大さじ2
パセリ（みじん切り）	大さじ1	赤ワイン（辛口）	1カップ

作り方

1. ハムをバターで2～3分炒める。
2. 鶏肉に小麦粉をまぶして**1**に加え、全体をきつね色に焼く。酒以外の残りの材料を加え、蓋をして弱火ですべての野菜に火が通るまで蒸し焼きにする。
3. 蓋を取ってブランデーとワインを加え、沸騰直前で火を弱め、再度蓋をして1時間煮込む。

Poultry and Game Birds

Poularde Francillon
鶏肉のフランス風 (4人分)

材料

鶏肉（塩、こしょうする）	1羽分 (1.8kg)	タイム	ひとつまみ
無塩バター（溶かす）	113g (1/2カップ)	ローリエ	1枚
玉ねぎ（角切り）	中1個	鶏せせり肉（細切れ）	1切れ
にんじん（角切り）	1本	シャンパン（辛口）	470ml
セロリ（角切り）	1本	ヘビークリーム	3カップ
にんにく	1片		

作り方

1. 鶏肉に溶かしたバターをまぶし、180℃に予熱したオーブンで約1時間焼いていく。
2. 同時に、玉ねぎ、にんじん、セロリ、にんにく、タイム、ローリエ、せせり肉も鶏肉の周囲に置いて焼く。焼いている間、鶏肉に残りのバターを頻繁にかける。
3. 45分ほど経ったところでシャンパンを加えて蓋をし、焼き上がったら鶏肉を取り出す。生クリームを残りの材料に加え、しっかりとろみがついてなめらかになるまで火にかけ、濾し器に通す。味を調え、熱いうちに出す。

Chicken Helene
鶏肉のヘレーヌ風 (4人分)

材料

鶏肉（ぶつ切り）	1羽分 (1.1〜1.4kg)	白ワイン（辛口）	1/2カップ
小麦粉（塩・こしょうで味付けする）	適量	ねぎ（青い部分も含め薄い小口切り）	1/4カップ
バター	大さじ6	マッシュルーム（薄切りしてバターで炒める）	1/2カップ
小麦粉	大さじ2		
チキンスープ*	3/4カップ		

冷凍アーティチョークハーツ	
（解凍して水気を切る）	255g

作り方

1. 鶏肉に味付けした小麦粉をまぶす。浅いオーブン皿にバター大さじ4を溶かし、鶏肉を皮目を下にして置く。蓋をしないで、180℃に予熱したオーブンで45分、だいたいやわらかくなるまで焼く。
2. 焼いている間に、残りのバターをソースパンに溶かし、小麦粉大さじ2を入れかき混ぜる。チキンスープとワインを加え、かき混ぜながらとろみがつきなめらかになるまで加熱する。
3. 鶏肉をオーブンから出して裏返す。ねぎ、マッシュルーム、アーティチョークを上に散らし、**2**のソースをかける。オーブンに戻し、温度を160℃に下げ、さらに25～30分焼く。

Poulet Sauté Chasseur
若鶏のソテー　猟師風（6～8人分）

材料

バター	170g (3/4カップ)	チキンスープ*（缶詰でもよい）	
鶏肉（人数分に切り分ける）			340g
	3羽分（各1.1kg）	塩・こしょう	各適量
エシャロット（粗みじん切り）		小麦粉	大さじ1
	5本	タラゴンの葉（みじん切り）	
玉ねぎ（粗みじん切り）	1個		小さじ1
白ワイン（辛口）	1カップ	ローリエ	1枚
トマト（缶詰、水煮）	340g	タイム	ひとつまみ
マッシュルーム（薄切り）	225g		

作り方

1. 深鍋にバターの2/3の量を溶かし、鶏肉をきつね色に焼く。エシャロット、玉ねぎを加え、3～4分静かに加熱する。ワイン、トマト、マッシュルーム、チキンスープを加え、塩、こしょうで味を調える。25分静かに

煮込む。
2. 鶏肉を取り出し、保温しておく。お好みで手羽先と骨を取り除く。
3. 小麦粉大さじ1と残りのバターを混ぜてから**1**のソースに入れ、ゆっくり煮立ててとろみをつける。さらに5分煮て、タラゴン、ローリエ、タイムを加え、鶏肉にかける。ゆでたじゃがいもやライスを添えて出す。

Chicken in Whiskey
鶏肉のウイスキーソース（4〜6人分）

材料..............
鶏肉（ロースト用）（ぶつ切り）	1羽分（1.8kg）	エシャロット（粗みじん切り）	2個
		玉ねぎ（粗みじん切り）	中1個
小麦粉	大さじ1	ウイスキー	60ml
オリーブオイル	大さじ2	ヘビークリーム	1カップ
バター	大さじ4	ブラウンソース*	1/2カップ

作り方..............
1. 鶏肉に小麦粉をまぶす。
2. 厚手の鍋にオリーブオイルとバターを熱し、鶏肉をきつね色に焼く。エシャロットと玉ねぎを加え、蓋をして50分、鶏肉がやわらかくなるまで煮込む。
3. 鶏肉を取り出し、保温しておく。
4. 鍋に残りの材料を加え、煮立ったら火を弱めて鶏肉を戻す。食卓に出すまで保温しておく。

Chicken Jambalaya
チキンジャンバラヤ（8人分）

材料..............
サラダ油	大さじ2	玉ねぎ（粗みじん切り）	1カップ

ピーマン（粗みじん切り）	1カップ	トマト（缶詰）	2・1/2カップ
にんにく（みじん切り）	2片	白米	1カップ
鶏肉（加熱調理して小さめの角切り）		チキンスープ*	1・1/2カップ
	1カップ	タイム	小さじ1/2
ハム（加熱調理して小さめの角切り）		パセリ（みじん切り）	大さじ1
	1カップ	塩	小さじ1
ポークソーセージ	小12本		

作り方
1. 油を熱し、野菜類をやわらかくなるまでかき混ぜながら静かに炒める。
2. 鶏肉とハムを加え、5分炒める。
3. 残りの材料を加え、キャセロールに移して蓋をする。180℃に予熱したオーブンで1時間加熱する。

Chicken Madras
鶏肉のマドラス風（4人分）

材料

若鶏（ぶつ切り）	1羽分（約1.4kg）	青りんご（皮をむいてさいの目切り）	
塩・こしょう	各適量		2個
バター	1/4カップ	カレー粉	大さじ2
玉ねぎ（みじん切り）	小2個	小麦粉	大さじ2
		チキンスープ*	1・1/2カップ

作り方
1. 鶏肉に塩、こしょうし、溶かしたバターできつね色に焼いて、鍋から取り出しておく。
2. 鍋に玉ねぎ、りんごを入れ、玉ねぎがしんなりするまで炒める。カレー粉と小麦粉をふりかけ、かき混ぜながら2分炒める。
3. チキンスープを加えて混ぜ、煮立てる。鶏肉を鍋に戻し、蓋をして弱火で30〜40分、やわらかくなるまで煮る。ソースにとろみがつきすぎたらチキンスープを足す。

Chicken Madrid
鶏肉のマドリード風 （3〜4人分）

材料

鶏肉	1羽分（1kg前後）	パプリカ（細切り）	1/3カップ
小麦粉（塩・こしょうで味付けする）		米	1カップ
	適量	チキンスープ*	1・1/2カップ
溶かしバター	大さじ2	ターメリック	小さじ1・1/2
玉ねぎ（粗みじん切り）	1カップ	チリパウダー	少々
にんにく（みじん切り）	2片	塩	小さじ1
ピーマン（さいの目切り）	1/2カップ	こしょう	適量

作り方

1. 鶏肉を人数分に切り分け、小麦粉をまぶし、バターできつね色に焼く。鍋から鶏肉を取り出す。
2. 鍋に残ったバターで玉ねぎ、にんにく、ピーマンを、玉ねぎがあめ色になるまで炒める。パプリカと米を加え、かき混ぜながら約2分弱火にかける。残りの材料を加え煮立てる。
3. **2**を容量2ℓのキャセロールに入れ、その上に鶏肉を並べる。180℃に予熱したオーブンで約1時間半加熱する。

Chicken Mandarin Style
鶏肉のマンダリンスタイル （4〜6人分）

材料

醤油	1/2カップ	チキンスープ*	1/2カップ
蜂蜜	1/2カップ	しょうが	小さじ1/4
スコッチウイスキー	1/2カップ	鶏肉（ロースト用）（洗って水気を取る）	
レモン汁	大さじ3		1羽分（約1.8kg）

作り方

1. 鶏肉以外のすべての材料を混ぜてソースを作り、鶏肉の内側に刷毛でたっ

ぷりと塗る。室温で1時間休ませる。
2. 鶏肉を串に刺し、外側にもソースを刷毛で塗る。熱源から10〜13cm離し、火が通るまで約1時間半、たびたびソースをかけながらローストする。

Chicken Napoli
鶏肉のナポリ風 （4人分）

材料................

鶏肉（人数分に切り分ける）		パルメザンチーズ（すりおろす）	大さじ2
	1羽分 (1.4kg)	パプリカ（粉末）	小さじ1/2
うまみ調味料	小さじ1	バター	1/4カップ
小麦粉	1/4カップ	マッシュルーム（缶詰、スライス）（缶汁を分けておく）	170g
塩	小さじ1		
こしょう	小さじ1/8	ズッキーニ（1.3cm厚さの輪切り）	450g

作り方................
1. 鶏肉にうまみ調味料小さじ1/2をふりかけ、15分休ませる。
2. 小麦粉、塩小さじ1/2、こしょう、チーズ、パプリカを混ぜ、鶏肉にまぶす。
3. 鍋にバターを溶かし、鶏肉の全体をきつね色に焼く。
4. マッシュルームの缶汁に水を加えて2/3カップにし、鍋に加える。蓋をして鶏肉が少しやわらかくなるまで約20分煮込む。
5. 鍋にマッシュルームとズッキーニを加え、残りのうまみ調味料と塩をふり、蓋をして鶏肉がやわらかくなるまで約10分煮込む。

Chicken Pie Empire
チキンパイ　帝国風 （4人分）

材料................

玉ねぎ（粗みじん切り）	小1個	ほうれん草（細切り）	225g
バター	大さじ4	チキンスープ*	2/3カップ

米	1/3カップ	ブラウンソース*	1/2カップ
塩・こしょう	各適量	チキンスープ*	1/4カップ
鶏肉（ロースト用）	1羽丸ごと（約1.6kg）	ウスターソース	小さじ1
マッシュルーム（薄切り）		ベーコン（加熱調理する）	4枚
	6個	パートブリゼ*の生地	1枚
トマト（薄切り）	2個	卵（ほぐす）	1個

作り方

1. 玉ねぎをバター大さじ2で2分炒める。ほうれん草を入れ、かき混ぜる。
2. チキンスープ2/3カップに米を入れ、塩、こしょうで調味し、蓋をして180℃に予熱したオーブンで18〜20分炊く。冷ます。
3. **1**と**2**を混ぜて鶏肉に詰め、開口部を串で閉じる。鶏肉をロースティングパンに置き、180℃で1時間半、やわらかくなるまでローストする。
4. マッシュルームとトマトを残りのバターで炒める。
5. 鶏肉をロースティングパンから取り出す。ロースティングパンにブラウンソース、チキンスープ1/4カップ、ウスターソースを入れ混ぜる。
6. 鶏肉をパイ皿にのせ、マッシュルーム、トマト、ベーコンで覆い、**5**のソースをかける。
7. パイ皿の縁を水で湿らせ、パートブリゼで蓋をする。余った生地を麺棒でのばし直して、クッキー型などで形を作り、パイ皿の生地の上に飾り付ける。表面に刷毛で卵を塗り、200℃のオーブンで10分、きつね色になるまで焼く。

Chicken Roquefort
チキン・ロックフォール

材料

鶏肉（ぶつ切り）	1羽分（約1.4kg）	ロックフォールチーズ（砕く）	1/4カップ
バター（溶かす）	1/4カップ	ウスターソース	小さじ1
サワークリーム	1カップ	パプリカ（粉末）	適量

作り方

1. 鶏肉をバターで焼く。
2. 鶏肉をキャセロールに入れ、サワークリーム、ロックフォールチーズ、ウスターソースを混ぜてかけ、パプリカをふりかける。160℃に予熱したオーブンで約30分焼く。

Chicken San Francisco
鶏肉のサンフランシスコ風（4人分）

材料...............
鶏肉（ぶつ切り）	1羽分（1kg前後）	こしょう	小さじ1/8
オレンジの皮（すりおろす）	中2個分	タバスコ	少々
オレンジ果汁（絞る）	中2個分	小麦粉	3/4カップ
玉ねぎ（すりおろす）	大さじ1	パプリカ（粉末）	小さじ1
塩	小さじ1/2	サラダ油	1/2カップ
マスタード（粉末）	小さじ1/2	水	大さじ1

作り方...............
1. 浅い皿に鶏肉を重ならないように敷き詰める。オレンジの皮と果汁、玉ねぎ、塩、マスタード、こしょう、タバスコを混ぜて鶏肉にかけ、1～3時間マリネする。
2. 鶏肉を取り出し、マリネ液はグレイビーソースに使う。
3. 小麦粉とパプリカを混ぜ、鶏肉にしっかりまぶす。残った粉はグレイビーソースに使う。
4. 厚手の鍋に1.3cm深さまで油を入れて熱し、鶏肉を焼く。全体がむらなく焼けるようにときどき裏返す。
5. 15～20分して鶏肉が軽くきつね色になったら、水大さじ1を加えて鍋の蓋をしっかり閉め、鶏肉がフォークで刺せるくらいやわらかくなるまでゆっくり蒸し焼きにする。鶏肉は均等に焼き色が付くように、必要であれば向きを変えたり、裏返したりする。
6. 蓋を取り、弱火で約5分焼いて皮をパリパリに仕上げる。温めておいた器に移し、グレイビーソース作りに取りかかる。

グレイビーソースの材料

バター	大さじ1	取り置いたマリネ液（足りなければ水か	
取り置いた小麦粉	大さじ2	チキンスープ*を足す）	1カップ

作り方

1. 鍋にバターを溶かし、小麦粉を入れて混ぜ、かき混ぜながら約2分火にかける。
2. マリネ液を少しずつ加え、とろみがつきなめらかになるまでかき混ぜながら加熱する。鶏肉を焼いた鍋の底から肉汁をこすり取って加え、風味付けする。

Chicken Savannah
鶏肉のサバンナ風（4〜6人分）

材料

バター	大さじ4	マッシュルーム（缶詰、スライス）	
小麦粉	大さじ4		1缶
チキンスープ*	2カップ	アーモンド（細切り）	1/4カップ
ライトクリーム	1/2カップ	パルメザンチーズまたはグリュイエール	
シェリー酒（辛口）	1/4カップ	チーズ（すりおろす）	1/4カップ
細麺（ゆでて湯切りする）	225g	バター	小さじ1
加熱調理した鶏肉	2カップ		

作り方

1. ソースパンにバター大さじ4を溶かし、小麦粉を加え、なめらかになるまでかき混ぜる。チキンスープとライトクリームを加え、とろみがついてなめらかになるまで加熱する。シェリー酒を加える。
2. バター（分量外）を塗ったキャセロールに麺を入れ、その上に鶏肉、マッシュルームをのせ、**1**をかける。
3. さらにアーモンド、チーズ、バターを散らす。180℃に予熱したオーブンで、ふつふつしてアーモンドに焼き色が付くまで焼く。

Chicken Sorrento
鶏肉のソレント風 （4人分）

材料.................

サラダ油	大さじ3	塩	小さじ1
鶏肉（ぶつ切り）	1羽分（約1.6kg）	こしょう	小さじ1/2
パセリ（みじん切り）	大さじ2	ローリエ	2枚
セロリ（薄切り）	1/2本	白ワイン	1/2カップ
にんにく（みじん切り）	1/2片	水	大さじ2

作り方.................
1. サラダ油を熱し鶏肉をきつね色に焼き、キャセロールに移す。
2. 同じ鍋で野菜類を炒め、塩、こしょう、ローリエを加える。ワインと水を加えてかき混ぜ、煮立てたら鶏肉にかける。180℃に予熱したオーブンで45分、鶏肉がやわらかくなるまで焼く。

Poulet Valle d'Auge
オージュ谷風　若鶏のクリーム添え （4人分）

材料.................

バター	大さじ2	ヘビークリーム	1カップ
塩・こしょう	各適量	卵黄	2個分
鶏肉（人数分に切り分ける）	1羽分（1.1kg）	玉ねぎ（加熱調理する）	小8個
玉ねぎ（粗みじん切り）	小1個	ベビーキャロット（加熱調理する）	
カルヴァドスまたは			12本
アップルブランデー	大さじ2	マッシュルーム	小12個
りんごジュース	1/2カップ		

作り方.................
1. 大きな鍋にバターを熱し、塩、こしょうした鶏肉を加え、焦がさないように2分焼く。
2. 刻んだ玉ねぎを加え2分炒める。カルヴァドス、りんごジュースを加え、

しっかり蓋をして弱火で45分、鶏肉がやわらかくなるまで煮込む。
3. 温めておいた器に鶏肉を移し保温しておく。生クリームを鍋にゆっくり加えて混ぜ、煮立てる。卵黄を加え、かき混ぜながら沸騰させないように1分煮る。
4. 玉ねぎ、にんじん、マッシュルームを一緒に火にかけ温める。水気を切って、鶏肉に飾る。
5. **3**のソースを鶏肉にかける。

Chicken Verona
鶏肉のヴェローナ風 （4人分）

材料...............
微粉乾燥パン粉	1カップ	こしょう	小さじ1/4
パルメザンチーズ（すりおろす）		マスタード	少々
	1/3カップ	バター（溶かす）	3/4カップ（170g）
パセリ（みじん切り）	1/4カップ	にんにく（みじん切り）	1片
塩	小さじ2	鶏肉（ぶつ切り）	1羽分（約1.4kg）

作り方...............
1. パン粉、チーズ、パセリ、塩、こしょう、マスタードを混ぜておく。
2. 溶かしバターとにんにくを混ぜる。
3. 鶏肉を**2**にくぐらせ、**1**をまぶし、浅い焼き型に重ならないように並べる。残ったバターを表面に散らし、180℃に予熱したオーブンで約45分焼く。

Chicken with Cheese
鶏肉のチーズ焼き （4人分）

材料...............

鶏肉（ぶつ切り）	1羽分（1.1kg）	小麦粉（塩・こしょうで味付けする)	
			適量

バター	大さじ4	パルメザンチーズ（すりおろす）	大さじ3
ヘビークリーム	470mℓ	シャープチェダーチーズ（すりおろす）	大さじ3
卵	2個	パン粉	適量
卵黄	2個分		

作り方
1. 鶏肉に小麦粉を軽くまぶし、バターで全体がきつね色になるまで焼く。生クリームをかけ、蓋をしてやわらかくなるまで40分ほど弱火で煮る。
2. 鶏肉を耐熱の浅いキャセロールに移す。卵と卵黄を軽くほぐし、**1**の鍋に残った汁を加えてかき混ぜ、鶏肉にかける。チーズとパン粉を混ぜてふりかけ、ブロイラーで表面に焼き目を付ける。

Chicken with Herbs
鶏肉のハーブ焼き（6〜8人分）

材料

バター	113g	白ワイン（辛口）	1カップ
パセリ（みじん切り）	大さじ1	サラダ油	1/2カップ
タラゴン	小さじ1/4	醤油	1/4カップ
マジョラム	小さじ1/2	にんにく（つぶす）	1片
若鶏（半分に切る）	3羽分（各約1.4kg）	塩	小さじ1/4

作り方
1. バター、パセリ、タラゴン、マジョラムを混ぜ、鶏肉の皮の内側にすり込む。
2. 残りの材料を混ぜてマリネ液を作り、鶏肉を入れ冷蔵庫でひと晩漬ける。
3. 鶏肉をやわらかくなるまでブロイラーで焼く。その間、肉にマリネ液を頻繁にかける。
4. 4つに切り分けて盛り付ける。

Poultry and Game Birds

Chicken with Lemon
鶏肉のレモン煮（3～4人分）

材料

鶏肉（4等分する）	0.9～1.4kg	キッチンブーケ（米国のシーズニングソース）	小さじ1
溶かしバター	大さじ4		
小麦粉	大さじ1	塩・こしょう	各適量
チキンスープ*	1カップ	レモン（角切り）	1個
パセリ	3枝	レモン（薄切り）（なくてもよい）	
タイム	ひとつまみ		1個
ローリエ	1枚		

作り方

1. 鶏肉をバターできつね色に焼き、鍋から取り出す。
2. **1**の鍋に小麦粉を加え混ぜ、それからレモンの薄切り以外の残りの材料を加え、鶏肉を鍋に戻しやわらかくなるまで30分煮る。
3. 器に盛り、レモンの薄切りを縁に1枚ずつ飾る。

Coq au Vin
鶏肉の赤ワイン煮（4人分）

材料

鶏肉（人数分に切り分ける）	1羽分（1.4kg）	パセリ	4枝
		ローリエ	1枚
塩・こしょう	各適量	タイム	ひとつまみ
バター	大さじ3	溶かしバター	小さじ4
エシャロット(みじん切り)	大さじ2	砂糖	ひとつまみ
コニャックまたはブランデー	大さじ2	玉ねぎ	小12個
		マッシュルームのかさ	小12個
ブルゴーニュワイン（赤）	1本（700ml）	塩漬け豚肉（1.3cmの細切り）	3枚

バター	大さじ1	白いパン（ハート形に切り	
小麦粉	大さじ1	トーストする）	4枚

作り方
1. 鶏肉に塩、こしょうする。大きな鍋にバター大さじ3を溶かし、鶏肉の全体をきつね色に焼く。エシャロットを散らす。
2. **1**のバターを捨て、コニャックを入れてフランベする。ワイン、パセリ、ローリエ、タイムを加え、蓋をして鶏肉がやわらかくなるまで約35分煮込む。
3. その間に、溶かしバターに砂糖を混ぜ熱し、玉ねぎ、マッシュルーム、豚肉を焼く。
4. 温めた器に鶏肉を移し、玉ねぎ、マッシュルーム、豚肉を飾る。
5. バター大さじ1と小麦粉を混ぜペースト状にして「ブールマニエ」を作り、**2**の鍋の肉汁に加える。泡立て器でとろみがつくようにかき混ぜ、濾してから鶏肉にかける。
6. 器に盛り、パンを縁に飾る。

Chicken with Wine and Almonds
鶏肉とアーモンドのワイン煮（4人分）

材料
鶏肉（ぶつ切り）	1羽分(約1.4kg)	白ワイン	1カップ
アーモンド（細切り）	2/3カップ	塩・こしょう	各適量
溶かしバター	大さじ3	パセリ（みじん切り）	1/3カップ

作り方
1. 鶏肉とアーモンドをバターで鶏肉の全体に焼き色が付くまで炒める。
2. ワイン、塩、こしょうを加え、蓋をして約40分煮込む。パセリを加える。

Delaware Chicken Stew
デラウェア風　鶏肉のシチュー（6人分）

材料
玉ねぎ（薄切り）	2個	ウスターソース	小さじ2
ベーコンの脂	大さじ2	ライマメ（生）	450g
若鶏（ぶつ切り）	1羽分(1.1kg)	オクラ	1/2カップ
塩・こしょう	各適量	青とうもろこし	3本
水	3カップ	バター	大さじ2
トマト(皮をむき4つ切り)	3個	パン粉	1/2カップ
シェリー酒	1/2カップ		

作り方
1. 玉ねぎをベーコンの脂で炒める。鶏肉に塩、こしょうし、ベーコン脂で全体を焼く。
2. 脂を除いて、鶏肉、玉ねぎを厚手の鍋に移し、水、トマト、シェリー酒、ウスターソースを加え、弱火でことこと30分煮る。
3. ライマメ、オクラ、軸から外したとうもろこしの実を加え、1時間煮る。バターとパン粉を加え、さらに30分煮る。

East Indian Chicken
東インド風　鶏料理（6人分）

材料
バター	1/2カップ	サフラン	小さじ1/8
若鶏（ぶつ切り）	小2羽分（各約1.1kg）	トマトピューレ	大さじ2
塩・こしょう	各適量	ライトクリーム	1・1/2カップ

作り方
1. 厚手の鍋にバターを溶かし、鶏肉を全体がきつね色になるまでソテーする。
2. 塩、こしょう、サフランで調味し、トマトピューレとクリームを加える。よく混ぜ合わせ、蓋をして弱火で15分煮る。

3. 蓋を取り、ソースが半量になるまで煮詰める。

Far Eastern Chicken
東アジア風　鶏料理（6人分）

材料

パンの角切り（トーストする）		鶏肉（加熱調理して小さめの角切り）	
	2・1/2カップ		2・1/2〜3カップ
もやし	2カップ	砂糖	1/4カップ
ウォーターチェスナッツ（薄切り）		コーンスターチ	大さじ2
	2/3カップ	パイナップルジュース	3/4カップ
マッシュルーム（薄切り）		醤油	1/4カップ
	1/2カップ	酢	大さじ2
塩	小さじ1	アーモンド（煎る）	1/4カップ

作り方

1. パンの角切り、もやし、ウォーターチェスナッツ、マッシュルーム、塩、鶏肉を混ぜておく。
2. 小鍋に砂糖とコーンスターチを入れて混ぜ、パイナップルジュース、醤油を加えかき混ぜる。かき混ぜながら煮立て、とろみが出るまでさらに2〜3分加熱する。火からおろし、酢を加える。
3. 油を塗った容量1.5ℓのキャセロールに**1**を入れ、**2**のソースをかけ、アーモンドを散らす。180℃のオーブンで30分焼く。

Fried Chicken Baltimore
フライドチキン　ボルチモア風（4〜5人分）

材料

鶏肉（フライ用）（ぶつ切り）		小麦粉	3/4カップ
	2羽分（各約1.1kg）	塩	小さじ1

こしょう	小さじ1/4	水	1カップ
ショートニング	大さじ3		

作り方
1. 鶏肉を丁寧に洗い水気を拭き取り、小麦粉、塩、こしょうと一緒に袋に入れてよく振る。鶏肉をショートニングでさっときつね色に焼く。火を弱め、水を加え蓋をして、やわらかくなるまで約30分静かに煮る。
2. 蓋を取ってゆっくり焼く。コーンフリッターと焼いたベーコンを飾る。

Fried Chicken Frederick
フライドチキン　フレデリック風（4人分）

材料

塩・こしょう	各適量	にんにく（みじん切り）	1片
小麦粉	適量	肉のブイヨン（固形ブイヨンで作って	
パプリカ（粉末）	少々	もよい）	1/4カップ
鶏肉（ぶつ切り）	1羽分 (1.1kg)	サワークリーム	235mℓ
サラダ油	大さじ5〜6		

作り方
1. 塩、こしょう、小麦粉、パプリカを混ぜて鶏肉にまぶす。
2. 厚手の鍋にサラダ油を高温になるまで熱し、鶏肉の全体をさっと焼き、にんにくを加える。
3. 鍋を火からおろしブイヨンを加える。サワークリームをかけ、混ぜないでおく（焼いている間に鶏肉に浸み込む）。
4. 鍋にしっかり蓋をし、180℃に予熱したオーブンで30分焼く。

Fried Chicken Viennese
フライドチキン　ウィーン風（4人分）

材料

A

玉ねぎ（粗みじん切り）	中1個	鶏肉（ぶつ切り）	1羽分（約1.4kg）
にんにく（つぶす）	小1片	乾燥パン粉（塩小さじ2を混ぜる）	
オリーブオイル	大さじ6		1カップ
塩	大さじ1	卵（ほぐして水大さじ2と混ぜる）	
黒こしょう	小さじ1/4		1個
レモン汁または酢	大さじ1	ショートニング	大さじ4
砂糖	小さじ1		
パプリカ（粉末）	小さじ1/2		

作り方

1. **A**の材料をよく混ぜ合わせ、そこに鶏肉を約3時間漬ける。
2. 鶏肉の水気を拭き取り、パン粉をまぶし、卵にくぐらせ、再度パン粉をまぶす。
3. ショートニングで鶏肉を揚げ、軽くきつね色になったらすぐに取り出す。オーブン皿にのせ、190℃に予熱したオーブンで50分〜1時間焼く。

Honeyed Chicken
ハニーチキン（2人分）

材料

蜂蜜	1/4カップ	塩	小さじ1
洋風練りがらし	1/4カップ	鶏肉（半分に切る）	1羽分（680〜900g）
レモン汁（生絞りまたは冷凍、缶詰でも）	大さじ1	塩	小さじ1/2
		バター	大さじ3

作り方

1. 蜂蜜、からし、レモン汁、塩を混ぜておく。鶏肉に塩小さじ1/2をふる。
2. アルミホイルを敷いた鍋にバターを入れ、180℃に予熱したオーブンで溶かし、鍋を取り出す。鍋に鶏肉を皮目を下にして並べ**1**を刷毛で塗り、30分焼く。ときどき**1**を塗り足す。鶏肉を裏返し、やわらかくなるまでさらに約30分焼く。この間にも**1**をほぼ使い切るまで塗り足しながら焼く。

3. 食卓に出す直前に、鶏肉に**1**の残りを細い線を描くようにかける。

Old-fashioned Boiled Chicken Dinner
オールドファッション・ボイルドチキン（6〜8人分）

材料

鶏肉（シチュー用）	1.8kg	玉ねぎ	小6個
白ワイン（なくてもよい）	適量	白かぶ	4個
ローリエ	1枚	リーキ	3本
タイム	ひとつまみ	にんじん	小12本
黒こしょう	小さじ1	セロリ（6.5cm長さに切り、ひとまとめに結ぶ）	3本
クローブ	2本		
じゃがいも（皮をむく）	中3個	塩	小さじ1
または新じゃがいも（たわしでこすって皮をむく）	小6個	パセリ（飾り用）	適量

作り方
1. 鍋に鶏肉とかぶる程度の水（または白ワイン）を入れる。ローリエ、タイム、こしょう、クローブをチーズクロスに包んで口を結び、鍋に入れる。煮立てて、あくが出てきたら取り除く。火を弱めて45分煮込む。
2. パセリ以外の野菜と塩を加え、鶏肉と野菜がやわらかくなるまで煮る。スパイスを入れたチーズクロスは捨てる。鶏肉と野菜を盛り付け、パセリを飾る。

Poulet Roti Beau Séjour
若鶏のロースト　ボーセジュール風（4〜6人分）

材料

無塩バター	大さじ3	乾燥タイム（生のほうが風味はよい）	
にんにく	1片		小さじ1/2

| 丸々とした若鶏 | 1羽分（約2.3kg） | 塩・こしょう | 各適量 |

作り方
1. バター大さじ1を溶かしてにんにくとタイムを加え、鶏肉の内側にかける。ひもで脚と手羽を胴体にくくり付ける。
2. 鶏肉の表面と内側に塩、こしょうをふり、残りのバターを刷毛で塗って、190℃に予熱したオーブンで約1時間半ローストする。頻繁にタレを塗り足し、時折向きを変えてむらなく焼く。
3. 火の通り具合を確かめ、まだ赤い汁が出るようならさらに焼く。

Sautéed Chicken Katy
鶏肉のソテー　ケイティ風　（4人分）

材料

鶏肉（ロースト用）	1羽分（1.4kg）	シェリー酒（辛口）	
塩・こしょう	各適量	または白ワイン（辛口）	1/2カップ
バター	大さじ2	ヘビークリーム	470mℓ
玉ねぎ（粗みじん切り）	小1個	卵黄	2個分
マッシュルーム（薄切り）	225g	パセリ（みじん切り）	少々

作り方
1. 鶏肉を8切れに切り、塩、こしょうする。
2. 深い鍋にバターを溶かし、鶏肉を強火で全体に焼き色が付くように返しながら焼く。中火にし、蓋をして7〜9分蒸し焼きにする。玉ねぎとマッシュルームを加え、蓋をして静かに約10分、さらにワインを加え、蓋をして15分煮る。しっかり火が通ったら鶏肉を器に盛り、保温しておく。
3. 生クリームに卵黄を軽くほぐして混ぜ、**2**の鍋の煮汁に加える。沸騰させないように約4〜5分煮て、味を調えてから鶏肉にかけ、その上にパセリを散らす。焼き立ての三角形のトーストを添える。

Sherried Chicken
鶏肉のシェリー酒風味 (4人分)

材料..............
小麦粉	1/2カップ	シェリー酒(辛口)	1/2カップ
塩	小さじ2	醤油	大さじ2
鶏肉(人数分に切り分ける)		レモン汁	大さじ2
	1羽分(1.4kg)	しょうがのシロップ漬け(みじん切り)	
バター	3/4カップ		1/4カップ

作り方..............
1. 小麦粉と塩を混ぜ、鶏肉にまぶす。
2. バター1/2カップを溶かして鶏肉の全体を焼き、蓋付きのオーブン皿に入れる。
3. ソースパンに残りの材料を入れ、煮立ててかき混ぜ、鶏肉にかける。180℃に予熱したオーブンでやわらかくなるまで約1時間焼く。途中で一度鶏肉を裏返す。

Spicy Chicken with Asparagus
スパイシーチキン　アスパラガス添え (6人分)

材料..............

A
濃縮クリームマッシュルームスープ		鶏肉(加熱調理済のもの)	16枚
(缶詰)	4・1/2カップ(約4缶)	アスパラガス(ゆでる)	680g
ヘビークリーム	1・1/2カップ	パルメザンチーズ(すりおろす)	
カレー粉	小さじ1・1/2		大さじ6
タバスコ	数滴		
パプリカ(粗みじん切り)			
	大さじ6		

作り方..............

1. **A**の材料を混ぜ、よく火を通してなめらかになるまでかき混ぜる。
2. 油を塗った浅いオーブン皿に鶏肉とアスパラガスを入れ、**1**のソースをかけ、チーズをふりかける。200℃に予熱したオーブンで約20分焼く。

Canard à l'Orange
鴨肉のオレンジソース（4人分）

材料

鴨肉	1羽分（1.8〜2.3kg）	グランマルニエ	1/2カップ
砂糖	1/2カップ	ブラウンソース*	1カップ
ワインビネガー	大さじ1	オレンジの皮（細切り）	1/4カップ
オレンジ果汁	2個分	塩	ひとつまみ

作り方

1. 鴨肉を180℃のオーブンで1時間半ローストする。
2. 鍋に砂糖とビネガーを混ぜ、砂糖が溶けるまで火にかける。オレンジ果汁を加え、1/4の量に減るまで強火で煮詰める。グランマルニエとブラウンソースを加え煮立てる。
3. オレンジの皮をかぶるくらいの水に入れ、塩を加え、蓋をしてやわらかくなるまで煮る。水気を切り、**2**に加える。
4. 焼き上がった鴨肉を温めておいた器に盛り、ソースをかける。

Duck Mexican Style
鴨肉のメキシカン風（4人分）

材料

完熟トマト（皮をむき4つ切り）	6個	マッシュルーム（4つ切り）	450g
		鴨肉（加熱調理済、細切り）	2カップ
バター	大さじ4	オレンジの皮（すりおろす）	小さじ2
塩・こしょう	各適量	バターライス	適量

作り方
1. トマトをバター大さじ2でしんなりするまで炒め、塩、こしょうで調味し、保温しておく。
2. 別のソースパンでマッシュルームをバター大さじ2で炒める。鴨肉、オレンジの皮を加え、塩、こしょうで味を調え、よく火を通す。
3. 器にバターライスをリング状によそい、中心に**2**を盛る。ライスの周囲を**1**のトマトで縁取る。

Canard aux Pêches
鴨肉のロースト　桃添え　(4人分)

材料
鴨肉	1羽分(1.8〜2.3kg)	桃のリキュールまたはトリプルセック	1/4カップ
バター	小さじ1	ブラウンソース*	1カップ
エシャロット（粗みじん切り） 小さじ1		すぐりジャム	1/4カップ
桃（缶詰）（汁気を切って半切り、シロップも使う）1ℓ		粉砂糖	適量

作り方
1. 鴨肉を180℃に予熱したオーブンで1時間半ローストする。
2. ソースパンにバターを溶かしてエシャロットを炒め、桃缶のシロップとリキュールを加える。液汁の量が半分になるまで強火で煮詰める。ブラウンソースとすぐりジャムを加え、煮立てたら火からおろす。
3. 桃をオーブン皿に置き、粉砂糖をふりかけ、オーブンできれいな焼き色が付くまで焼く。
4. 鴨肉を温めておいた器に盛る。桃を鴨肉の上か周囲に並べ、ソースをかける。

Roast Duckling
子鴨のロースト （4人分）

材料

子鴨	1羽分 (2.3kg)	玉ねぎ（薄切り）	1個
塩・こしょう	各適量	白ワイン（辛口）	1・1/2カップ
レモン汁	適量	蜂蜜（なくてもよい）	大さじ1
セロリの葉	適量		

作り方

1. 子鴨の全体を内側も含め冷水で丁寧に洗い、水気を拭き取って塩、こしょうする。空洞部分にレモン汁をこすり付け、セロリの葉少々と玉ねぎを入れる。皮にフォークなどで穴を開ける。ロースティングパンのラックに胸側を上にして置き、160℃に予熱したオーブンでゆっくり30分焼く。
2. ロースティングパンの脂を拭き取り、ワインを加え、そのタレを頻繁にかけながら肉がやわらかくなるまでさらに焼く（肉450g当たり約30分）。
3. 皮をパリパリに焼き上げたい場合は、オーブンから出す15分前に蜂蜜を刷毛で塗り、その後はタレをかけずに焼く。

Roast Duckling with Brandied Kumquats
子鴨のロースト　きんかんのブランデー煮とともに （4人分）

材料

子鴨のロースト*	4人分	ブランデー	大さじ2
きんかん（瓶詰）	350g		

作り方

1. 子鴨のローストをレシピどおりに調理する。焼き上がる30分前にきんかんをシロップごと加熱する。シロップが少し煮詰まってもよい。
2. 火からおろし、きんかんを取り出して、シロップにブランデーを加える。
3. ロースティングパンの肉汁から脂を捨て、**2**のシロップを加え、そのタレを頻繁にかけながら鴨肉を焼く。

4. 鴨肉を器に移し、タレをかけてきんかんを飾る。

Pennsylvania Dutch Duck
ペンシルベニア・ダッチ風　鴨肉のロースト（6人分）

材料……………

鴨肉	1羽分 (2.7kg)	水	1カップ
ザウアークラウト	8カップ	砂糖	大さじ3

作り方……………
1. 子鴨のロースト*のレシピに従って、鴨肉の下準備をする。
2. ロースティングパンに鴨肉を置き、残りの材料を加える。蓋をして、160℃に予熱したオーブンでやわらかくなり焼き色が付くまで焼く（450g当たり20～25分）。

Roast Stuffed Goose with Baked Stuffed Apples
ガチョウのロースト　焼きりんご添え（8人分）

材料……………

ガチョウ（臓物を含む）	3.6kg	こしょう	少々
パン粉	2ℓ	塩	適量
玉ねぎ（粗みじん切り）	2個	りんご	6～8個
バター（室温）	大さじ2	ブラウンシュガー	1/4カップ
セージ	小さじ1	さつまいも（ゆでてつぶし、味付けをする）	
塩	小さじ2		3本

作り方……………
1. ガチョウの臓物を水からゆで、やわらかくなったら刻んで、パン粉、玉ねぎ、バター、セージ、塩小さじ2、こしょうと混ぜる。詰め物として使う。
2. ガチョウの肉から不要なものを取り除いて丁寧に洗う。脚や手羽まわりの皮にフォークなどを刺して脂肪部分まで穴を開ける。詰め物はせずに、

190℃に予熱したオーブンで15分焼き、室温に冷ます。これをあと2回繰り返す。脂を拭き取って内側に塩をすり込み、**1**を詰めて、手羽や脚を胴体にくくり付ける。
3. ロースターで、蓋をしないまま160℃でやわらかくなるまで焼く（450g当たり約25分）。
4. りんごを洗って芯をくり抜く。ブラウンシュガーをふりかけ、味付けしたさつまいもを芯の部分に詰め、ガチョウが焼き上がる1時間前に同じ天板に置いて焼く。ガチョウに添えて熱いうちに出す。

Baby Pheasant Souvaroff
子キジのスヴァロフ風（6人分）

材料

子キジ	6羽分（各450g）	ヘビークリーム	1/2カップ
溶かしバター	大さじ3	フォアグラ（ガチョウのレバー）	
コニャックまたはブランデー			大さじ4
	大さじ3	黒トリュフ（小さめの角切り）	
シェリー酒（辛口）	1/4カップ		大さじ1
ブラウンソース*	1・1/2カップ		

作り方
1. キジを180℃のオーブンで約30分ローストする。その間10分ごとに溶かしバターを塗る。
2. キジを取り出し、保温しておく。ロースティングパンの肉汁を鍋に入れ、コニャックを加えフランベする。シェリー酒、ブラウンソース、生クリームを加え、煮立てる。
3. キジをオーブン使用可能な蓋付きの深皿に入れ、フォアグラを塗り、トリュフを散らして、**2**のグレイビーをかける。
4. 蓋をして150℃に予熱したオーブンで10分焼く。

Gulf Coast Roast Pigeon
ガルフコースト風　鳩肉のロースト（4人分）

材料
ベーコン	6枚	卵	4個
セロリ（粗みじん切り）	3/4カップ	塩・こしょう	各適量
玉ねぎ（粗みじん切り）	1個	鳩肉	4羽分
米	2カップ	マスタードピクルスソース	適量
チキンスープ*	4カップ		

作り方
1. ベーコンを角切りにし、カリカリになるまで炒め、取り出す。残った肉汁でセロリ、玉ねぎをあめ色に炒める。
2. 米をチキンスープでやわらかくなるまで炊いて、ベーコン、セロリ、玉ねぎを加え、卵をほぐして加える。塩、こしょうで味を調える。
3. 鳩肉の下ごしらえをして、**2**の一部を詰める。鳩を残ったライスを盛った上に置き、160℃に予熱したオーブンで、ピクルスソースを頻繁にかけながら45分〜1時間焼く。

Quail in Wine Sauce
うずらのワインソース（6人分）

材料
ショートニング	1/2カップ	白ワイン	2カップ
玉ねぎ（みじん切り）	小2個	塩	小さじ1/2
クローブ	2本	こしょう	小さじ1/8
粒こしょう	小さじ1	カイエンペッパー	少々
にんにく（みじん切り）	2片	チャイブ（みじん切り）	小さじ1
ローリエ	1/2枚	生クリーム	2カップ
うずら肉（きれいに洗って手羽や脚を胴体にくくり付ける）	6羽分		

作り方
1. ショートニングを溶かし、玉ねぎ、クローブ、粒こしょう、にんにく、ローリエを加え、数分加熱する。
2. うずら肉を加え、全体をきつね色に焼く。ワイン、塩、こしょう、カイエンペッパー、チャイブを加え、やわらかくなるまで約30分煮る。
3. 温めておいた器にうずら肉を移す。ソースを濾して生クリームを加え煮立て、うずら肉にかける。

Rock Cornish Hen Bavarian
ロックコーニッシュヘンのバイエルン風（4人分）

材料
コーニッシュヘン	4羽分	白ワイン（辛口）	1/2カップ
塩・こしょう	各適量	コーンスターチ	小さじ1/4
溶かしバター	大さじ2	ヘビークリーム	1/2カップ
玉ねぎ（粗みじん切り）	小1個	レーズン	1/4カップ
パプリカ（粉末）	小さじ1	サワークリーム	1/2カップ

作り方
1. 鶏肉に塩、こしょうをして、180℃に予熱したオーブンで約30分ローストする。その間、10分ごとに溶かしバターを塗る。
2. 鶏肉を温めておいた大皿に移す。ロースティングパンの肉汁を鍋に入れ、玉ねぎを加えてやわらかくなるまで数分煮る。パプリカを加えて混ぜ、ワインを入れ、半量に減るまで強火で煮詰める。
3. コーンスターチと生クリームを混ぜて**2**に加え、さらにレーズンを加え煮立てる。火を小さくして、サワークリームを加え、今度は沸騰させないように加熱する。ソースが熱いうちに鶏肉に添えて出す。

Braised Squab with Young Peas
子鳩の蒸し煮　グリンピース添え（2人分）

材料................

子鳩	2羽分	にんじん（薄切り）	1本
バター	大さじ2	水	大さじ2
サラダ菜（千切り）	小1玉	6mm厚さのベーコン（6mm幅に切る)	2枚
冷凍グリンピースと小玉ねぎ	285〜340g		

作り方................

1. 子鳩をバターで焼く。きつね色になったら、サラダ菜、グリンピースと小玉ねぎ、にんじん、水大さじ2を加え、弱火で45分じっくり火を通す。
2. フライパンでベーコンをきつね色に焼き、脂分は取り除いて1に加える。さらに15分火にかける。

Squabs in Casserole
子鳩のキャセロール（4人分）

材料................

子鳩	4羽分	白砂糖	小さじ1
塩・こしょう	各適量	ブランデー	30ml
バター（溶かす）	113g	料理用白ワイン（辛口）	60ml
じゃがいも（皮をむく）	小8個	水またはチキンスープ*	60ml
小玉ねぎ（缶詰）（缶汁を切る）	340g	マッシュルーム（4つ切り）	6個
		溶かしバター	大さじ1

作り方................

1. 子鳩に塩、こしょうして、深いロースティングパンに置き、バターの半量を刷毛で塗る。180℃に予熱したオーブンで15分焼き、じゃがいもを加え、さらに20分焼く。途中で子鳩を裏返す。子鳩がきつね色になったら、キャセロールに移す。

2. 子鳩を焼いている間に、鍋に残りのバター、小玉ねぎ、白砂糖を入れ、きつね色になるまで強火で炒める。
3. **1**のロースティングパンに、ブランデー、白ワイン、水（またはチキンスープ）を加え、5分加熱し、子鳩にかける。
4. マッシュルームを溶かしバターで炒める。じゃがいも、玉ねぎ、マッシュルームを子鳩の周りに並べる。

Roast Turkey
ローストターキー （1人分340〜450gが目安）

作り方……………
1. ロースティングパンのラックに、詰め物をしたターキーを胸側を上にして置く。バターをターキー全体にすり付け、外側と内側に塩、こしょうをふる。
2. 160℃に予熱したオーブンで焼く。その間、鍋に落ちた肉汁を1〜2度かける。

ロースト時間

ターキー 1.8〜3.6kg　　3〜4時間
　　　　 3.6〜5.4kg　　4〜4.5時間
　　　　 5.4〜7.3kg　　4.5〜5.5時間

火の通り具合を確認するには、脚の関節を上下に動かしてみる。容易に動けば火が通っている。

Chestnut Stuffing
ターキーのための栗の詰め物 （5.4kgのターキー1羽分）

材料……………

栗	1.8kg	玉ねぎ（粗みじん切り）	1個
サラダ油	小さじ4	バター	大さじ2
ビーフスープ	6カップ	ソーセージ用の挽き肉	225g

パセリ（みじん切り）	小さじ1	ソフトパン粉	3/4カップ
乾燥タイム	小さじ1/2	コニャック	1/2カップ
塩・こしょう	各適量		

作り方

1. 栗の平らな面に深い切り込みを入れる。サラダ油を熱し、栗を強火で3分、鍋を常にゆすりながら煎る。油を切って冷まし、殻と渋皮をむく。
2. 栗をビーフスープに入れ、やわらかくなるまで約20分ゆでる。栗の水気を切り、ゆで汁をスープとして使う。栗の半量を粗く刻み、残りの半量はすりつぶす。
3. 玉ねぎをバターできつね色になるまで炒め、ソーセージ、パセリ、タイム、塩、こしょうを加え、4～5分かき混ぜながら炒める。栗を加える。
4. パン粉を水でふやかし、水気をよく絞って**3**に加え、コニャックを入れてよく混ぜる。

Turkey and Avocado in Creamy Wine Sauce
ターキーとアボカドのワインソース （4人分）

材料

バター	大さじ4	ターキースープまたはチキンスープ*	
小麦粉	大さじ4		1・1/2カップ
塩	小さじ1	レモン汁	大さじ1
ナツメグ	少々	シェリー酒（辛口）	大さじ3
カイエンペッパー	少々	ターキー（加熱調理済、小さめの角切り）	
卵黄（軽くほぐす）	1個分		2カップ
		アボカド（皮をむきさいの目切り）	
			中1個

作り方

1. ソースパンにバターを溶かし、小麦粉、塩、ナツメグ、カイエンペッパーを入れ混ぜる。
2. 卵黄とスープを混ぜ、**1**に少しずつ加える。中火にかけ、とろみがつくまで

かき混ぜながら煮立てる。レモン汁、シェリー酒、ターキーを加え混ぜる。
3. 食卓に出す直前に、アボカドを加えて火を通す。

Turkey Soufflé
ターキースフレ（8人分）

材料

ショートニング	大さじ2	卵（卵黄と卵白に分け、ほぐす）	
小麦粉	大さじ2		3個
こしょう	小さじ1/8	ターキー（加熱調理済、粗みじん切り）	
塩	小さじ1		2カップ
パプリカ（粉末）	小さじ1/4	レモン汁	小さじ1
牛乳またはチキンスープ*	1・1/2カップ	パセリ、ピーマン、赤ピーマン、パプリカのいずれか（粗みじん切り）	
ソフトパン粉	1/2カップ		適量

作り方

1. 鍋にショートニングを溶かし、小麦粉、こしょう、塩、パプリカを入れ混ぜる。牛乳を加え、とろみがつくまでかき混ぜながら加熱し、パン粉を加える。これを卵黄に加え、そこにターキー、レモン汁を加え、冷ます。
2. 1に固く泡立てた卵白とパセリ（またはピーマン、パプリカ）を加えてさっくりと混ぜ、油を引いた型かカップに流し込む。湯を張った天板に置き、180℃に予熱したオーブンで20〜35分、固まるまで焼く。

MEATS
肉料理

―――――◆―――――

　これまでケネディ大統領の優しさと、心のこもった感謝の言葉についてお話をさせていただきました。けれども、一方でご不満に思われたときには、そのことを率直におっしゃっていたことを付け加えておかなければなりません。しかし、そのようなときでも大統領は明るく振る舞われ、私たちがばつの悪い思いをしないように気配りをされていました。大統領にご満足いただけなかった数少ないケースのひとつをお話しするには、この章が適切だと思います。

　大統領もほかの人と同様に、ステーキの焼き加減にはこだわりをお持ちでした。私がホワイトハウスに来て間もない頃のことです。大統領がお出ししたステーキを手に厨房に来られ、私におっしゃいました。「シェフ！　私はステーキは直火で焼いたミディアムレアが最も好みなんだ」と。
「大統領、ステーキは焼いております」と私はお答えしました。
「いや、私にはフライパンで焼いたように見えるけど」と大統領は強く言われました。「その証拠に表面が少し光っているじゃないか」
「光って見えるのはステーキの見栄えをよくするために、表面にほんの少しバターを塗ったからなのです」と説明しました。「ご覧ください、大統領。

ステーキにグリルの跡がご覧いただけるでしょう」

　大統領はにっこりとおっしゃいました。「君が正しかった。ありがとう、シェフ」

　時が経つにつれ、大統領もケネディ夫人と同じように私をルネと呼んでくださるようになりました。大統領はたとえ私の料理にご満足いただけないときでさえも常に礼儀正しく、微笑みをもって接してくださいました。大統領がご旅行にお出かけになったときは、ひときわリラックスされ、わずかな時間を見つけると私とおしゃべりをされることもありました。

　さらに別のステーキ騒動をお話ししましょう。
　1964年1月22日、ふたり目にお仕えしたジョンソン大統領とカナダのレスター・ピアソン首相との外交会議後の昼食会のことです。出席者のひとりであるオレゴン州のウェイン・モース上院議員は、私のお出ししたメニューに特別興味を引かれたようでした。議員は会議後、地元へのニュースレターに会議と昼食会のことを書き、メニューを再現しました。その中には「フィレ・ミニヨン・ショロン（Filet Mignon Choron）」と呼ぶ料理がありました。これを読んだある方が、「ショロン（Choron）」はスペルが誤っている、正しくは「ショロン（Cheron）」だと議員に書いてきました。その方は、それはシカゴの「ブラックストーン＆シャーマンホテル」や「サウスショア・カントリークラブ」で料理をしていたときに、彼自身が作ったものであると主張されたのです。
　議員は早速マイク・マナトス大統領補佐官に、ニュースレターに載せたホワイトハウスのメニューがすでにシカゴのホテルで提供されていたとの手紙を書き、「ホワイトハウスのシェフは、この件について釈明できるか」と問われました。

私は補佐官にニュースレターに載せたスペルは正しいことを伝えました。その「ショロン（Choron）」とはアスパラガスの新芽とえんどう豆、それにマデイラソースが添えられたアーティチョークの付け合わせのことで、その名は作曲家で作家のアレキサンドル・エティエンヌ・ショロン（1772～1834年）[1]に由来していることを申し添えたのです。
　このことはモース議員に伝えられ、氏も地元にその内容を伝えました。ソースの章でその料理のレシピを紹介しています。

　私は、ケネディ大統領が常に周囲の利便性や快適性に配慮され、それを的確に解決されていたことに敬服せずにはいられません。たとえば、これまでの政権では、要人が到着する際には、ユニオン駅か、ワシントン・ナショナル空港でお出迎えするのが慣例でした。ユニオン駅ではレッドカーペットが文字どおり広げられましたし、空港では大統領が飛行機のタラップの下で待機されていました。どちらの場所でもシルクハットとモーニングコートの正装が習わしでした。
　ケネディ大統領は代表団の到着時に、悪天候であっても立って待たなければならないという歓迎の習わしを改められました。ケネディ政権下では、各国の国王、大統領、首相などの国賓の訪問が頻繁にありました。こうした方々は到着されるとまず歴史的に有名なバージニア州ウィリアムズバーグにご案内されます。ここは18世紀の姿に復元された静かで優雅な街で、長旅の疲れを取り、リラックスしていただくことができます。そして翌朝、ヘリコプターでホワイトハウスに向かっていただきます。ホワイトハウスでは、国務省儀典長のアンジー・ビドル・デューク氏が最初にお出迎えします。お客様はヘリポートからホワイトハウスの南ポーチまで車で移動されますが、ケネディ大統領はヘリコプターが着く数分前に到着の知らせを受け、伝統のレッドカーペットで訪問客を出迎えられるわけです。

その後すぐに、訪問客をもてなす私の出番となります。このような要人のための食事を準備するときは、プレッシャーを感じながら、用意したすべての料理が味だけでなく見た目でも完璧であるかを確認していました。この種のプレッシャーとうまく付き合うことはプロのシェフの必須条件なのです。
　テーブルセッティングも、料理を引き立たせるものとして欠かせません。私たちが使用していたホワイトハウスのディナー食器は、白地に鷲のマークが入っていて、威厳があり魅力的でした。より一層公式の席では、アイゼンハワー元大統領の食器を使いました。この食器は、白地に金の星を周囲にあしらったアメリカ合衆国の国章が描かれ、金の縁取りが施されたものです。
　こういった米国政府のディナーにおいては、一輪のバラの花をテーブルに置くことがありました。それはいにしえのローマの習わしであり、ディナーの席で話したことは何事も口外してはならないと出席者に示唆するというものなのです。ラテン語の sub rosa という慣用句はこうした習わしから生じました。それは文字どおり「バラの下（under the rose）」を意味し、部外秘、国家機密の意味で使われています。

　1961年11月6日、ニューポート[2]でのインドの故ネルー首相とガンディー女史との昼食会のことを次にお話ししましょう。このときは大統領をはじめとする紳士方とケネディ夫人を含めたご婦人方が異なる階で食事をすることになったために、食事の準備と配膳に若干の工夫が必要でした。このような状況に対応することもシェフに必要とされる心配りのひとつです。
　このときのメニューはまず、すでにご紹介したニューイングランド・クラムチャウダー＊をお出ししました。ワインは、最高のイタリアンワイン「ソアヴェ・ヴェルターニ」を味わっていただきました。次はベロニカ風カイユ（うずらの特別ソース添え、種なしブドウとともに）にカリフォルニアワイン「アルマデン・ピノ・ノワール」を合わせました。このアントレにはにん

じんグラッセとミモザサラダ*が添えてあります。デザートはオレンジを添えたババロアです。デザートの甘さは素晴らしいシャンパン、「ドン・ペリニヨン 1952」がやわらげてくれます。プチフールとアーモンドも手の届くところに置かれ、エスプレッソコーヒーが後に続きます。

　さあ、お次は皆さんの食卓の番です。肉料理のレシピは次のとおりです。

［1］ショロン（choron）の名前は、19世紀のパリのレストラン「ヴォワザン」のシェフに由来していると書いてあるものもあります。
［2］米国ロードアイランド州南東部、ボストンより南へ約 100km に位置する港湾都市。アメリカ最古のリゾート地としても名高い。この地にはケネディ大統領が「夏のホワイトハウス」として利用した「ハマースミス・ファーム」がある。

Beef Stew with Wine
赤ワインで煮込むビーフシチュー（3人分）

材料................

塩	小さじ1・1/2	水	1カップ
こしょう	小さじ1/4	赤ワイン（辛口）	1/2カップ
小麦粉	1/4カップ	白玉ねぎ	小6個
牛もも肉（5cm角に切る）	450g	じゃがいも（半分に切る）	中3個
バターまたはサラダ油 大さじ2		にんじん（2cm厚さの輪切り）	2本

作り方................

1. 塩、こしょう、小麦粉を混ぜ合わせ、牛肉にまぶす。
2. 厚手のソースパンにバターを溶かし、牛肉の全面をソテーする。水とワインを加え1時間煮込む。
3. 玉ねぎ、じゃがいも、にんじんを加え、肉がやわらかくなるまで30分煮込む。

Boeuf au Vin Rouge
牛肉の赤ワイン煮（6～8人分）

材料................

溶かしバター	大さじ2	にんにく（半分に切る）	2片
牛ランプ肉	1.4kg	黒粒こしょう	小さじ1/2
トマト（缶詰）	4カップ	タイム	小さじ1/8
玉ねぎ（薄切り）	中4個	ローリエ	1枚
にんじん（薄切り）	3本	塩	適量
セロリ	1本	ビーフスープ	適量
赤ワイン	2カップ		

作り方................

1. 鍋に溶かしバターを引き、牛肉の全面に焼き色を付ける。
2. 蓋付きのロースターかダッチオーブンに肉を移し、ビーフスープ以外の材

料を入れ、かぶるくらいのビーフスープを加える。
3. 180℃で約2時間半、肉がやわらかくなるまで焼く。肉を温めた器に盛り、スープは濾して熱いうちに出す。

Boeuf Miroton
牛肉のミロトン（4人分）

材料................
バター	大さじ3	塩・挽きたて黒こしょう	各適量
玉ねぎ（極薄切り）	4カップ	ワインビネガー	小さじ1
小麦粉	大さじ2	ボイルドビーフ（残り物でよい）	
濃厚ビーフスープ（缶詰）	2カップ	（薄切り）	680g

作り方................
1. 耐熱製キャセロールにバターを溶かし、玉ねぎを入れてきつね色になるまで炒める。小麦粉をふり入れ、かき混ぜながらビーフスープを少しずつ加える。ソースにとろみがついたら、塩、こしょう、ビネガーを加え、少し隙間を開けて蓋をして15分煮る。
2. 薄切りにした牛肉を加え、蓋をして30分煮込む。

Boiled Shin of Beef
牛すね肉のボイル（4〜6人分）

材料................
牛すね肉	1ブロック(2kg前後)	セロリ（薄切り）	2本
水またはビーフスープ（缶詰）	材料がかぶるくらい	乾燥タイム または生タイム	小さじ1/2 2枝
にんじん（皮をむき4つ切り）	2本	パセリ	3枝
		ローリエ	1枚
玉ねぎ（丸ごと）	中1個	リーキ	1本

塩	適量	粒こしょう	12粒

作り方
1. 鍋か大きなソースパンにすべての材料を入れ混ぜる。
2. 煮立ってから約3時間、肉がやわらかくなるまでゆでる。

Braised Beef Roast
牛ローストの蒸し煮（8〜10人分）

材料

牛ランプ肉（骨なし）または サーロイン肉（ロースト用）	2kg前後	ブランデー	1/4カップ
		トマトピューレ（缶詰）	225g
		ビーフスープ（缶詰）	2カップ
小麦粉	適量	白ワイン	1カップ
塩・こしょう	各適量	タイム	ひとつまみ
玉ねぎ（薄切り）	2個	ローリエ（細かく砕く）	1/4枚
にんじん（薄切り）	2本	塩・こしょう	各適量
セロリ	1本		

作り方
1. 牛肉に小麦粉、塩、こしょうをすり込む。ダッチオーブンに入れ、強火で全面に焼き色を付ける。余分な脂を捨てる。
2. 玉ねぎ、にんじん、セロリを加え、きつね色になるまで弱火にかける。残りの材料を加えて蓋をし、180℃に予熱したオーブンで約3時間半蒸し煮にする。汁気が足りなくなったらビーフスープを追加する。牛肉を取り出し、肉汁は濾して火にかける。
3. 牛肉をスライスして、肉汁を添える。

Braised Short Ribs Aladdin
ショートリブの蒸し煮　アラジン風（8人分）

材料

牛肉のショートリブ	2.7kg	**A**	
小麦粉（塩・こしょうで味付けする）		トマトピューレ	1カップ
	適量	チリパウダー	大さじ2
卵（ほぐす）	2個	にんにく（みじん切り）	4片
ごま	適量	パセリ（みじん切り）	大さじ2
バター	85g	クミンシード	小さじ1
完熟オリーブ（種を取り薄切り）		コリアンダー（粉末）	小さじ1/2
	1/2カップ	唐辛子	2個
アーモンド（湯通しして皮をむく）		ビーフスープ（缶詰）	1/2カップ
	1/2カップ		

作り方

1. 牛肉に小麦粉をまぶし、卵液にくぐらせ、ごまをまぶす。
2. 鍋にバターを溶かし、肉の全面に焼き色を付ける。
3. ロースティングパンに肉を入れ、**A**の材料を加える。蓋をして肉にタレを頻繁にかけながら、150℃に予熱したオーブンで2時間焼く。オリーブとアーモンドを加えて、肉がやわらかくなるまでさらに焼く。

Filet Mignon Essex
フィレミニヨン　エセックス風（4人分）

材料

フィレミニヨン（厚切り牛ヒレ肉）		アミガサタケまたは他のきのこ（缶詰）	
	4枚（各140g）		小1缶
バター	大さじ1	ヘビークリーム	1/4カップ
シャンパン	1/4カップ	トースト（肉と同じ大きさに切る）	
ブラウンソース*	1/2カップ		4枚

作り方
1. 牛肉をバターで4～5分、または好みの加減で焼く。肉を取り出し保温しておく。
2. シャンパン、ブラウンソース、きのこ、生クリームを混ぜ加熱し、沸騰したら火を止める。
3. 器にトーストを置き、その上に肉をのせて**2**のソースをかける。

Filet of Beef Wellington
ビーフウェリントン（12～15人分）

Ⅰ　ペストリー

材料

小麦粉（ふるう）	4カップ	卵黄	3個分
塩	小さじ1/2	冷水	3/4カップ
バター	225g		

作り方
1. 大理石の台かペストリーボードの上に小麦粉と塩を一緒にふるう。真ん中に小さなくぼみを作り、そこにバター半量、卵黄、水を入れて混ぜ、まとめて生地を作る。1時間冷蔵する。
2. 生地を四角形にのばし、中心に残りのバターを置く。バターを完全に包むように生地の四隅を折りたたむ。生地を一方向に3回のばし、できるだけ大きな長方形にする。左側1/3を真ん中に向かってたたみ、右側1/3をその上にたたんで3層にする。のばしてたたむ作業をもう一度繰り返し、生地を20分冷やす。のばしてたたむ作業をさらに2回繰り返し、使う前に30分冷やす。生地を数日間保存する場合は、乾いた布と濡れタオルで包み冷蔵庫に入れる。

Ⅱ　ビーフテンダーロイン

作り方
1. 肉屋でテンダーロイン（牛ヒレ肉）1.4kgをトリミングしてもらい、ひもで

縛って整形する。
2. バターを塗った天板に肉を置き、240℃に予熱したオーブンで7分焼く。オーブンから取り出し十分に冷ましておく。

Ⅲ　マッシュルームデュクセル

材料................

マッシュルーム	225g	塩・こしょう	各適量
レモン汁	小さじ1	ガチョウのレバー（角切り）	113g
溶かしバター	大さじ2		

作り方................
1. マッシュルームを肉挽き器で細かく挽き、変色を防ぐためすぐにレモン汁をふりかける。
2. 溶かしバター大さじ2で1を炒め、塩、こしょうで味を調える。完全に冷ましてからレバーを加えよく混ぜる。

Ⅳ　最終工程

作り方................
1. ペストリーを1cm厚さで、牛肉が十分包める大きさの長方形にのばす。
2. マッシュルームデュクセルの一部を、ペストリーの中央に広げる。
3. その上に肉を置き、残りのマッシュルームデュクセルを肉全体にかける。ペストリーで肉を丁寧に包み、ローフを作る。ペストリーの余った部分は切って取っておく。
4. 油を塗った天板に、ペストリーの継ぎ目を下にしてローフを置く。余りのペストリーを麺棒でのばし、葉の形などに切り抜いて、ローフの表面に飾る。光沢を出すために、ほぐした卵（分量外）を刷毛で塗る。ローフを冷蔵庫で1時間休ませる。200℃に予熱したオーブンで40〜50分、ペストリーがきれいなきつね色になるまで焼く。刻んだトリュフを混ぜたマディラソース*を添えて、熱いうちに出す。

Home-Style Beef Stroganoff
家庭風ビーフストロガノフ（4人分）

材料

バター	大さじ1	ライトクリーム	1カップ
エシャロットまたは白玉ねぎ		クリームマッシュルームスープ	
（粗みじん切り）	大さじ1	（缶詰）	1缶
マッシュルーム（薄切り）		植物油	大さじ1・1/2
	10個	ステーキ肉（ヒレ、サーロイン、また	
白ワイン（辛口）	大さじ1	はランプ）（5×1.3cm程度の細切り）	
シェリー酒	大さじ2		450g
パプリカ（粉末）	小さじ1/2	塩・こしょう	各適量
塩・白こしょう	各適量	サワークリーム	1/4カップ

作り方

1. ソースパンにバターを溶かし、エシャロットとマッシュルームを2〜3分炒める。白ワイン、シェリー酒、パプリカ、塩、白こしょう、クリーム、マッシュルームスープを加え、5分煮る。
2. 別の鍋に油を熱し、肉を入れ、塩、こしょうして、両面をさっと焼く。
3. 肉を**1**に入れ、やわらかくなるまで沸騰させないように煮る。サワークリームを加えよく混ぜる。

Broiled Kebabs
ケバブ（4人分）

材料

牛またはラムのやわらかい赤身肉	900g	白玉ねぎ（缶詰）	450g
A		ピーマン（4つ切り）	2個
オリーブオイル	1/4カップ		
レモン汁	大さじ2		
塩	小さじ1		

こしょう	小さじ1/4
ローリエ	適量
タイム	ひとつまみ
ローズマリー	ひとつまみ

作り方

1. 肉を4cm角に切る。
2. ボウルに**A**の材料を混ぜ、肉を加えて数時間からひと晩漬ける。
3. 肉、白玉ねぎ、ピーマンを串に刺して、ときどき裏返しながら15分直火で焼く。

Daube Provençal
牛肉の香草シチュー　プロヴァンス風（6人分）

材料

牛もも肉（5cmの角切り）	1.4kg	ラードまたはバター	大さじ2
塩	小さじ1	白玉ねぎ	小12個
挽きたてこしょう	小さじ1/4	塩漬け豚肉（小さめの角切り）	225g
オールスパイス	1粒	にんじん（2cm厚さの輪切り）	2本
ワインビネガー	1/4カップ	セロリ（1.3cm厚さの小口切り）	2本
にんにく（みじん切り）	1片	ローリエ	1枚
赤ワイン（辛口）	4カップ	タイム	ひとつまみ

作り方

1. 牛肉、塩、こしょう、オールスパイス、ビネガー、にんにく、ワイン2カップを混ぜ、肉をときどき裏返しながら2時間漬ける。
2. 肉を取り出し乾かす。マリネ液は漉して取っておく。
3. キャセロールにラードを熱し、白玉ねぎ、豚肉、にんじん、セロリを入れ、玉ねぎがきつね色になるまで炒める。牛肉を加えて全面に焼き色を付ける。ローリエ、タイム、マリネ液、残りのワインを加える。煮立ったらキャセロールに蓋をして、190℃に予熱したオーブンで約2時間、肉がやわらかくなるまで焼く。

Oriental Marinade for Meats

オリエンタル・マリネソース（3カップ分）
どんな牛肉も、このソースでマリネすれば風味が引き立ちます。

材料................

赤ワイン	1カップ	ローズマリー	小さじ1
醤油	1/2カップ	ウスターソース	1/4カップ
オレンジジュースまたは		玉ねぎ（みじん切り）	1カップ
パイナップルジュース	1カップ	こしょう	小さじ1
タイム	小さじ1	にんにく（つぶす）	2片

作り方................

すべての材料をよく混ぜ合わせる。肉を漬けるときは、たびたび裏返しながら2時間以上置く。

Meat Balls

ミートボール（カクテルサイズで約30個分、くるみサイズで約20個分）

材料................

牛赤身肉（細かく挽く）	450g	挽きたて黒こしょう	適量
塩	小さじ1・1/2	パン粉	1/3カップ

作り方................

すべての材料を混ぜ、好みの大きさに丸める。

Oven Pot Roast

ポットロースト（6人分）

材料................

牛肉の肩バラまたは肩肉		塩	小さじ1
	1.4kg	こしょう	適量

玉ねぎ（薄切り）	1個	水	1/4カップ
セロリ	2本	ビール	1缶（350mℓ）
チリソース	1/2カップ	パセリ（みじん切り）	1/4カップ

作り方

1. キャセロールに牛肉を入れ、塩、こしょうで調味する。肉の上に玉ねぎとセロリを置き、チリソースと水をかける。蓋をせずに160℃に予熱したオーブンで1時間焼く。
2. 肉にビールをかけ、蓋をし、肉がやわらかくなるまでさらに約3時間焼く。
3. 肉を取り分け保温しておく。肉汁は濾して脂分を取り除いてからパセリを加え、肉に添える。

Steak au Poivre
ペッパーステーキ（4人分）

材料

牛サーロインステーキ	4枚	バター	大さじ3
塩	適量	コニャック	1/4カップ
挽きたてこしょう	大さじ3	ブラウンソース*	1/2カップ

作り方

1. ステーキの両面に塩、こしょうする。
2. 鍋にバターを溶かし、ステーキを好みの加減（レア、ミディアム、ウェルダン）に焼く。
3. ステーキを温めた皿に移す。鍋のバターを捨て、コニャックを加えフランベする。炎が消えたらブラウンソースを加えて煮立て、ステーキにかける。

Spanish Short Ribs of Beef
スペイン風ショートリブ（6人分）

材料

マスタード（粉末）	大さじ1	**A**	
水	大さじ2	玉ねぎ（みじん切り）	1個
牛バラ肉（赤身）	1.4kg	にんにく（みじん切り）	1片
水	大さじ3	レモン汁	大さじ1
小麦粉	大さじ2	ワインビネガー	大さじ2
		オリーブオイル	1/4カップ
		塩	大さじ1
		こしょう	適量
		チリパウダー	小さじ1・1/2
		カイエンペッパー	小さじ1/4

作り方

1. マスタードと水大さじ2を混ぜて10分置く。**A**の材料を加え、牛肉にかける。蓋をし、ときどき肉を裏返しながら12時間冷蔵する。
2. 肉の水気を切ってキャセロールに入れ、230℃に予熱したオーブンで20分焼く。キャセロールに**1**のマリネ液を加え、蓋をせずに、温度を180℃に下げて肉がやわらかくなるまで1時間焼く。その間、マリネ液を肉に頻繁にかける。
3. 肉は取り分け保温しておく。肉汁に水大さじ3で溶いた小麦粉を加えてかき混ぜ、とろみがつくまで1〜2分加熱し、熱いうちに肉に添えて出す。

Top Sirloin Lemon Pot Roast
トップサーロインのポットロースト　レモン風味　（10人分）

材料

A

レモン汁	1/2カップ	牛ランプ肉（ロースト用）	
レモンの薄切り（4つ切り）	3枚		1ブロック（2.3kg）
玉ねぎ（みじん切り）	大さじ2	小麦粉	適量
にんにく（薄切り）	1片	溶かしバター	大さじ3
塩	小さじ1/2		

セロリソルト	小さじ1/2
こしょう	小さじ1/2
タイム	小さじ1/4

作り方

1. **A**の材料を混ぜ合わせ、24時間冷蔵する。
2. 牛肉に小麦粉をまぶす。厚手のソースパンにバターを溶かし、肉の全面に焼き色を付ける。
3. ソースパンに**1**を加え、蓋をして3時間、肉がやわらかくなるまで煮込む。

Asparagus and Ham au Gratin
アスパラガスとハムのグラタン （4人分）

材料

アスパラガス（洗って根元を切り落としはかまを取る）	450g	パルメザンチーズ（すりおろす）	1/4カップ
バター	大さじ1/2	ハム	1ブロック（340～400g）
小麦粉	大さじ1	固ゆで卵（半分に切る）	4個分
塩	小さじ1/4		
白こしょう	小さじ1/8	パセリ（みじん切り）	
ナツメグ（すりおろす）	ひとつまみ		大さじ1

作り方

1. アスパラガスを少量の湯で塩ゆでし、水気を切る。ゆで汁は取っておく。
2. 厚手のソースパンにバターを溶かし、小麦粉を混ぜる。アスパラガスのゆで汁2/3カップを少しずつ入れて混ぜ、塩、こしょう、ナツメグを加え、3分火にかける。ソースパンを火からおろし、チーズを混ぜる。
3. ハムを2.5cm角に切って、バター（分量外）を薄く塗ったキャセロールに敷き詰め、アスパラガスを重ねる。その上に半分にした卵をぐるりと並べ、パセリを卵の上に散らす。**2**のソースで表面を覆い、190℃に予熱したオーブンで10分焼く。

Flageolets avec Jambon
ハムとフラジョレ豆のフレンチシチュー（4人分）

材料

バター	大さじ2	辛口イタリアンソーセージ（薄切り）	小1本
ベーコン（2.5cmの角切り）	1ブロック（113g）	トマトソース	大さじ4
燻製ハム（角切り）	225g	玉ねぎ（粗みじん切り）	小1個
		フラジョレ豆（いんげん豆）（缶詰）	410g

作り方

1. バター大さじ1を溶かし、ベーコン、ハム、ソーセージを15分炒め、油分を切って取り置く。
2. 厚手のソースパンにトマトソースと残りのバターを熱し、玉ねぎ、フラジョレ豆、1の肉類を加える。ときどきかき混ぜながら10分煮る。

Mousse of Ham
ハムのムース（約10人分）

材料

バター	大さじ2	シェリー酒	大さじ2
小麦粉	大さじ2	白こしょう	小さじ1/4
ゼラチン（ふやかす）	小さじ1・1/2	生クリーム（ホイップ用）	1・1/2カップ
チキンスープ*（温める）	1カップ	レッドマドリレーヌ（トマト風味のコンソメスープ缶）	1缶（365g）
ハム（1.3cmの角切り）	450g	ゼラチン	小さじ1・1/2

作り方

1. 小さなソースパンにバターを熱し、ふつふつしてきたら小麦粉を加えて泡立て器でよく混ぜる。小麦粉がふつふつしだしたら、ふやかしたゼラチンとチキンスープを加えて混ぜ、とろみがつくまで強火にかける。
2. 1のソース、ハム、シェリー酒、白こしょうをブレンダーに入れ、蓋をし

て速度「強」でなめらかになるまで撹拌する。必要に応じてブレンダーを止め、側面に散った材料をゴムべらで集め直す。よく冷やす。
3. ハンドミキサーで生クリームをやわらかい角が立つまで泡立て、**2**を少量ずつさっくりと混ぜる。冷蔵庫で15分冷やす。
4. ソースパンにマドリレーヌとゼラチンを入れ、ゼラチンが溶けるまで火にかける。氷を入れた鍋の上にソースパンを置いて冷やす。
5. 冷やしておいた容量1ℓの型に**4**のゼリー液を流し入れ、型を動かして側面全体に行きわたらせる。表面に付かずに余ったゼリーはソースパンに戻し、型を再度冷やす。型を覆うゼリー液が6mm厚さになるまでこれを繰り返す。残ったゼリー液は小さいスクエア型に入れて冷やす。**3**のうち1カップほどを飾り用に取っておき、残りはゼリー液を敷いた型に慎重に流し入れ、約6時間冷蔵庫で冷やし固める。
6. 飾りを作る。ハム4枚（分量外）を半分に切り、さらに半分に切り、丁寧に円錐形に巻く。**3**の1カップを絞り袋に入れ、巻いたハムに詰めて型の周囲に飾る。正方形に固めたゼリーを三角形に切り、ハムの飾りの間に置く。

Pilaf au Jambon Amandine
ハムとアーモンドのピラフ （4人分）

材料

チキンスープ*	2・1/2カップ	塩・こしょう	各適量
白ワイン（辛口）	1/2カップ	セロリ（あられ切り）	1/2カップ
バター	大さじ6	サラダ油	小さじ2
ハムステーキ（小さめの角切り）	340g	パルメザンチーズ（すりおろす）	大さじ2
マッシュルーム（薄切り）	113g	アーモンド（湯通しして皮をむき煎る）	3/4カップ
米	1・1/2カップ		

作り方

1. ソースパンにチキンスープとワインを入れて煮立てる。

2. 容量2ℓのキャセロールにバター大さじ2を溶かし、弱火にしてハムを入れ、均等に焼き色が付くようにかき混ぜながら2分炒める。マッシュルームを加えさらに2分炒める。
3. 残りのバターをキャセロールに加えて溶かし、米を入れかき混ぜながら5分炒める。1、塩、こしょうを加える。
4. キャセロールの蓋をしっかり閉め、米がふっくらとし汁気がなくなるまで20〜30分炊く。
5. 米を炊いている間にセロリをサラダ油で1分炒め、炊き上がったライスに加える。さらにチーズとアーモンドをふりかけ、2分加熱する。

Virginia Ham à la Verdon
バージニアハム　ヴェルドン風（20人分）

材料

バージニアハム（塩辛いハム）	1本(6.3〜7.2kg)	あんずまたは桃（4つ切り）	約12個
玉ねぎ（薄切り）	2個	クローブ	適量
にんじん（薄切り）	2本	ブラウンシュガーまたは糖蜜	1カップ
セロリ（さいの目切り）	1本	酢	1カップ
ローリエ	1枚	ブラウンソース*	2ℓ
タイム	小さじ1	シェリー酒	1/4カップ

作り方

1. バージニアハムをパッケージの指示どおりに水に浸したあと、大きなスチームケトルか深鍋に皮側を下にして入れ、かぶるくらいの水を入れて450g当たり15分を目安にゆでる。ハムが水面から出ないように必要であれば湯を足す。
2. ハムが十分にゆで上がったら湯から上げて冷ます。皮をはがすため断面が広い側の皮と肉の間にナイフを入れる。清潔な布を両手に持ち、一方の手で骨（かかと側）をつかみ、ナイフを骨の方へ動かして皮をはがす。脂肪をやぶらないように気を付け、かかとの骨から10cmまでは皮を残す。ナ

イフで余分な脂肪の層を取り除く。
3. 大きなロースティングパンにハムを入れ、その周囲に玉ねぎ、にんじん、セロリを層にして配し、ローリエを加え、タイムを散らす。ハムの表面にナイフで斜めの格子状に切り込みを入れる。ハムの上にあんず（または桃）をトッピングし、落ちないようにクローブを刺して留める。ハム全体にブラウンシュガー（または糖蜜）をかける。190℃に予熱したオーブンで照りが出て完全に火が通るまで焼く。必要に応じてハムに肉汁をかける。
4. ハムをロースティングパンから取り出し、鍋に入れ蓋をし保温しておく。ロースティングパンに酢、ブラウンソース、シェリー酒を加え、中火で10分加熱する。
5. **4**のソースを濾して、脂分を取り除く。熱いうちにソースボウルに入れハムに添えて出す。

Flamed Pork Chops Henri
ポークチョップのフランベ　アンリ風　（4人分）

材料

玉ねぎ（みじん切り）	小1個	塩・こしょう	各小さじ1/2
にんにく（みじん切り）	2片	ポークチョップ	4枚(7.5cm厚さ)
パン粉	1カップ	溶かしバター	大さじ1
溶かしバター	大さじ6	白ワイン（辛口）	1/4カップ
タラゴン	小さじ1	塩・こしょう	各適量
牛タン(加熱してみじん切り)	1/4カップ	コニャック（温める）	1/4カップ
松の実	1/2カップ	ヘビークリーム	1カップ
コニャック	1/4カップ		

作り方

1. 玉ねぎとにんにくを混ぜる。パン粉を溶かしバター大さじ6に入れて熱し、玉ねぎとにんにくに加える。タラゴン、牛タン、松の実、コニャック1/4カップ、塩とこしょう各小さじ1/2を加える。
2. ポークチョップは肉屋で詰め物ができるように切り込みを入れておいても

Meats

らう。そこに**1**を詰め小さな串で切り口を閉じる。
3. 溶かしバター大さじ1で肉をきつね色に焼き、ワインを加え、塩、こしょうで味を調える。蓋をしてやわらかくなるまで45分蒸し煮にする。
4. 温めたコニャック1/4カップを肉にかけてフランベする。温めた器に肉を移す。
5. 鍋の肉汁に生クリームを加えよく混ぜ、熱いうちに肉にかける。

Paella Valencia
パエリア　バレンシア風（8〜10人分）

材料

オリーブオイル	1/4カップ
鶏肉（8切れに切る）	1羽分（1.1kg）
玉ねぎ（粗みじん切り）	中1個
チキンスープ*	3・1/2カップ
小さめのハマグリまたはアサリ	
（こすり洗いする）	24個
ムール貝（こすり洗いする）	24個
オリーブ（種を取る）	12個
パプリカのスライス	3枚
グリンピース（ゆでる）	1/2カップ
パセリ（みじん切り）	大さじ1

A

米	1・1/4カップ
スモークハム（刻む）	1/2カップ
チョリソーまたは燻製ソーセージ	
のスライス	18枚
にんにく（みじん切り）	2片
サフラン	小さじ1
ロブスターテール（縦半分に切る）	3尾分
エビ（殻をむき背わたを取る）	中12尾
イカ（薄切り）	1杯

作り方

1. 大きな鍋にオリーブオイルを熱し、鶏肉の両面をきつね色になるまでソテーする。
2. 玉ねぎを加え2分炒め、**A**の材料を加え混ぜる。チキンスープを入れ蓋をして、180℃に予熱したオーブンで15分焼く。
3. 鍋をオーブンから取り出し、貝類、オリーブ、パプリカを加えてオーブンに戻し5〜10分焼く。

4. グリンピースとパセリを散らして食卓に出す。

Pork Chops Charcutière
ポークチョップのシャルキュティエールソース添え （4人分）

材料................

ポークチョップ	8枚 (2.5cm厚さ)	マスタード（粉末）	小さじ1
溶かしバター	大さじ1	挽きたて黒こしょう	小さじ1/2
玉ねぎ（みじん切り）	大2個	バター	大さじ1/2
塩・こしょう	各適量	小麦粉	大さじ1/2
ビーフスープ（缶詰）	1・1/2 カップ	サワーガーキン（みじん切り）	大さじ2
トマトピューレ	1/2 カップ	パセリ（みじん切り）	大さじ1

作り方................

1. 豚肉を溶かしバターできつね色になるまでソテーする。
2. 玉ねぎを加えて蓋をし、肉がやわらかくなるまで中火で蒸し焼きにする。塩、こしょうをして、肉を温めた器に移す。
3. 鍋にビーフスープを加え煮立て、トマトピューレ、マスタード、黒こしょうを加える。
4. バターと小麦粉を混ぜてペースト状にして鍋に加え、ソースに溶け込むように泡立て器でよく混ぜる。
5. ガーキンとパセリをソースに加え、熱いうちに肉にかける。

Pork Chops Padua
ポークチョップ　パドア風 （6人分）

材料................

オリーブオイル	大さじ1	（くざく切り）	4個
ポークロインチョップ	6枚 (2.5cm厚さ)	にんにく（みじん切り）	3片
完熟トマト（皮をむき種を取って細か		ピーマン（みじん切り）	中1個

Meats

バジル	小さじ1	ブラックオリーブ	1/2カップ

作り方
1. 大きな鍋にオリーブオイルを熱し、豚肉の両面を軽くきつね色になる程度に焼く。
2. トマト、にんにく、ピーマン、バジルを加え、蓋をして25分蒸し焼きにする。途中で肉を一度裏返す。
3. オリーブを加え10分とろ火にかける。

Pork Chops with Mushrooms
ポークチョップとマッシュルームの煮込み （6人分）

材料

ポークロインチョップ	6枚（2.5cm厚さ）	マッシュルーム（薄切りにしバターで炒める）	3/4カップ
キッチンブーケ（米国のシーズニングソース）	小さじ1・1/2	ビーフスープ（缶詰）	1/2カップ
バター	大さじ2	レモン（皮をむかずに薄切り）	1個
玉ねぎ（みじん切り）	大さじ2	コーンスターチ	大さじ1
塩	小さじ1	シェリー酒（辛口）	大さじ2
マジョラム	ひとつまみ		

作り方
1. 豚肉の両面に刷毛でキッチンブーケを塗る。
2. 厚手の鍋にバターを溶かし、肉の両面をさっと焼く。玉ねぎ、塩、マジョラムを加え、1分火にかける。マッシュルーム、ビーフスープ、レモンを加えて蓋をし、とろ火で肉がやわらかくなるまで煮込む。
3. レモンを取り除き、コーンスターチとシェリー酒を混ぜてから鍋に加え、ソースにとろみがつき透き通ってくるまでかき混ぜながら加熱する。

Roast Loin of Pork St. Cloud
ポークサーロインロースト　セント・クラウド風　(6人分)

材料................
豚サーロイン肉（ロース）	1.8kg	白ワイン（辛口）	1カップ
にんにく（細切り）	1片	アップルソース	1カップ
		ブラウンシュガー	適量
塩・こしょう	各適量	りんご（薄切り）	大1個
溶かしバター	大さじ2	ヘビークリーム	1/2カップ

作り方................
1. 豚肉にナイフで小さめの深い溝を入れてにんにくを挿し、全体に塩、こしょうをすり込む。
2. 脂面を上にしてロースティングパンに置き、230℃に予熱したオーブンで30分焼く。ロースティングパン内の脂、バター、ワインを混ぜ、これを焼いている間に2〜3回肉にかける。温度を180℃に下げ、今度は落ちた肉汁をかけながらもう1時間焼く。
3. ロースティングパンをオーブンから取り出し、脂を3/4程度を捨てる。肉にアップルソースを塗り、ブラウンシュガーをふりかけたりんごを周囲に並べる。オーブンに戻し、りんごに肉汁をかけながら、りんごがやわらかくなるまで焼く。
4. 生クリームを加え、りんご、肉汁とともに5分加熱する。

Warsaw Pork Chops
ポークチョップ　ワルシャワ風　(3人分)

材料................
溶かしバター	大さじ1	ディル（粗みじん切り）	大さじ1
ポークチョップ	6枚 (2.5cm厚さ)	または乾燥ディルシード	
塩・こしょう	各適量		小さじ1
玉ねぎ（粗みじん切り）	大さじ1	サワークリーム	1・1/2カップ

作り方
1. 溶かしバターで豚肉をきつね色に、やわらかくなるまでソテーする。塩、こしょうして玉ねぎを散らし、温めた器に移す。
2. 同じ鍋にディルとサワークリームを加えよく混ぜ、沸騰させないようにしっかり火を入れる。
3. **2**を熱いうちに肉にかける。

Agneau au Four Montreal
子羊のモントリオール風　なすとトマトソースの重ね焼き（6人分）

材料

オリーブオイルまたはサラダ油 大さじ4		塩	小さじ2
米なす（皮をむいて6mm厚さに薄切り）		イタリアンハーブ	小さじ1
	大1個	乾燥パン粉	大さじ4
水	大さじ2	ラム肉（残り物でもよい）	
玉ねぎ（粗みじん切り）	大1個	（加熱して角切り）	3カップ
イタリアンプラムトマト（缶詰）900g		モツァレラチーズ（薄切り）	
砂糖	大さじ1		225g

作り方
1. 大鍋にオイル大さじ2を入れ、なすを少し重なるように並べ、その上に残りのオイルと水を線状にかける。蓋をして15分蒸し焼きにして、なすを取り出す。
2. 鍋に残ったオイルで玉ねぎをしんなりするまで炒める。トマト、砂糖、塩、ハーブを加え10分煮る。
3. オーブン皿になす、パン粉、ラム肉、**2**のトマトソースを、すべて使い切るまで交互に積み重ねる。180℃に予熱したオーブンで45分焼く。チーズをのせ、さらに15分焼く。

Epaule d'Agneau San Carlo
子羊の蒸し煮　サン・カルロ風　（4〜6人分）

材料

ラム肩肉（骨を抜き、巻いてひもで筒状に縛る）	1ブロック（1.4kg）	タイム	小さじ1/2
塩・こしょう	各適量	白玉ねぎ	小8個
にんにく（細切り）	1片	レモン（極薄切り）	6枚
オリーブオイル	1/4カップ	米なす（皮をむいて2.5cmの角切り）	大1個
イタリアンプラムトマト（缶詰）	570g	溶かしバター	大さじ3
		塩・こしょう	各適量
ローリエ	1/2枚	パセリ（みじん切り）	1/4カップ

作り方

1. ラム肉に塩、こしょうし、ナイフで小さめの深い溝を入れ、にんにくを挿す。
2. 厚手の鍋にオリーブオイルを熱し、肉の全面に焼き色を付ける。トマトを肉全体にかけ、ローリエ、タイム、玉ねぎを加える。肉の上にレモンをのせ、蓋をして中火で1時間15分蒸し煮にする。
3. 鍋になすを加え、バターを全体にかけ、塩、こしょうで味を調える。蓋をしてなすと肉がやわらかくなるまで蒸し煮にする。
4. ラム肉を温めた器に移す。ソースを3分強火にかけ、パセリを加えて熱いうちに肉にかける。

Gigot d'Agneau au Miel
子羊の蜂蜜ロースト　（8〜10人分）

材料

にんにく	4片	ラムレッグ（骨を抜き、巻いてひもで筒状に縛る）	1本（2.3kg）
湯	1/2カップ	水	1/2カップ
蜂蜜	1/3カップ	白ワイン（辛口）	1/2カップ
醤油	1カップ		

作り方
1. 大きなボウルににんにくを入れてつぶす。湯に蜂蜜を入れよく溶かしてから、にんにくと醬油を加えよく混ぜる。
2. ラム肉を脂面を下にして皿に置き**1**の半量をかけ、裏返して**1**の残りをかける。蓋をして24時間冷蔵し、その間2〜3回裏返す。
3. ロースティングパンに肉を脂面を上にして置き、**2**のマリネ液1/2カップと水1/2カップを加える。150℃に予熱したオーブンで3〜4時間、やわらかくなるまで焼く。
4. 肉を温めておいた器に移す。ロースティングパンの肉汁を鍋に移し、脂分を取り除く。ワインを加えて加熱し、肉にかける。

Lamb Kebab
子羊のケバブ（4人分）

材料

ラム肩肉（2.5cmの角切り）	450g
A	
レモン汁	3/4カップ
サラダ油	1/3カップ
塩	小さじ2
こしょう	小さじ1/2
ローリエ	1枚
にんにく	1/2片
タイム	小さじ1/2
ローズマリー	小さじ1/2
玉ねぎ（半分に切る）	小6個
マッシュルーム（軸を取る）	大12個

作り方
1. ガラス製の浅いオーブン皿にラム肉を並べる。
2. **A**の材料をブレンダーに入れ、蓋をして速度「強」でよく混ざるまで撹拌し、肉にかける。
3. 蓋をして、肉をときどき裏返しながら24時間冷蔵する。

4. 肉をマリネ液から取り出し、25cmの串に肉、玉ねぎ、マッシュルームを交互に刺す。焼く直前に材料にマリネ液を刷毛で塗る。ブロイラーの火元から7〜8cm離れた位置で15〜20分、肉に火が通るまで焼く。その間、何度か裏返しマリネ液を塗り足す。すぐに食卓に出す。

Saute d'Agneau aux Aubergines
子羊のソテーとなすの煮込み （6〜8人分）

材料................

バター	1/4カップ（60g）	米なす（皮をむいてさいの目切り）	
ラム肉（角切り）	1.4kg		2カップ（680g）
にんにく（みじん切り）	1片	セロリ（ざく切り）	1/2カップ
玉ねぎ（粗みじん切り）	1カップ	塩	小さじ1・1/2
カレー粉	大さじ1〜1・1/2	こしょう	小さじ1/4
酸味のあるりんご（皮をむいてざく切り）		ローリエ	1/4枚
	1カップ	レモンの皮（すりおろす）	小さじ2
トマトケチャップ	大さじ2	水	2カップ
		ライトブラウンシュガー	大さじ2

作り方................

1. 容量6ℓのソースパンにバターを溶かし、ラム肉の全面に焼き色を付ける。
2. にんにく、玉ねぎ、カレー粉、りんごを加え、玉ねぎがしんなりするまでかき混ぜながら約5分炒める。ブラウンシュガー以外の残りの材料を加え、よく混ぜる。
3. 煮立ててから火を弱め、肉がやわらかくなるまで約1時間半煮込む。ブラウンシュガーを入れよく混ぜる。

Rack of Lamb Jacqueline
ラック・オブ・ラム　ジャクリーン風（2〜3人分）

材料

ラムあばら肉	1/2ブロック	パセリ（みじん切り）	大さじ1
塩・こしょう	各適量	にんにく（みじん切り）	1片
ローズマリー	1枝	乾燥パン粉	大さじ1
または乾燥ローズマリー		ミントソースまたはミントジャム	
	小さじ1		適量

作り方

1. オーブンを190℃に予熱する。
2. ラム肉に塩、こしょうし、ローズマリーをのせて、やわらかくなるまでオーブンで30分焼く。
3. パセリ、にんにく、パン粉を混ぜて肉の表面にふりかけ、さらに5分焼く。ミントソースかミントジャムを添えて出す。

Gigot d'Agneau à la Piraeus
子羊のもも肉のロースト　ギリシャ風（8〜10人分）

材料

ラムレッグ	1本 (2.3kg)	アーモンド（粉末）	1/3カップ
ヨーグルト	1カップ	サフラン	小さじ1/2
しょうが	小さじ1/2	塩	小さじ1
チリパウダー	小さじ1/2	バター	1/2カップ
にんにく（みじん切り）	4片		

作り方

1. ラム肉は脂身をほとんど取り除き、表面をフォークで刺す。
2. バター以外の残りの材料を混ぜ、肉にしっかりすり込む。軽く蓋をして12時間〜ひと晩室温で寝かせる。
3. ロースティングパンに肉を置いてバターを散らし、蓋をせずに180℃に予

熱したオーブンで15分焼く。温度を150℃に下げ、肉汁を頻繁にかけながら肉がやわらかくなるまでさらに3～4時間焼く。肉を温めた器に移す。肉汁は脂分を取り除いてから、熱いうちに肉に添えて出す。

Gigot d'Agneau Genièvre
子羊のもも肉のロースト　ジュニパーベリーソース　（8人分）

材料

A

赤ワイン（辛口）	1/2カップ	ラムレッグ	1本 (2.7kg)
酢	1/4カップ	バター	大さじ3
オリーブオイル	大さじ2	小麦粉	大さじ2
玉ねぎの薄切り	2切れ	ビーフスープ（缶詰）	1/2カップ
ローリエ	2枚	赤すぐりジャム	大さじ1
パセリ	1枝	マスタード（粉末）	ひとつまみ
にんにく（つぶす）	1片		
タイム	ひとつまみ		
乾燥ジュニパーベリー	5個		
塩・こしょう	各適量		

作り方

1. 大きなボウルに**A**の材料を混ぜてマリネ液を作り、ラム肉を入れて蓋をし涼しい場所で24時間、ときどき裏返しながら漬ける。
2. 肉を取り出し水気を切り、マリネ液は取っておく。肉をロースティングパンのラックにのせ、マリネ液1/2カップを入れバターを加える。200℃に予熱したオーブンで、肉にマリネ液を頻繁にかけながら約2時間15分焼く（肉用温度計を使う場合は80℃になるまで）。
3. ロースティングパンの肉汁大さじ2をソースパンに入れ、小麦粉を加え混ぜ、軽くきつね色になるまでかき混ぜながら加熱する。残りのマリネ液1/2カップとビーフスープ、すぐりジャム、マスタードを少しずつ加え、よく火を通す。

4. ソースを濾して熱いうちに肉に添えて出す。

Navarin d'Agneau Printanier
子羊のナヴァラン・プランタニエール（6人分）

材料................

油	大さじ4	トマトペースト	大さじ2
ラム肩肉（4cmの角切り）	1.4kg	ローリエ	1枚
塩・こしょう	各適量	タイム	ひとつまみ
玉ねぎ（粗みじん切り）	小1個	パセリ	4枝
にんにく（みじん切り）	1片	じゃがいも（皮をむく）	小6個
小麦粉	大さじ2	冷凍ミックスベジタブル	285g
チキンスープ*、ビーフスープ（缶詰）、水のいずれか	3カップ	パセリ（みじん切り）	小さじ1

作り方................
1. 鍋に油を熱し、ラム肉の全面に焼き色を付ける。
2. 肉をダッチオーブンかキャセロールに移して塩、こしょうし、玉ねぎとにんにくを加えて1分ほど加熱する。小麦粉を入れて混ぜ、チキンスープ、トマトペースト、ローリエ、タイム、パセリを加える。ゆっくり煮立て、蓋をして火を弱め45分煮込む。じゃがいもとミックスベジタブルを加えやわらかくなるまで15分煮る。
3. 食卓に出す前に肉の上に刻んだパセリを散らす。

Veau Braisé, Barbe de Capucin
子牛の蒸し煮　ケーパーソース（10〜12人分）

材料................

バター	大さじ8	子牛ランプ肉（骨を抜き巻いてひもで筒状にくくり、骨も使う）	3.2〜3.6kg

塩	小さじ1	コニャック	大さじ2
白こしょう	小さじ1/4	マッシュルーム（みじん切り）	
チキンスープ*	1ℓ		2/3カップ
小麦粉	1/3カップ	ケーパー（洗って水気を切る）	1/2瓶
牛乳（温める）	1/2カップ	サワークリーム	1/2カップ
白ワイン（辛口）	1/2カップ	小麦粉	大さじ1

作り方

1. ダッチオーブンにバター大さじ4を溶かし、強火で牛肉に焼き色を付ける。塩、こしょうし、チキンスープと子牛の骨を加え、蓋をして肉がやわらかくなるまで約3時間煮込む。
2. 肉を温めた器に移し、スープは濾して、骨は捨てる。
3. ダッチオーブンに残りのバターを溶かし、小麦粉1/3カップを入れて混ぜ、色づくまでかき混ぜながら加熱する。濾したスープをかき混ぜながら少しずつ加える。牛乳、ワイン、コニャック、マッシュルーム、ケーパーを加え、煮立ててから火を弱め10分煮る。サワークリームに小麦粉大さじ1を混ぜ、ソースに加え混ぜる。
4. 牛肉を薄切りにして、ソースに入れて4分煮る。

Stuffed Veal Rolls, Swedish Style
牛肉ロールの煮込み　スウェーデン風（6～8人分）

材料

子牛のカツレツ用肉（薄切り） 900g		玉ねぎ（4つ切り）	中2個
		濃縮ビーフブイヨン（缶詰）	
塩	小さじ1・1/2		1缶
白こしょう	小さじ1/2	ライトクリーム	3/4カップ
バター	1/2カップ	小麦粉	大さじ1
パセリ（はさみで刻む）	1カップ	白こしょう	小さじ1/8
にんじん（2.5cm厚さの輪切り） 中2本		砂糖	小さじ2

作り方
1. 牛肉に塩、白こしょう小さじ1/2をふる。
2. バター1/4カップを溶かしパセリを加え混ぜ、肉に塗り広げる。肉を巻いてひもで縛る。
3. 厚手のソースパンかダッチオーブンに残りのバターを溶かし、にんじん、玉ねぎ、巻いた肉を入れ、肉にしっかり焼き色が付くまでソテーする。
4. ブイヨンに水を加えて2カップを作り、**3**に加え、蓋をして約1時間、肉がやわらかくなるまで煮込む。
5. 肉を取り出しひもを切り、温めた器に盛り、保温しておく。
6. 鍋の煮汁の中で野菜をつぶす。ライトクリームを小麦粉に少しずつ混ぜ入れ、それを鍋に加えよく混ぜる。白こしょう小さじ1/8と砂糖を加え、火が通るまでかき混ぜながら加熱する。ソースを濾して、熱いうちに肉に添えて出す。

Veal Capri
子牛のカプリ風（6人分）

材料

子牛肉（薄切り） 680g	塩	小さじ1/2
パルメザンチーズ（すりおろす） 1/2カップ	カイエンペッパー	少量
	チキンブイヨン（固形）	1個
バター 1/4カップおよび大さじ2	マルサラ酒	1/2カップ
マッシュルーム（薄切り）1カップ		

作り方
1. 牛肉の両面にチーズをよくまぶす。
2. 厚手の鍋にバター1/4カップを溶かし、弱火で肉を焼き、一度裏返す。やわらかくなったら温めた器に移す。肉汁は残しておく。
3. ソースパンにバター大さじ2を溶かしマッシュルームを炒め、塩とカイエンペッパーをふる。
4. 肉汁を取っておいた鍋に固形ブイヨンを入れ、木べらで砕く。マルサラ酒

を加えてかき混ぜ、強火で2分加熱し肉にかける。**3**のマッシュルームを肉の周りに並べる。

Veal Chops Baroque
ヴィールチョップ　バロック風（6人分）

材料

子牛肉のロインチョップ	6枚	ウスターソース	大さじ1
塩・こしょう	各適量	ブラックオリーブ（種を取り粗みじん切り）	1/2カップ
小麦粉	適量	ピーマン（粗みじん切り）	1/2カップ
サラダ油	1/4カップ	玉ねぎ（粗みじん切り）	1/2カップ
濃縮ビーフブイヨン（缶詰）	1缶	パプリカ（粗みじん切り）	1/4カップ
レモンの皮(すりおろす)	小さじ2	ケーパー	大さじ4

作り方

1. 牛肉に塩、こしょうし、小麦粉をまぶす。
2. 大きな鍋にサラダ油を熱し、肉の両面に焼き色を付ける。残りの材料をすべて加え、蓋をして弱火で約40〜45分、ときどき肉を裏返しながらやわらかくなるまで煮込む。

Veal Chops Carmel
ヴィールチョップ　カーメル風（6人分）

材料

子牛肉のチョップ	6枚	ヘビークリーム	3/4カップ
小麦粉	適量	レモン汁	大さじ1
バター	大さじ2	塩・こしょう	各適量
アボカド（皮をむいて種を取る）	1個		

作り方

Meats

1. 牛肉に小麦粉をまぶす。
2. 大きな鍋にバターを溶かし、肉を各面約7分ずつ焼き、オーブン皿に移し保温しておく。
3. アボカドを厚くスライスして、鍋で両面を焼く。生クリームを少しずつ加えて混ぜ、とろみがつくまで加熱する。レモン汁を加え、塩、こしょうで味を調える。
4. アボカドを肉の上に並べ、ソースを全体にかけ、ブロイラーで2～3分焼いて焼き目を付ける。

Veal Chops Tarragon
ヴィールチョップのタラゴン焼き （6人分）

材料

バター	大さじ2	子牛肉のチョップ	6枚
タラゴン（みじん切り）	小さじ1	白ワイン（辛口）	1/4カップ
または乾燥タラゴン	小さじ1/4	ブラウンソース*	1/2カップ
小麦粉	適量		

作り方

1. 大きな鍋にバターを溶かす。タラゴンと小麦粉を混ぜ、牛肉にまぶす。溶かしたバターで肉を各面約7分ずつ焼く。
2. 肉を温めた器に移す。鍋にワインとブラウンソースを入れ1～2分加熱し、肉にかける。

Veau de l'Eté
夏の子牛料理　アンチョビソース （6人分）

材料

オリーブオイル	大さじ2
子牛脚肉（骨を抜き、巻いてひもで筒状にくくる）	1本 (1.6kg)

A

玉ねぎ（薄切り）	大1個	ブレンダーマヨネーズ*	1カップ
にんじん（みじん切り）	2本	レモン汁	1/2個分
セロリ（粗みじん切り）	2本	ケーパー	大さじ3
にんにく（みじん切り）	2片		
アンチョビフィレ（缶詰）	60g		
ツナ（缶詰）	170g		
白ワイン（辛口）	1カップ		
パセリ	3枝		
ローリエ	1枚		
タイム	ひとつまみ		
塩	小さじ1/2		
挽きたて黒こしょう	適量		

作り方

1. しっかり蓋ができる大きな厚手の鍋にオリーブオイルを熱し、肉の全面に軽く焼き色を付ける。
2. 鍋に**A**の材料を加え、蓋をして静かに2時間煮込む。
3. 肉を取り出し、冷蔵庫で冷やす。
4. ソースを半量になるまで煮詰める。
5. ソースをブレンダーにかけピューレ状にし、冷蔵庫で冷やしてからブレンダーマヨネーズ、レモン汁、ケーパーを混ぜる。
6. 肉はひもを外し薄切りにして、スプーンでソースをかける。

Escalope de Veau Arlésienne
子牛のエスカロップ　アルル風 （4人分）

材料

バター	大さじ2	トマト（皮をむき種を取ってざく切り）	
玉ねぎ（みじん切り）	大さじ1		8個
ピーマン（さいの目切り）	大さじ3	にんにく（みじん切り）	1片

Meats 229

タイム	ひとつまみ	子牛のカツレツ用肉（パン粉をまぶす）
パセリ（みじん切り）		4枚（薄切り、各140g）
	小さじ1	スイスチーズ　4枚（薄切り）
塩・こしょう　各適量		

作り方

1. ソースパンにバターを溶かし、玉ねぎとピーマンを5分炒める。トマト、にんにく、タイムを加え5分加熱し、さらにパセリ、塩、こしょうを加える。ソースパンから野菜類を取り出す。
2. ソースパンに残っているバターで（必要ならば少し追加して）牛肉の両面に焼き色を付け、オーブン皿に移す。
3. **1**の野菜類を肉の上に広げ、チーズをのせ、200℃のオーブンでチーズが溶けるまで焼く。

Côtelette de Veau Richmond
子牛のコートレット（カツレツ）　リッチモンド風（4人分）

材料

子牛のカツレツ用肉		溶かしバター	大さじ2
	4枚（極薄切り、各170g）	白ワイン（辛口）	1/4カップ
塩・こしょう　各適量		パプリカ（粉末）	小さじ1/4
バージニアハム	4枚（極薄切り）	ブラウンソース*	1/2カップ
スイスチーズ	4枚（極薄切り）	ヘビークリーム	大さじ2
小麦粉	適量		

作り方

1. 牛肉に塩、こしょうし、ハムとチーズを1枚ずつのせる。肉を半分に折りようじで留める。
2. 小麦粉をまぶし、溶かしバターを引いた鍋で、両面に焼き色が付くまでソテーする。
3. 肉を器に移し保温しておく。鍋にワインとパプリカを加え、強火で半分の量になるまで煮詰める。ブラウンソースと生クリームを加え2～3分煮て、

肉にかける。

Paupiettes Stroganoff
子牛のポーピエット　ストロガノフ風　(6人分)

材料................

マッシュルーム	225g	白ワイン（辛口）	1カップ
バター	1/4カップ(60g)	ブラウンソース*	3/4カップ
子牛のカツレツ用肉	6枚（薄切り）	サワークリーム	1/2カップ
玉ねぎ(粗みじん切り)	中1個		

A
- フォアグラ　　285g
- トリュフ（刻む）　1個
- 乾燥パン粉　　1/2カップ
- 卵　　1個
- 塩・こしょう　各適量
- ナツメグ　　小さじ1/8

作り方................

1. マッシュルームを肉挽き器で細かくして、溶かしバター小さじ1で汁気がなくなるまで、焦げないように注意して炒める。**A**の材料を加え、ペースト状になるまで加熱する。
2. 牛肉に**1**のペーストを塗って巻き、しっかり縛る。
3. ソースパンに残りのバターを溶かし、肉と玉ねぎを軽く焼く。ワインとブラウンソースを加え、蓋をして静かに30分煮る。
4. 肉を器に移し、ソースは濾してサワークリームを加え肉にかける。

Veau Mentonnais
子牛のマントン風（4人分）

材料................

子牛脚肉（薄切り）	900g	にんにく（みじん切り）	1片
小麦粉（塩・こしょうで味付けする）		トマト（缶詰）	600mℓ
	適量	乾燥バジル	小さじ1/2
バター	大さじ2	砂糖	小さじ1/4
オリーブオイル	大さじ2	塩・こしょう	各適量
玉ねぎ（粗みじん切り）	小1個	パセリ（みじん切り）	適量

作り方................
1. 牛肉に小麦粉を軽くまぶす。
2. 鍋にバターとオリーブオイルを熱し、肉の両面に焼き色を付け、温めた器に移し保温しておく。
3. 鍋に玉ねぎとにんにくを加え、玉ねぎが透き通るまで炒める。パセリ以外の残りの材料を加え、10分弱火にかける。
4. **3**のソースを肉にかけ、パセリを散らす。

Veal Scallopini Véronique
子牛のスカロピーネ　ヴェロニカ風（4人分）

材料................

子牛肉　12枚（極薄切り、7.5cm四方）	マルサラ酒またはシェリー酒	
小麦粉（塩・こしょうで味付けする）		大さじ2
適量	ブラウンソース*	2/3カップ
バター　　　　　　　　大さじ2	種なし白ぶどう（缶詰でもよい）	
エシャロット（みじん切り）　小さじ1		大さじ4

作り方................
1. 牛肉に小麦粉をまぶす。
2. 鍋にバターを熱し、肉の両面をフォークで刺せるくらいやわらかくなるま

で数分焼く。
3. 肉を器に移し、保温しておく。鍋にエシャロットを加えて1分加熱する。
4. 残りの材料を加え、煮立ててから1分煮て、肉にかける。

Veal Stew, Indian Style
子牛のシチュー　インド風（10～12人分）

材料

バター	1/4カップ（60g）	クローブ	3本
子牛肩肉（角切り）	1.8kg	タイム	ひとつまみ
小麦粉	大さじ3	ローリエ	1枚
玉ねぎ（粗みじん切り）	1個	カレー粉	小さじ4
りんご（粗みじん切り）	1個	水	1ℓ
バナナ（粗みじん切り）	1本	塩	適量
無糖ココナツ（刻む）	60g	ヘビークリーム	470mℓ
トマト（ざく切り）	1個		

作り方

1. 深鍋にバターを溶かし、牛肉を弱火で約5分、焦がさないように焼く。小麦粉を加えて木製スプーンで丁寧に混ぜ、生クリーム以外の残りの材料を加えてかき混ぜる。煮立ててから蓋をして静かに1時間15分煮込む。
2. 肉を温めた器に移す。
3. ソースを濾して生クリームを加え、15分煮る。熱いうちに肉にかける。

BASIC FOUNDATION FOR HAUTE CUISINE (SAUCES)

高級フランス料理の基本―ソース

➤━━━◆━━━➤

　フランス料理の基本は、間違いなくソースです。フランス料理のシェフなら誰もが知っているように、ソースは平凡な料理を高尚なひと皿に変える特別な技のひとつです。

　中世では、プロのソース職人（Sauce master）が王室や富裕層の食通に雇われていました。このように古くからソース作りの技がことのほか重要視されていたのです。

　ソースは世界中の料理に用いられます。フランス料理だけを見ても、ソースの基本レシピは温製・冷製合わせて何百種にもなります。ソースとは本来何なのかといえば、それは食べ物を引き立てるための液状の調味料にすぎません。それでもソースは確実に料理の質を上げます。フランス人が作るソースに匹敵するものはなく、フランス人がソースの達人であることは、世界中のシェフから広く認められていることなのです。

　本章では、古典的なソースの基本レシピとともに、それらのバリエーションのうち最も優れていると思うものを何種類かご紹介しましょう。ソースを準備するための時間や努力をどれほど費したとしても、ソースによって料理が充実し、価値が高まることで十分におつりがきます。そしてその事実が料

理の自信にもつながることとなるのです。

　皆さんが挑むどのソースにも、それぞれに長い歴史と立派な由来があると思ってくださって間違いありません。たとえば、私たちがベシャメル＊と呼んでいる美味しいソースの起源を想像してみましょう。このソースが考案されたのは 17 世紀です。その頃は位の高い紳士のみがフランスの王室執事長の地位に就く資格がありました。ルイ 14 世の在位中、このポストに指名されたひとりがノワンテル侯爵ルイ・ド・ベシャメイユです。侯爵はベシャメイユソースを発明したという名声を得ていますが、恐らくこのソースは無名の宮廷シェフが創ったもので、そのシェフが王室執事長に敬意を表してベシャメイユの名前を付けたものだと思います。この無名シェフにより考案されたソースも全くのオリジナルではないのは疑いようもなく、おそらくずっと以前から別の名前で存在していたに違いありません。

　ルイ 14 世の時代はさまざまな創作料理が編み出されたことでよく知られています。宮廷では食通である太陽王（ルイ 14 世）を喜ばせようと貴族たちは創作料理にしのぎを削っていました。しかし、それはたやすいことではなかったようです。後代の王に仕えた貴族のひとり、スービーズ公シャルル・ド・ロアンも、恐らく彼のシェフが発明したのでしょうが、今に伝わるソースに自分の名前を付けています。この絶品ソースのレシピは、現在のレシピとはいくらか違っていますが、『マントノン侯爵夫人の回想録（*Mémoires de Madame de Maintenon*）』に記されています。これはどんな魚や肉でも美味しくするソースです。ぜひ皆さんには、この章でそのレシピをご覧いただきたいと思います。

　ところで皆さんは、ソースがきちんとできているかどうか、どうやって見分けると思いますか？　上手に調理されたソースは、よいワインのように繊

細な芳香を放ちます。見た目はなめらかで、ビロードのようです。光沢があり色鮮やかで、味にも見た目にも脂っぽさが全くありません。もしだまが多かったり、脂っぽかったり、のり状になっていたりしたら、どうぞ思い切って捨ててください。それはすべてを台なしにしてしまいます。

　私がシェフを務めた多くのレストランはもちろんのこと、ホワイトハウスでも、私の作る料理を引き立てていたのは、ほかの何でもなくソースであったと確信しています。もしソースのなせる技がマジックのように見えるならば、料理人であるわれわれ全員がマジシャンになったということで、新たな自信が生まれます。皆さんもここに挙げるレシピどおりに調理すれば、同じようにマジシャンになり、料理に魔法をかけることができるというわけです。

Blender Hollandaise Sauce
オランデーズソース（約2・1/2カップ分）

材料

バター	450g	絞りたてレモン汁	大さじ2
卵黄	4個分	白こしょう	小さじ1/4
熱湯	大さじ3		

作り方

1. バターをボウルに入れて湯せんにかけ溶かす。上部の気泡を取り除き、底に沈んだ乳固形分を残して、澄んだ部分だけを丁寧にすくい、澄ましバターを取る。
2. ブレンダーに卵黄を入れ、蓋をして速度「弱」で約1分攪拌する。ブレンダーを回したまま、ゆっくりと熱湯、澄ましバター、レモン汁、白こしょうを加える。必要に応じて速度「強」に変え、よく混ざるまで攪拌し、できたてのうちに使う。

バリエーション：

Mustard Hollandaise
マスタードオランデーズ

作り方

オランデーズソース*に、辛口のマスタード（粉末）大さじ2を加える。

Maltaise Sauce
マルテーズソース

材料

オレンジ	大2個	砂糖	大さじ2

作り方

1. オレンジの外皮をピーラーでむき、取っておく。
2. オレンジを半分に切り、果汁を絞る（約1/4カップ分）。小さなソースパン

に果汁、皮、砂糖を入れ、中火でとろみがつくまで約15分加熱する。
3. ブレンダーに入っているオランデーズソース*に2を加え、速度「強」で十分に混ざるまで撹拌する。

Mousseline Sauce
ムースリーヌソース

作り方...............
ヘビークリーム1/2カップをハンドミキサーで泡立て、使う直前にオランデーズソース*と混ぜ合わせる。

White Wine Sauce
ホワイトワインソース

作り方...............
フィッシュストック*と白ワインを1/4カップずつ混ぜ、煮詰めて1/4カップにする。これをオランデーズソース*に、湯大さじ3の代わりに入れる。魚のポシェにかける。

Béarnaise Sauce
ベアルネーズソース（約1・1/2カップ分）
肉または魚料理に

材料...............

乾燥タラゴン	小さじ1	タラゴンビネガー	大さじ3
エシャロット（粗みじん切り）	1〜2個	バター	450g
生または乾燥チャービル		卵黄	4個分
（みじん切り）	小さじ1	パセリ（みじん切り）	4枝
黒粒こしょう	1粒		

作り方...............
1. ブレンダーに乾燥タラゴン、エシャロット、チャービル、こしょう、タラゴンビネガーを入れ、速度「強」で材料が細かくなるまで撹拌する。

Basic Foundation for Haute Cuisine (Sauces)

2. 小さなソースパンに移し、汁気がほとんどなくなるまで強火で一気に加熱する。
3. バターを湯せんして溶かす。上部の気泡を取り除き、底に沈んだ乳固形分を残して、澄んだ部分だけを丁寧にすくい、澄ましバターを取る。
4. ブレンダーに卵黄を入れ、蓋をして速度「弱」で約1分攪拌する。ブレンダーの速度を少し強め、澄ましバターをゆっくり加える。さらに2を加え、蓋をして速度「強」で約6秒、全体が混ざるまで攪拌する。使うときまで湯せんにかけて保温し、食卓に出す直前にパセリを散らす。

Béchamel Sauce

ベシャメルソース　クリームソース（1・1/2カップ分）

材料

バター	大さじ1	生クリーム	1/4カップ
小麦粉	大さじ2	塩・こしょう	各適量
牛乳	1カップ	挽きたてナツメグ	少々

作り方

1. 小さな厚手のソースパンにバターを溶かし、小麦粉を混ぜ、色が付かないようにかき混ぜながら2～3分加熱し、ルーを作る。
2. 牛乳を沸騰直前まで温め、ルーに加え、ソース用泡立て器でシャカシャカとかき混ぜる。一度煮立ててから火を弱め、静かに2～3分加熱する。ソースがもったりしすぎたら、牛乳を少し足す。
3. 生クリームを加えて再び煮立て、塩、こしょう、ナツメグで味を調える。

Bordelaise Sauce

ボルドレーズソース（2カップ分）
牛肉料理に

材料

バター	大さじ2	ブラウンソース*またはビーフグレイビー（缶詰）	1・1/2カップ
エシャロット（細かくみじん切り）	大さじ2	塩・こしょう	各適量
赤ワイン（辛口）	3/4カップ		

作り方
1. ソースパンにバターを溶かし、エシャロットを透き通るまで炒める。
2. ワインを加えて半量になるまで煮詰める。ブラウンソースを加えよく火を通し、塩、こしょうで味を調える。

Bread Cream Sauce
ブレッドクリームソース（約1・1/4カップ分）

材料
チキンスープ*	3/4カップ	ヘビークリーム	1/2カップ
玉ねぎ（クローブを2本刺す）	小1個	白こしょう	小さじ1/8
		白いパン（耳は除く）	2〜3枚

作り方
1. チキンスープに玉ねぎを入れ5分煮る。玉ねぎとクローブを取り除く。
2. ブレンダーに1、生クリーム、こしょうを入れ、蓋をして速度「強」で撹拌する。ブレンダーを回しながら、パン1枚を6等分にちぎって少しずつ加える。パンによって大きさなどが異なるので、加えるたびにブレンダーを止めて混ざり加減をチェックし、加える量を調節して薄いホワイトソースに仕上げる。できたてのうちに使うか、湯せんにかけて保温しておく。

バリエーション：

Quick Cheese Sauce
クイックチーズソース（約1・1/2カップ分）

うずら料理に

作り方

パンを混ぜ終えたブレッドクリームソース*に、角切りのチェダーチーズ1/2カップを加え、なめらかになるまで攪拌する。

Brown Sauce
ブラウンソース（2ℓ分）

材料

子牛の骨	2.3kg	ローリエ	3枚
玉ねぎ（4つ切り）	大1個	塩	大さじ1
にんじん(皮をむき4つ切り)	小5本	小麦粉	1/2カップ
セロリ（葉を含め粗みじん切り）	2本	水	2ℓ
		白ワイン（辛口）	1本（750mℓ）
タイム	小さじ1/2	トマトペースト	1・1/4カップ
砕いた粒こしょう	小さじ1	パセリ	3枝

作り方

1. オーブンを240℃に予熱する。
2. ロースティングパンに骨、玉ねぎ、にんじん、セロリ、タイム、こしょう、ローリエ、塩を入れて混ぜ、オーブンで45分焼く。骨が燃えないように、必要に応じて温度を下げる。小麦粉をふりかけ、さらに15分焼く。
3. 大鍋に材料を移す。ロースティングパンに水2カップを加えて弱火にかけ、底の焦げを溶かすようにかき混ぜる。その水を鍋に注ぎ、残りの水、ワイン、トマトペースト、パセリを加える。一気に沸騰させ、火を弱めて2時間煮込む。必要ならば水かワインを足し、アクを取り除く。冷ましてから濾す。

バリエーション：

Sauce Robert
ソース・ロベール（1カップ分）

作り方
ブラウンソース*1カップに、フレンチマスタード大さじ1を加える。

Sauce Choron
ソース・ショロン（約1・3/4カップ分）

牛肉や子牛の肉によく合うソースです。フィレミニヨン*に合わせるときは、肉をお好みの加減で焼き、塩、こしょうのどちらか、または両方をふって、最後にこのソースをかけるか、グレイビーボウルに入れて出します。その際、フィレミニヨンを円形のトーストの上に盛り付けるのを好む方もいます。

作り方
1. トマト中2個の皮をむき、種を取りざく切りにする。
2. 小さなソースパンに入れて中火にかけ、水気がなくなりとろみがつくまで絶えずかき混ぜ、濃い赤色のペーストを作る。
3. ベアルネーズソース*に加え、ブレンダーの速度「強」で十分に混ぜ合わせる。

Cheese Sauce
チーズソース（3カップ分）

材料

バター	大さじ3	シャープチェダーチーズ	
小麦粉	大さじ3	（すりおろす）	1・1/2カップ
牛乳	1・1/2カップ	塩・カイエンペッパー	各適量

作り方
1. バターを湯せんして溶かし、そこに小麦粉を入れてよくかき混ぜる。

2. 牛乳を沸騰直前まで温めて、**1**に加えてしっかりとかき混ぜる。
3. チーズを加え、熱湯で湯せんし、たびたびかき混ぜチーズを溶かす。塩、カイエンペッパーで味を調える。

Court Bouillon Pour Poissons
魚介類をゆでるためのクールブイヨン （約2ℓ分）

材料

水	2ℓ	塩	小さじ1
白ワインまたはりんご酢	1カップ	タイム	1/2枝
粒こしょう	8粒	または乾燥タイム	小さじ1/4
パセリ	3枝	玉ねぎ	中1個
ローリエ	1/2枚	セロリ	1本
にんじん	1本		

作り方

1. すべての材料を鍋に入れ、沸騰させてから20分煮込む。甲殻類をゆでるときは沸騰させたクールブイヨンに入れる。
2. 魚をゆでるときは、クールブイヨンを濾してから使う。

Fish Stock
フィッシュストック （約3ℓ分）

材料

魚の骨	1.4kg	玉ねぎ（乱切り）	2個
バター	大さじ2	粒こしょう	10粒
水	4ℓ	にんじん（乱切り）	大2本
タイム	小さじ1	リーキ（小口切り）	1カップ
ローリエ	3枚	セロリ（葉も一緒に）	2本
にんにく（皮をむかずに）	3片	塩	小さじ2

作り方
1. 魚の骨は水を何度か替えながら洗う。
2. 大鍋にバターを溶かし、魚の骨と分量の水を入れ、約5分火にかけかき混ぜる。
3. 残りの材料を加え、沸騰させてから30分煮て、濾す。

Sauce Chaud-Froid

ソース・ショー・フロワ　ゼリー状のホワイトソース（約4・1/2カップ分）
冷製チキンをコーティングするためのソースです。美しい光沢が出るので、トリュフなどの付け合わせが非常に映えます。

材料

無香料ゼラチン	1パック	小麦粉	大さじ3
チキンスープ*	4カップ	生クリーム	1/2カップ
バター	大さじ2		

作り方
1. ゼラチンをチキンスープに加える。
2. ヴルーテソース*のレシピに従ってバターと小麦粉のルーを作る。1に加え、かき混ぜながら5分火にかけ、生クリームを加える。
3. 目の細かい布でソースを濾してかき混ぜる。

Madeira Sauce

マディラソース（1・1/4カップ分）
肉料理に

材料

バター	大さじ2	レモン汁	大さじ2
エシャロット（みじん切り）	大さじ2	マディラワイン	1/4カップ
ブラウンソース*	1・1/2カップ		

作り方
1. ソースパンにバターを溶かし、エシャロットを5分炒める。バターが焦げないように気をつける。
2. ブラウンソースとレモン汁を加え、煮立ってきたらワインを加えて静かに5分煮る。

Sauce Piquante
ソース・ピカント（1カップ分）
余りものの肉に添えて

材料

バター	小さじ1	ワインビネガー	大さじ1
エシャロットまたは玉ねぎ		ブラウンソース*	1カップ
（みじん切り）	小さじ1	塩・こしょう	各適量
白ワイン	大さじ1	パセリ（みじん切り）	小さじ1/2

作り方
1. バターを溶かし、エシャロットをときどきかき混ぜながら2〜3分炒める。
2. 白ワイン、ワインビネガーを加え、半量になるまで煮詰める。
3. ブラウンソースを加え1分煮立てる。塩、こしょうで味を調え、パセリを加える。

Soubise Sauce
スービーズソース（1・1/4カップ分）
肉料理に

材料

牛乳	1・1/2カップ	小麦粉	大さじ2
玉ねぎ（薄切り）	2個	塩・白こしょう	各適量
バター	大さじ2	ナツメグ	少々

ヘビークリーム	大さじ2

作り方
1. 牛乳に玉ねぎを入れ、煮立てる。
2. バターを溶かし小麦粉を混ぜ、**1**を濾して加え、しっかりとかき混ぜる。加熱し、とろみがつきなめらかになったら、そこから5分、ときどきかき混ぜながら煮る。とろみがつきすぎたら、牛乳を少し足す。
3. 残りの調味料と生クリームを加える。

Sauce Velouté
ヴルーテソース （1・1/2カップ分）

材料

バター	大さじ1	生クリーム	1/4カップ
小麦粉	大さじ2	塩・白こしょう	各適量
チキンスープ*	1カップ		

作り方
1. 小さな厚手のソースパンにバターを溶かし、小麦粉を入れる。色が変わらないように絶えずかき混ぜながら約2分火にかける。
2. チキンスープを少しずつ加え、ソース用泡立て器でかき混ぜる。とろみがつきなめらかになるまで、かき混ぜながら加熱する。ソースが水っぽいようなら少し長めに加熱し、とろみがつきすぎたらチキンスープを足す。
3. 生クリーム、塩、こしょうを加え、混ぜる。

Cocktail Sauce
カクテルソース （1・1/2カップ分）
シーフードまたはアボカドのカクテル*に

材料

チリソース	1カップ	ライム果汁	1/4カップ

シェリー酒	1/4カップ

作り方................

すべての材料をしっかり混ぜ合わせる。

Cocktail Sauce Cordeau
カクテルソース・コルドー （約1カップ分）

シーフードに

材料................

ブレンダーマヨネーズ*	1/2カップ	チャイブ（小口切り）	大さじ1
泡立てた生クリーム	1/4カップ	セロリ（みじん切り）	大さじ1/2
レモン汁	小さじ1/2	塩・こしょう	各適量
玉ねぎの絞り汁	小さじ1	タバスコ	少々

作り方................

すべての材料をしっかり混ぜ合わせる。

Cocktail Sauce Tente
カクテルソース・タント （1・1/3カップ分）

シーフードカクテルに

材料................

トマトケチャップ	1カップ	パセリ（みじん切り）	大さじ1
チリソース	1/4カップ	ホースラディッシュ	大さじ1
レモン汁	1個分	ウスターソース	小さじ1
タバスコ	小さじ1/8	洋風練りがらし	小さじ1

作り方................

すべての材料をしっかり混ぜ合わせる。

Cocktail Sauce with Celery Hearts
セロリのカクテルソース（2・1/2カップ分）
シーフードカクテルに

材料

チリソース	1カップ	砂糖	小さじ1
トマトソース（缶詰）	225g	ホースラディッシュ	大さじ2
セロリ（葉も含めてみじん切り）		レモン汁	大さじ2
	1/2カップ	ウスターソース	小さじ1/2

作り方
すべての材料をしっかり混ぜ合わせる。

Blender Mayonnaise
ブレンダーマヨネーズ（約1カップ分）

材料

唐辛子酢	大さじ1	洋風練りがらし	小さじ1
卵	1個	白こしょう	小さじ1/8
塩	小さじ1	サラダ油	1カップ

作り方
1. すべての材料を室温に戻す。
2. 小さなソースパンに酢を入れ沸騰させる。
3. ブレンダーに卵、塩、からし、こしょうを入れ、蓋をして速度「弱」で撹拌する。ブレンダーを回したままゆっくりサラダ油を加え、必要に応じて速度を強める。酢を加え、速度「強」でよく混ぜる。

Capitol Hill Salad Dressing
キャピトルヒル・サラダドレッシング（1カップ分）

材料................
サワークリーム	1/2カップ	マスタード	小さじ1/2
ブレンダーマヨネーズ*	1/2カップ	チャイブ（小口切り）	大さじ1
ウスターソース	小さじ1	パセリ（みじん切り）	大さじ1
アンチョビペースト	小さじ1/2		

作り方................
すべての材料をよく混ぜ合わせ、冷やす。

Green Goddess Salad Dressing
グリーン・ゴッデス・サラダドレッシング（約1・1/2カップ分）

材料................
にんにく	1片	タラゴンビネガー	1/8カップ
青ねぎ（小口切り）	1/8カップ	塩	小さじ3/4
アンチョビペースト	大さじ1	黒こしょう	小さじ1/8
サワークリーム	1/2カップ	砂糖	小さじ3/4
ブレンダーマヨネーズ*	1カップ	レモン汁	小さじ1・1/2

作り方................
ブレンダーにすべての材料を入れ、蓋をして速度「強」で、材料が細かく刻まれなめらかになるまで撹拌する。色味を足したいときは、緑色の食用色素を2〜3滴加える。冷やして使う。

Lorenzo Salad Dressing
ロレンツォサラダドレッシング（1・1/2カップ分）

材料................

ブレンダーマヨネーズ*	1/2 カップ	フレンチドレッシング*	1/2 カップ
トマトケチャップ	1/2 カップ	クレソン（粗みじん切り）	1/4 カップ

作り方
すべての材料を混ぜ合わせる。

Sauce Vinaigrette avec Moutarde
フレンチドレッシング　マスタード風味（6人分）
冷蔵保存できるドレッシングです。よく振ってからお使いください。

材料

辛口マスタード（粉末）	小さじ1	白こしょう	ひとつまみ
ワインビネガー	大さじ1	オリーブオイル	大さじ3
塩	小さじ1/2		

作り方
1. 小さなボウルにマスタード、ビネガー、塩、こしょうを入れて混ぜる。
2. オリーブオイルを加えて混ぜる。

Rimini Salad Dressing
リミニサラダドレッシング（約3/4カップ分）

材料

固ゆで卵の黄身	1個分	パセリ（みじん切り）	大さじ2
洋風練りがらし	小さじ1/4	玉ねぎ（すりおろす）	大さじ1
ウスターソース	小さじ1/2	塩	小さじ3/4
ワインビネガー	大さじ3	ガーリックソルト	小さじ1/4
サラダ油	1/2 カップ	挽きたて黒こしょう	適量
パルメザンチーズ（すりおろす）	大さじ2	パプリカ（粉末）	少々

作り方
1. 黄身をからし、ウスターソースと合わせてつぶす。
2. ビネガーを混ぜ合わせ、残りの材料を加える。
3. しっかり蓋ができる瓶に入れてよく振り、冷蔵する。

Russian Salad Dressing
ロシア風サラダドレッシング（1・1/2カップ分）

材料
ブレンダーマヨネーズ*	1カップ	チャイブ（小口切り）	小さじ1
チリソース	1/4カップ	ウォッカ	小さじ1
パプリカ（みじん切り）	小さじ1	キャビア	大さじ1

作り方
1. キャビア以外の材料をよく混ぜ合わせる。
2. 表面にキャビアを散らす。

Sour Cream-and-Anchovy Salad Dressing
サワークリームとアンチョビのサラダドレッシング（約1カップ分）

材料
にんにく（つぶす）	1/2片	アンチョビペースト	大さじ1
ブレンダーマヨネーズ*	1/2カップ	酢	大さじ1・1/2
サワークリーム	1/4カップ	パセリ（みじん切り）	大さじ4

作り方
1. にんにく、マヨネーズ、サワークリーム、アンチョビペーストを混ぜる。
2. 酢を少しずつ加え、よくかき混ぜる。パセリを加え、冷やす。

Thousand Island Dressing
サウザンアイランドドレッシング（約 1・1/2 カップ分）
グリーンサラダに

材料................

ブレンダーマヨネーズ*	1 カップ	パセリ	3 枝
チリソースまたはトマトケチャップ	1/4 カップ	スイートピクルス・レリッシュ	大さじ 2
		固ゆで卵（殻をむき、4つ切り）	1 個分
チャイブ	大さじ 1		

作り方................

ブレンダーにゆで卵以外の材料を入れ、蓋をして速度「強」で撹拌する。ブレンダーを回したままゆで卵を加え、材料が混ぜ合わさるまで撹拌する。

Vinegar and Oil Salad Dressing
ビネガーとオイルのサラダドレッシング（約 1ℓ 分）

材料................

赤ワインビネガー	1 カップ	白こしょう	小さじ 1
洋風練りがらし	小さじ 8	オリーブオイル	3 カップ
塩	小さじ 2		

作り方................

1. ブレンダーにオリーブオイル以外の材料を入れ、速度「強」で、塩が溶けるまで約 1 〜 1.5 分撹拌する。
2. ブレンダーを止め、オリーブオイルを加え、速度「強」でオイルが混ざるまで約 20 秒撹拌する。グリーンサラダにかけるか、メイソンジャー（蓋付きのガラス容器）に入れて冷蔵庫で保存する（使うときにドレッシングが分離していたら、ブレンダーに入れ速度「強」で混ぜ直す）。

Pisa Tomato Sauce
ピザトマトソース（9カップ分）

材料................

オリーブオイル	1/3カップ	水またはチキンスープ*	6カップ
玉ねぎ（粗みじん切り）	3カップ	ローリエ	2枚
にんじん（さいの目切り）	1/2カップ	砂糖	小さじ1
にんにく	大3片	塩	小さじ1・1/2
イタリアントマト（缶詰）	2カップ	挽きたて黒こしょう	適量
トマトペースト（缶詰）	340g		

作り方................

1. オリーブオイルを熱し、玉ねぎとにんじんを、玉ねぎが軽くあめ色になるまで炒める。残りの材料を加える。
2. ときどきかき混ぜながら、ソースにとろみが出るまで1時間煮込む。目の細かい濾し器に通す。

Red Clam Sauce
レッドクラムソース（約6カップ分）
ゆでたてのリングイネまたはグリーンヌードルに

材料................

オリーブオイル	大さじ2	トマト（皮をむき種を取ってざく切り）	1カップ
にんにく（みじん切り）	2片		
玉ねぎ（粗みじん切り）	1個	トマトペースト（缶詰）	1缶
セロリ（粗みじん切り）	3本	水	1カップ
乾燥バジル	小さじ1/4	アサリの煮汁（生または瓶詰）	2カップ
タイム	小さじ1/4	アサリ（生または缶詰）（みじん切り）	2カップ
オレガノ	小さじ1/2		
塩・挽きたて黒こしょう	各適量	バター	1/4カップ
		パセリ（みじん切り）	1/2カップ

作り方
1. 厚手の鍋にオイルを熱し、にんにく、玉ねぎ、セロリを加え、玉ねぎが透き通るまで加熱する。
2. バジル、タイム、オレガノ、塩、こしょう、トマト、トマトペースト、水を加え煮立てる。火を弱め、蓋をしないで静かに30分煮る。アサリの煮汁を加え、さらに30分煮る。
3. 食卓に出す約5分前にアサリを加え、静かに火を通す。バターとパセリを入れ、バターが溶けるまで煮る。

White Clam Sauce
ホワイトクラムソース（約4カップ分）
スパゲッティまたはリングイネに

材料

バター	1/4カップ	パセリ（みじん切り）	1/4カップ
玉ねぎ（みじん切り）	小1個	塩・挽きたて黒こしょう	各適量
マッシュルーム（薄切り）	4個	乾燥タイム	小さじ1/2
にんにく（みじん切り）	大1片	オレガノ	小さじ1/2
小麦粉	大さじ2	アサリ（生または缶詰）（みじん切り）	2カップ
アサリの煮汁（生または缶詰）	2カップ		

作り方
1. ソースパンにバターを熱し、中火で玉ねぎ、マッシュルーム、にんにくを1分炒める。
2. 小麦粉を加え泡立て器でかき混ぜる。さらにかき混ぜながらアサリの煮汁を加える。パセリ、塩、こしょう、タイム、オレガノを加え、静かに10分煮る。
3. アサリを加え、火を通す。

Barbecue Sauce
バーベキューソース（1/2カップ分）
肉のマリネ液、またはローストや直火焼きのタレに

材料

サラダ油	1/4カップ	ウスターソース	小さじ1
バーボン	1/4カップ	にんにく（みじん切り）	大1片
醤油	大さじ2	挽きたて黒こしょう	適量

作り方
1. すべての材料をしっかりと混ぜ合わせる。
2. 肉にかけて冷蔵庫に入れ、ときどき肉を裏返す。ローストの場合は24〜48時間、ステーキの場合は4時間漬け込む。

Coating for Roast Lamb
ローストラムのためのコーティングソース（約1カップ分）

材料

ローズマリー（粉末）	小さじ1/2	ディジョンマスタード	1/2カップ
にんにく（みじん切り）	1片	油	大さじ4
醤油	大さじ1		

作り方
油以外の材料を混ぜ合わせ、そこに油を1滴ずつ落としてかき混ぜ、とろみのあるソースを作る。ラムを焼く前にこのソースでコーティングする。

Creamy Mustard Sauce
クリーミーマスタードソース（6人分）
冷製ロブスターにかけ、ケーパーを飾る

材料……………
サワークリーム	1カップ	洋風練りがらし	小さじ1
ディジョンマスタード	大さじ1	タバスコ	2ふり

作り方……………
すべての材料を合わせ、軽くかき混ぜる。

Cucumber Sauce
きゅうりのソース（2カップ分）
魚料理に

材料……………
ホイッピングクリーム（冷やす）	1カップ	パプリカ（粉末）	小さじ1/4
		きゅうり（皮をむき種を取って4つ切り）	
塩	小さじ1/4		大1本
レモン汁	大さじ2		

作り方……………
1. ブレンダーにクリームを入れ、蓋をして速度「弱」で固まるまで撹拌する。
2. 残りの材料を1に加え、蓋をして速度「強」できゅうりが細かくなるまで撹拌する。

Cumberland Sauce
カンバーランドソース（2カップ分）
冷やして子鴨の冷製に

材料……………
赤すぐりジャム	1瓶 (335g)	レモン汁	大さじ1
オレンジ	1個	ポートワイン	大さじ2
レモン	1個	マスタード（粉末）	小さじ1/2
オレンジジュース	大さじ2	しょうが（すりおろす）	小さじ1/4

カイエンペッパー	少々

作り方

1. 目の細かいチーズクロスでジャムを絞る。
2. オレンジとレモンの皮を非常に薄くむき、皮を小片に切って、かぶるくらいの水で10分湯通しし、水気を切る。
3. **1**に**2**、オレンジジュース、レモン汁を加え、ワインを加えてかき混ぜ、残りの調味料で味を調える。

Curry Sauce

カレーソース（3カップ）
鶏肉に

材料

玉ねぎ（粗みじん切り）中1個	バター	1/2カップ
にんにく（みじん切り）1片	小麦粉	大さじ2
ローリエ 1/2枚	メース	小さじ1/2
パセリ 適量	カレー粉	小さじ1・1/2
酸味のあるりんご（さいの目切り）	チキンスープ*	2カップ
1個	ヘビークリーム	1/2カップ

作り方

1. ソースパンに玉ねぎ、にんにく、ローリエ、パセリ、りんご、バターを混ぜる。ときどき混ぜながら8分加熱する。
2. 小麦粉、メース、カレー粉を入れてかき混ぜ、さらに4分加熱する。
3. チキンスープを加え、1時間煮込む。濾し器に通して別のソースパンに移し、生クリームを加える。

Hot Mustard Sauce

ホットマスタードソース（1カップ分）
温かくしてハム、くし形に切ったキャベツ、ゆでたじゃがいもに

材料................

マスタード（粉末）	小さじ1/2	卵黄（ほぐす）	2個分
小麦粉	小さじ1/2	牛乳（沸騰直前まで温める）	3/4カップ
塩	小さじ1/4	レモン汁	大さじ2

作り方................

1. ボウルにマスタード、小麦粉、塩を混ぜ、卵黄を加えよく撹拌する。少しずつ牛乳を加え、とろみがでるまで湯せんする。
2. レモン汁を入れてよくかき混ぜ、熱い状態で使う。

Mushroom Sauce

マッシュルームソース（2カップ分）
ライスや肉料理に

材料................

バター	大さじ2	乾燥バジル	小さじ1/2
玉ねぎ（みじん切り）	小1個	こしょう	少々
セロリ（みじん切り）	1本	小麦粉	大さじ1
パセリ（みじん切り）	3枝	水	1カップ
マッシュルーム（薄切り）	225g	レモン汁	大さじ1
塩	小さじ2		

作り方................

1. 鍋にバターを溶かし、玉ねぎ、セロリ、パセリをしんなりするまで炒める。
2. マッシュルームを加え7分加熱する。塩、バジル、こしょう、小麦粉をふりかけ、よく混ぜる。
3. 水、レモン汁を加え、とろみが出てふつふつするまで、5分ほど静かに加熱する。

Mustard Sauce

マスタードソース　（約1/2カップ分）
温冷問わず肉の燻製に

材料

バハマタイプの練りがらし	1/4カップ	ブレンダーマヨネーズ*	1/4カップ
マスタード（粉末）	小さじ1	サワークリーム	大さじ2

作り方

すべての材料をよく混ぜ合わせる。

Oriental Sauce

オリエンタルソース　（1カップ分）
鶏肉または豚肉料理に

材料

醤油	3/4カップ	しょうが（すりおろす）	小さじ3/4
蜂蜜	85g	ガーリックパウダー（粉末）	小さじ1/8

作り方

すべての材料をよく混ぜ合わせる。

Sauce aux Raisins

レーズンソース　（1カップ分）
ローストダックに

材料

レーズン	3/4カップ	レモンの皮（すりおろす）	小さじ3/4
湯	1・1/2カップ	ローストダックの肉汁	大さじ3
酢	大さじ1・1/2	小麦粉	大さじ3
レモン汁	大さじ1・1/2		

作り方
1. ソースパンにレーズン、湯、酢、レモン汁、レモンの皮を入れ、沸騰させてから10分煮る。
2. ロースティングパンから焼いた子鴨の肉を取り出し、余分な脂を捨てて、肉汁大さじ3を取る。小麦粉を加え、なめらかになるまでかき混ぜる。
3. **1**に加え、なめらかにとろみがつくまでかき混ぜながら火にかける。熱いうちにローストダックに添えて出す。

Rémoulade Sauce
レムラードソース（1カップ分）
シーフードに

材料

ブレンダーマヨネーズ*	1カップ	生タラゴン（刻む）	小さじ1/2
フレンチマスタード	小さじ1	または乾燥タラゴン	小さじ1/4

作り方
すべての材料をよく混ぜ合わせる。

Sauce Charcutière
シャルキュティエールソース（約1カップ分）
ポークチョップに

材料

バター	小さじ1	ブラウンソース*	1カップ
エシャロットまたは玉ねぎ		塩・こしょう	各適量
（みじん切り）	小さじ1	パセリ（みじん切り）	小さじ1/2
白ワイン	大さじ1	サワーピクルス（みじん切り）	大さじ2
ワインビネガー	大さじ1		

作り方
1. バターを溶かし、エシャロットをときどきかき混ぜながら2〜3分火にかける。
2. 白ワイン、ワインビネガーを加え、半量になるまで煮詰める。
3. ブラウンソースを加え1分煮立て、塩、こしょうで味を調える。パセリとピクルスを加える。

Sauce for Cold Shrimp
冷製エビ用ソース（約2・1/3カップ分）
エビのカクテルやサラダに

材料

ブレンダーマヨネーズ*	1・1/2カップ	グリーンオリーブ（みじん切り）	大さじ2
フレンチドレッシング*	1/4カップ	ホースラディッシュ	小さじ1
チリソース	1/4カップ	ウスターソース	小さじ1
チャイブまたはわけぎ（みじん切り） 大さじ2		塩・こしょう	各適量

作り方
すべての材料を混ぜ、冷やす。

Sauce for Roast Lamb
ローストラム用ソース（約3/4カップ分）

材料

ローストラムの肉汁から取った脂 大さじ1		ビーフスープ（缶詰）	1カップ
		トマトペースト	小さじ1
ベルモット酒（辛口）	1/4カップ		

作り方
ラムを焼いたロースティングパンを使う。肉汁は脂大さじ1を残して、それ以

外は捨てる。底に付いているものを木製スプーンでこすってはがし、そこにベルモット酒、スープ、トマトペーストを入れ、半量になるまで一気に煮詰める。

Sauce Gribiche
グリビッシュソース（1・1/2カップ分）
冷やして魚、鳥肉、子牛肉料理に

材料...............

固ゆで卵（黄身と白身に分ける）		乾燥タラゴン	小さじ1/2
	2個分	パセリ（みじん切り）	小さじ1/2
ワインビネガー	大さじ2	エシャロットまたは玉ねぎ	
フレンチマスタード	小さじ1	（粗みじん切り）	小さじ1/2
塩・こしょう	各適量	ケーパー（みじん切り）	大さじ1/2
植物油	1カップ	サワーピクルス（粗みじん切り）	
チャイブ（小口切り）	小さじ1		大さじ1/2

作り方...............
1. ボウルに卵の黄身、ビネガー、マスタード、塩、こしょうを入れ、泡立て器でよく混ぜ黄身をつぶす。
2. 油を1滴ずつ加え、とろみがつくにつれて一度に加える量を少しずつ増やしていく。
3. チャイブ、タラゴン、パセリ、エシャロット、ケーパー、ピクルス、刻んだ白身を少しずつ加えていく。（ソースは分離するので、使うときに混ぜ直す）

Sauce Remick
レミックソース（2カップ分）
あらゆる甲殻類に

材料...............

イングリッシュマスタード	小さじ1/2	パプリカ（粉末）	小さじ1/4

セロリソルト	ひとつまみ	チリソース	1カップ
タバスコ	少々	タラゴンビネガー	小さじ1/2
ウスターソース	少々	塩・こしょう	各適量
ブレンダーマヨネーズ* 1カップ			

作り方
すべての材料を混ぜ合わせる。

Tartare Sauce
タルタルソース（約1・1/2カップ分）
魚料理に

材料

ブレンダーマヨネーズ* 1カップ		チャービル	大さじ1
パセリ	2枝	ケーパー	大さじ1
チャイブ（小口切り）	大さじ1	スイートピクルス	2本

作り方
ブレンダーにすべての材料を入れ、蓋をして速度「強」で材料が刻まれるまで撹拌する。

Vinaigrette Sauce
ヴィネグレットソース

材料

ワインビネガー	大さじ2	白こしょう	ひとつまみ
塩	小さじ1/2	オリーブオイル	大さじ6

作り方
小さなボウルにビネガー、塩、こしょうを混ぜ合わせ、オイルを入れてよくかき混ぜる。

Wine and Dill Sauce for Steak
ワインとディルのステーキ用ソース（4人分）
マリネ液に使った後、温めてステーキにかける

材料................

にんにく（つぶす）	1片	乾燥ディル	小さじ1/4
塩	小さじ1・1/2	赤ワイン（辛口）	1カップ
こしょう	小さじ1	バター	大さじ1

作り方................

1. バター以外の材料を混ぜ、浅い皿に置いたステーキにかける。蓋をして、冷蔵庫に4時間入れる。1時間ごとに裏返す。
2. ステーキをマリネ液から取り出し、軽くたたいて水気を取る。
3. マリネ液をソースパンに移し、バターを加え、ソースが半量になるまで煮詰める。

DESSERT SAUCES

Chocolate Fudge Sauce
チョコレートファッジソース（約1カップ分）
温かいままコーヒーアイスクリームにかけ、ホイップクリームをトッピングしコーヒービーンズチョコレートを飾る

材料................

無糖板チョコレート	3枚	ライトコーンシロップ	大さじ3
牛乳	3/4カップ	バター	大さじ1
塩	小さじ1/4	バニラエキストラクト	小さじ3/4
砂糖	1・1/2カップ		

作り方................

1. ソースパンにチョコレートと牛乳を入れ、かき混ぜながら溶かし、なめらかになるまで攪拌する。
2. 塩、砂糖、コーンシロップを加え、かき混ぜながら5分火にかける。
3. バター、バニラエキストラクトを加え、温かいうちに使う。

Chocolate Sauce
チョコレートソース（1・1/2カップ分）
温かいままアイスクリームに

材料................

生クリーム	1/2カップ	セミスイートチョコレートチップ	
水	1/4カップ		170g

作り方................

1. 小さなソースパンに生クリームと水を入れ、沸騰させたら火を止める。チョコレートとともにブレンダーに入れる。
2. なめらかになるまで速度「強」で1分攪拌し、温かいうちに使う。

Hot Chocolate Sauce
ホットチョコレートソース（約2カップ分）
デリス・デュ・ロア*に

材料................
牛乳またはコーヒー（温める）		バニラエキストラクト	小さじ2
	3/4カップ	無糖板チョコレート（細かく刻む）	
砂糖	1カップ		4枚

作り方................
ブレンダーにすべての材料を入れ、蓋をして速度「強」でチョコレートが液状になるまで撹拌し、できたてのうちに使う。

Hot Rum and Chocolate Sauce
ラムとチョコレートの温かいソース（約1カップ分）
熱いままアイスクリームに

材料................
セミスイートチョコレートチップ	170g	インスタントコーヒー	小さじ1
水	大さじ6	ラム酒（ダーク）	大さじ1

作り方................
1. ボウルにチョコレート、水、コーヒーを入れ、湯を沸かしながら湯せんにかける。ときどきかき混ぜ、チョコレートをなめらかになるまで溶かす。
2. ラム酒を入れかき混ぜる。熱いうちに使う。

Sauce aux Framboises
ラズベリーソース（約2ℓ分）
アイスクリームのソースまたはケーキのフィリングに

材料
ラズベリー	8カップ	ラズベリーコーディアル	1/2カップ

作り方
1. ラズベリーとコーディアルを混ぜる。
2. 一度に2カップずつブレンダーに入れ、すべてピューレ状にする。
3. 濾し器に通し、種を取り除く。

Rich Chocolate Sauce
リッチチョコレートソース（6人分）
バニラアイスクリームに

材料
スイートチョコレート	225g	水	1/2カップ
無糖板チョコレート	2枚	バター	小さじ1
砂糖	1/2カップ	生クリーム	大さじ3

作り方
1. ボウルにチョコレート、砂糖、水を入れ、湯を沸かしながら湯せんにかけて溶かす。
2. バターとクリームを加え、よく混ぜる。密閉容器に入れ、冷蔵庫で保存可能。

Rum Raisin Sauce
ラムレーズンソース（約1カップ分）
温かいままアイスクリームに

材料
レーズン	1/4カップ	コーンスターチ	小さじ1
水	2/3カップ	水	大さじ1
すぐりジャム	1/4カップ	ラム酒	1/4カップ
バター	大さじ1		

作り方
1. レーズンを水2/3カップに入れ、やわらかくふっくらするまで煮る。すぐりジャムとバターを加え、よく混ぜる。
2. コーンスターチを水大さじ1でといて、**1**に加え、かき混ぜながら沸騰させ、さらに1分煮る。ラム酒を加え、温かいうちに使う。

Rum Raisin Sauce with Pecans
ラムレーズンソース　ピーカンナッツ入り　（約1カップ分）
温かいままアイスクリームに

材料
レーズン	1/2カップ	バニラエキストラクト	小さじ1/4
ラム酒	1/2カップ	レモンの皮（すりおろす）	大さじ1
砂糖	1/2カップ	オレンジの皮（すりおろす）	大さじ1
水	1/4カップ	ピーカンナッツ	1/2カップ
シナモンスティック	1本		

作り方
1. レーズンにラム酒をかけ、やわらかくふっくらするまで置いておく。
2. 砂糖、水、シナモンスティックを混ぜ、沸騰させてから2分煮立てる。シナモンスティックを取り除き、レーズンをラム酒ごと加え、5分中火にかける。バニラエキストラクトを加える。
3. 火からおろし、残りの材料を加え、温かいうちに使う。

Sauce Sabayon au Marsala
サバイヨンソース　マルサラ酒風味　（2〜3人分）
温かいままシャーベットまたはケーキのソースに

材料
卵黄	2個分	砂糖	大さじ3

マルサラ酒	2/3カップ

作り方
1. 卵黄を泡立て器でよくほぐし、砂糖とマルサラ酒を加える。
2. かき混ぜながら、とろみが出るまで湯せんする。加熱しすぎないようにする。

Taffy Nut Sauce
タフィーナッツソース（約1カップ分）
温かいままアイスクリームに

材料

コーンスターチ	大さじ1	水	1/2カップ
ブラウンシュガー	1カップ	ナッツ（刻む）	1/4カップ
バター	1/4カップ		

作り方
1. ソースパンにナッツ以外の材料を入れてよく混ぜ、沸騰させてから1分煮立てる。
2. 火からおろし、ナッツを加えよくかき混ぜる。温かいうちに使う。

Vanilla Sauce
バニラソース（約1・1/2カップ分）
冷やしてアルルカンスフレ*に

材料

牛乳	1カップ	砂糖	1/4カップ
卵黄	3個分	バニラエキストラクト	小さじ1

作り方
1. 小さなソースパンに牛乳を入れ、強火で沸騰させる。
2. ブレンダーに残りの材料を入れ、蓋をして速度「強」で撹拌する。ブレンダーを回しながら1をゆっくり入れる。冷やして使う。

Whipped Cream and Coffee Ice Cream Sauce
ホイップクリームとコーヒーのアイスクリームソース（約1カップ分）
アイスクリームに

材料……………

砂糖	1/4カップ	インスタントコーヒー	大さじ1
湯	1/4カップ	泡立てた生クリーム	1カップ

作り方……………

1. 小さな鍋に砂糖を入れ、琥珀色のシロップ状になるまで弱火にかける。湯とコーヒーを少しずつ混ぜ、なめらかになるまでかき混ぜながら煮立てる。弱火にし少し加熱する。
2. クリームをさっくりと混ぜる。

VEGETABLES, RICE AND NOODLES
野菜、米、麺料理

　ホワイトハウスで過ごした日々の思い出の品のひとつに、ケネディ夫人がフランス語で書いてくださったメモがあります。一部を紹介しますと、それには「今晩のディナーは感動的でした」と書かれています。夫人は日頃から私の料理が気に入られたときは惜しみなく褒めてくださいましたが、このときはいつもに増して丁重な称賛をいただきました。そこで私はそのメニューをもう一度見直してみました。ここに紹介いたしますので、皆さんもどれほど「感動的」であったか、想像してみていただければと思います。

　まずメバルのスフレで始まります。名高いフランスワインのひとつ「シャトー・マルゴー1957」が添えられました。そして、ワイルドライスとさやいんげんのアーモンドあえ*を付け合わせたキジ胸肉のサン・チュベール風が続きます。この料理には別の印象的なワイン「シャトー・オー・ブリオン1955」を合わせました。ブリーチーズとミモザサラダ*の後、デザートは桃を添えたビスキュイ・グラッセとプチノールを、上質のシャンパン「パイパー・エドシック1955」とともにお出ししました。

　スフレやキジは素晴らしい料理でしたし、ワインが格別であることはいうまでもありませんが、これらの中で特にケネディ夫人に喜んでいただいた料理のひとつは、さやいんげんのアーモンドあえ*であったと思います。さや

いんげんにアーモンドを加えることはちょっとした技のひとつですが、ありふれた料理を非凡なものに変えることができます。

私はこのような野菜に関するちょっとしたアイデアをたくさん知っています。そのうちのいくつかをご紹介しましょう。

カリフラワーの白さを保ちたい場合は、牛乳3/4カップでゆでてください。そのときに牛乳の臭いを室内に広げないようにするには、2～3枚のパンを上にかぶせておくことです。そうすればパンが牛乳の臭いを吸収しゲストも気にならないはずです。この技がキャベツにも有効かどうか質問されますが、正直に言うと試したことがないのでぜひ試みてください。

芽キャベツを鮮やかな緑色にゆで上げるには、鍋に蓋をしないことです。調理後は冷ましても差し支えないですし、お好みで食卓に出す前に温め直してもよいでしょう。

さやいんげんの鮮やかな緑色は、食卓に出す前に数分熱湯に浸すことで保てます。給仕するときには少しのバターとハーブを添えます。

グリンピースも蓋をしないで深鍋でゆでれば、豆の見た目の新鮮さを保てます。その後水気を切って冷まし、温め直す際はお湯に浸します。給仕するときに少しバターを添えてください。

にんじんのピューレに関する小わざは、5～6本のにんじんに対して大さじ1の米を入れてゆでることです。これはもちろん、蓋をします。

すべての調理にこうしたちょっとした奥の手があります。グルタミン酸ナトリウム[1]を例にとりますと、これは野菜の風味を倍増させますし、スープやサラダあるいは肉にも有効です。私たちはこの食品添加物をよく知っていますが、考案されたのが日本であることはあまり知られていないと思います。日本では昆布は長い間食材として使われていて、その栄養価はよく知ら

れていました。時が経つにつれ、干した昆布の粉末を肉や野菜にふりかけると、自然の風味を際立たせる働きをする優れた効能があることが知られるようになったのです。グルタミン酸ナトリウムは、アメリカでは有名な商品ブランド「Ac'cent」で親しまれています。この国では昆布が入手しにくいので、Ac'cent は当然のことながら別の材料から作られています。

　にんにくを使うときは相当な繊細さが求められます。今日では私たちはさまざまな料理ににんにくを使っていますが、古代の寺院の聖職者はにんにくを「不浄のもの」と言い、にんにくの匂いがする者は寺院へ入ることが禁じられていた時代がありました。この厳しい申し渡しにもかかわらず、労働者たちは強壮作用があるということからにんにくを食べ続けました。事実、アリストテレス、プリニウス、そして多くの東洋の医師はその薬効をたたえています。私たちがホワイトハウスでにんにくを使うのにどれほど注意を払っていたかはすでにお伝えしましたが、にんにくを上手に活用することが高級フランス料理に不可欠であることも事実です。でも、慎重ににんにくを使うべきということを肝に銘じておいてください。にんにくの使用はときに大失敗にもなり得るのですから。

　一般に子どもたちを野菜好きにさせるのは大変むずかしいことです。多くの子どもたちは野菜が極端に嫌いなようです。ケネディ夫人はキャロラインが野菜をきちんと食べるかどうかを熱心に見守られました。夫人は、娘の昼食が美味しく、栄養価が高く、甘さ控えめになっているかをいつも気にされており、しばしばセロリかにんじんをランチに追加していました。
　母親としてのケネディ夫人のお考えから、キャロラインはホワイトハウス内にある保育園に通って、その保育園にいる子どもたちと一緒にお昼を食べることとなっていました。ホワイトハウスが自宅とはいえ、キャロラインは

Vegetables, Rice and Noodles　275

ほかの子どもと同じようにお弁当と牛乳1本を保育園に持っていかれました。ケネディ夫人はほかの園児たちが家族と一緒にお昼を食べられないならば、キャロラインもそうするべきであると考えていました。またキャロラインも、自分のことを「特例」とは考えず、皆と一緒にお昼を楽しまれていました。

　お伝えしてきたように、ケネディ家のご家族の皆さんは、特別な立場であるにもかかわらず大変気さくな方々でしたので、世間一般の家族と変わらない暮らしぶりでした。ある夏の夜、バミューダパンツに白いシャツ、スリッパ履きという格好の大統領とケネディ夫人が、キャロラインとジョンを伴って私の厨房にいらっしゃったときのことです。ジョンの髪の毛を切るために、切れ味のいいハサミがないかとおっしゃいました。そしてその場で大統領がケネディ夫人の助言を得ながら、ジョンの前髪にばっさりとハサミをあてられました。キャロラインは、ジョンが髪の毛を切られるのを見て、散髪の間ずっと泣かれていたことを思い出します。
　ホワイトハウスにはいつも、このようにチャーミングで、温かく、素朴な時間が流れていました。公式行事がない日の大統領ご一家の昼食ほど気取らないものはありません。一家は昼食をご自分たちの住居部分で、それもしばしば大皿から直に取って召し上がりました。お決まりの昼食はコンソメスープとコールドビーフかグリルドチーズサンドイッチでした。大統領はたいてい牛乳か紅茶を飲まれました。コーヒーを飲まれるのは朝食のときだけです。

　私が野菜や米、麺のために書いたレシピを通して、皆さんにもケネディ家の謙虚さが感じられると思います。それと同時に一般家庭の夕食も、もてなしのためのグルメ料理に変身させる多くのヒントをここから得られることができればと思います。

［1］うまみ調味料の主成分。

Asparagus Vinaigrette
アスパラガス・ヴィネグレット （2〜3人分）

材料................
アスパラガス	450g	塩	小さじ1/2
湯	2カップ	ヴィネグレットソース*	適量

作り方................
1. アスパラガスをよく水洗いし、根元のかたい部分を切り落とし、さらに根元から5〜7.5cmまで皮をむく。
2. 浅い鍋にアスパラガスを平らに並べ、かぶるくらいの湯を入れ塩を加える。蓋をしないで、穂先がやわらかくなるまで10〜12分ゆでる。水気を切り、冷ます。
3. アスパラガスをヴィネグレットソースに約2時間、たびたび裏返しながら漬け込む。ソースから取り出し、お好みで新しいヴィネグレットソースを添えて食卓に出す。

備考：ゆでたてのアスパラガスは、ヴィネグレットソースのほか、オランデーズソース*やマルテーズソース*、または溶かしバターを合わせても美味しい。
　　　溶かしバターは、高級フランス料理では一般に澄ましバターと呼ばれる。作り方は、バターを湯せんにかけ、かき混ぜずに自然に溶けるのを待つ。不純物は底に沈み、澄んだバターが表面に浮き上がってくる。澄んだ部分のみをアスパラガスに静かにゆっくりとかけ、底の残留物は捨てる。

Fonds d'Artichauts au Foie Gras Truffe
アーティチョークのフォアグラとトリュフ詰め （6人分）

材料................
ワインビネガー	1カップ	塩	小さじ1
にんにく	2片	水	3カップ
玉ねぎ（クローブを4本刺す）	1個	アーティチョーク（外側のガクをむく)	
ローリエ	1枚		6個

フォアグラ（缶詰）	小1缶	トリュフ（缶詰）（薄切り）	小1缶

作り方

1. ビネガー、にんにく、玉ねぎ、ローリエ、塩、水を混ぜ、沸騰させてから10分煮る。アーティチョークを加え、蓋をして、ガクがやわらかくなるまで約20分煮る。
2. アーティチョークが触れるくらいに冷めたら、上2/3をはさみで切り落とす。中心部のガクと繊毛を取り除いて、残ったボトム（花床部）を冷やす。
3. アーティチョークのくぼみ部分にフォアグラを詰め、トリュフを飾る。

Artichokes Provençale
アーティチョーク　プロバンス風（6〜8人分）

材料

油	大さじ2	冷凍グリンピース	1パック
アーティチョークボトム（缶詰）（4つ切り）	1缶	レタス（千切り）	1/2カップ
		塩・こしょう	各適量

作り方

ソースパンに油を熱し、すべての材料を加え、とろ火で10分炒める。

Chou-Fleur à la Polonaise
カリフラワーのボイル　卵とクレソンとともに（6人分）

材料

カリフラワー	中1個	クレソン（みじん切り）	大さじ2
バター	大さじ4	塩・こしょう	各適量
乾燥パン粉	大さじ2	固ゆで卵（粗みじん切り）	2個分
レモン汁	小さじ1		

作り方

1. カリフラワーを丸ごと、1/3程度つかるくらいの水に入れ、蓋をしてゆで

る。10分経ったらゆで具合を見て、カリフラワーの大きさによってゆで時間を調整する。
2. ソースパンにバターを弱火で溶かし、きつね色になり始めたらパン粉を加え、かき混ぜながらきつね色になるまで加熱する。
3. **2**にレモン汁、クレソンを加え、塩、こしょうで味を調える。
4. カリフラワーにかけ、卵を散らす。

Endives au Gratin
アンディーブのグラタン（4〜6人分）

材料................

マッシュルーム	450g	アンディーブ（缶詰）	3缶
エシャロット（粗みじん切り）		ベシャメルソース*	1カップ
	2本	スイスチーズ・パルメザンチーズ	
溶かしバター	大さじ2	（すりおろす）	各大さじ2
塩・こしょう	各適量		

作り方................
1. マッシュルームを洗い、グラインダーで刻む。
2. エシャロットを溶かしバター大さじ1できつね色に炒め、マッシュルームを加えて水気がなくなるまで火にかける。塩、こしょうで味を調える。
3. 別のフライパンに残りの溶かしバターを入れ、アンディーブをきつね色になるまで炒める。
4. **2**をオーブン皿に入れ、アンディーブをのせる。ベシャメルソースをかけ、チーズを散らし、230℃に予熱したオーブンできつね色に焼く。

Cari d'Aubergine
なすのカレー風味（6〜8人分）

材料................

米なす	中1個（約570g）	塩	小さじ1
サラダ油	1/4カップ	マスタード（粉末）	小さじ1/4
玉ねぎ（粗みじん切り）	1カップ	カイエンペッパー	少々
にんにく（みじん切り）	1/4片	ピーマン（粗みじん切り）	大1個
カレー粉	小さじ2〜3	水	1カップ

作り方

1. なすを水洗いし、皮はむかずに2.5cm角に切る。
2. 鍋に油を熱し、玉ねぎ、にんにく、カレー粉を約5分、かき混ぜながらきつね色になるまで炒める。なす、塩、マスタード、カイエンペッパーを加え、よく混ぜ合わせて10分煮る。
3. ピーマンと水を加え、煮立ったら火力を落とし、15分煮る。

Aubergines en Casserole
なすのキャセロール （3人分）

材料

オリーブオイル	大さじ3	塩	小さじ3/4
玉ねぎ（粗みじん切り）	大1/2個	こしょう	適量
セロリ（粗みじん切り）	1/4カップ	米なす（2cm厚さの薄切り）	
ピーマン（粗みじん切り）	中1/2個		小1個（約340g）
牛挽き肉	340g	乾燥パン粉	1/4カップ
トマト（缶詰）	3/4カップ	シャープチェダーチーズ	
バジル	小さじ1/4	（すりおろす）	1/4カップ
タイム	小さじ1/4		

作り方

1. 大きな鍋にオリーブオイル半量を熱し、玉ねぎ、セロリ、ピーマンを弱火で10分炒める。
2. 牛肉を加え、中火で軽く色が変わるまで炒める。余分な脂を捨て、トマト、バジル、タイム、塩、こしょうを加えかき混ぜる。
3. 残りのオリーブオイルを熱し、なすの両面を軽く焼き色が付くまで焼く。

4. キャセロールになすと**2**を交互に2層ずつ重ねる。
5. パン粉とチェダーチーズを混ぜ、**4**の上に散らす。
6. 180℃に予熱したオーブンで45分焼く。

Aubergine de Baghdad
なすのキャセロール　バグダッド風　(8人分)

材料………

米なす	大1個	にんにく（みじん切り）	1片
塩・こしょう	各適量	卵（卵黄と卵白に分ける）	4個
オリーブオイルまたはサラダ油		バター	大さじ2
	1/3カップ	ごま	大さじ1
レモン汁	大さじ2	ヨーグルト	1/2カップ

作り方………

1. なすの皮をむき薄切りにして、塩、こしょうで調味する。
2. 油を熱し、なすをやわらかくきつね色になるまで炒める。
3. なすをフォークでつぶし、お好みで塩、こしょうを追加する。レモン汁、にんにく、卵黄を入れてよくかき混ぜる。
4. **3**に角が立つまで泡立てた卵白をさっくりと混ぜる。
5. 容量2ℓのキャセロールにバターを溶かし、**4**を入れてかき混ぜ、180℃に予熱したオーブンで30分焼く。
6. **5**の焼き上がり時間に合わせ、ごまをアルミ箔にのせ10分焼く。
7. 焼き上がったらごまをトッピングし、ヨーグルトと一緒に出す。温かいままでも、冷やしてもよい。

Aubergines de Calabria
なすのカラブリア風　トマトとチーズの重ね焼き　(6人分)

材料………

オリーブオイルまたはサラダ油	1/2カップ	塩	小さじ1
		オレガノ	小さじ1
米なす（皮をむき、1.3cm厚さの薄切り）	中1個（約570g）	こしょう	小さじ1/8
ピザトマトソース*	1/4カップ	トマト（皮をむき、1.3cm厚さの薄切り）	大3個
パルメザンチーズ（すりおろす）	1/4カップ	モッツァレラチーズ（4つ切り）	3切れ

作り方
1. 油を熱し、なすを焼き色が付くまで焼き、ペーパータオルで油を拭き取る。
2. トマトソース、パルメザンチーズ、塩、オレガノ、こしょうを混ぜ合わせる。
3. キャセロールになすとトマトの薄切りを交互に2層ずつ、各層の間に**2**を等分ずつはさんで重ねる。
4. 蓋をしないで、180℃に予熱したオーブンで30分焼く。モッツァレラチーズを表面に並べ、さらに15分焼く。

Aubergines d'Amiens
なすのアミアン風　チキンとハム詰め　（6人分）

材料

サラダ油	1/4カップ	バター	大さじ1
なす	中3個	小麦粉	大さじ1
鶏肉（加熱調理済、角切り）	1カップ	牛乳	1カップ
		塩	小さじ1/4
セロリ（粗みじん切り）	1/4カップ	チェダーチーズ（すりおろす）	1/2カップ
ハム（ゆでて角切り）	1/2カップ		
玉ねぎ（粗みじん切りして炒める）	大さじ1		

作り方
1. 大きな鍋に油を熱する。
2. なすを半分に切り、皮側に6mm厚さが残るように果肉をくり抜き、果肉

をみじん切りにする。
3. なすの皮を、熱した油でやわらくなるまで焼く。
4. なすの果肉、鶏肉、セロリ、ハム、玉ねぎを混ぜて火にかけ、なすの皮に詰める。
5. ソースパンにバターを溶かし、小麦粉を加えよく混ぜる。牛乳と塩を加えよくかき混ぜ、煮立ったらチーズを入れる。かき混ぜながら加熱し、チーズが溶けたらなすにかける。

Aubergines aux Champignons et Tomates
なすとトマト、マッシュルームの重ね焼き（4〜6人分）

材料

オリーブオイルまたはサラダ油	1・1/2カップ	塩・こしょう	各適量
		洋風練りがらし	大さじ1
米なす（皮をむき、1.3cm厚さの薄切り）	小3個	パセリ（みじん切り）	1/2カップ
		トマト（皮をむき4つ切り）	6個
玉ねぎ（粗みじん切り）	1/2カップ	溶かしバター	1/4カップ
マッシュルーム（薄切り）	113g	微粉乾燥パン粉	1カップ
にんにく（みじん切り）2片			

作り方

1. ソースパンに油1/2カップを熱し、なすをしんなりするまで焼く。
2. 残りの油、玉ねぎ、マッシュルーム、にんにく、塩、こしょう、からしを加えて5分火にかけ、パセリを加える。
3. なすを取り出し、耐熱皿に並べ、上にトマトをのせる。
4. **2**に溶かしバターを加え、**3**にかける。パン粉を散らし、200℃に予熱したオーブンで10分焼く。

Aubergines Farcis
なすのファルシ（4人分）

材料

オリーブオイル	1/4カップ	パルメザンチーズ（すりおろす）	
玉ねぎ（みじん切り）	大3個		大さじ3
ピーマン（みじん切り）	大1個	塩	小さじ1
トマト（缶詰）（缶汁を切ってざく切り）	1カップ	こしょう	適量
		モッツァレラチーズ（薄切り）	
パセリ（みじん切り）	1/3カップ		適量
米なす（縦半分に切り、皮側に1.3cm厚さを残し果肉をくり抜く）	小2個	パプリカ（粉末）	適量

作り方

1. 大きな鍋にオイルを熱し、玉ねぎ、ピーマンを炒める。しんなりしてきたらトマト、パセリ、みじん切りしたなすの果肉、パルメザンチーズ、塩、こしょうを加え、よく混ぜ合わせる。
2. なすの皮に**1**を詰め、オーブン皿に入れ、湯を2.5cm深さに張った鍋の中に置いて、180℃に予熱したオーブンで50分焼く。
3. モッツァレラチーズで表面を覆い、パプリカを散らし、チーズが溶けるまでさらに焼く。

Haricots Verts aux Amandes
さやいんげんのアーモンドあえ（5～6人分）

材料

さやいんげん（少しやわらかくなる程度にゆでる）	680g	バター	大さじ2
		アーモンド（細切りして煎る）	大さじ3

作り方

1. さやいんげんの水気を切る。
2. バターをジューと音が立ち、軽くきつね色になるまで熱する。さやいんげ

んを加えて中火で2分、豆にバターがからまるまで炒める。アーモンドを加え、軽くあえる。

Purée Favorite
お気に入りのピューレ（6人分）

材料

さやいんげん	450g	ヘビークリーム（温める）	1/2カップ
ブロッコリー	1個	塩・こしょう	各適量
バター	大さじ1	ナツメグ	少々

作り方
1. 別々のソースパンを使い、さやいんげんとブロッコリーをひたひたの熱湯で少しやわらかくなるまで塩ゆでし、水気を切る。
2. **1**を肉挽き器の最も細かい目の刃のブレードに通し、ピューレにする。
3. バターを熱し、生クリーム、塩、こしょう、ナツメグを混ぜ、**2**に加える。

Heart of Palm au Gratin
ヤシの芽のグラタン（4〜6人分）
子牛またはチキンの付け合わせに

材料

バター	小さじ1	ベシャメルソース*	1カップ
ハート・オブ・パーム（ヤシの芽、缶詰）	6缶	スイスチーズ（すりおろす）	大さじ3

作り方
1. オーブン皿にバターを塗る。
2. ヤシの芽を縦長に割り、オーブン皿に並べる。
3. ベシャメルソースをかけ、チーズをふりかける。
4. 200℃に予熱したオーブンで10分焼く。

Sautéed Mushrooms and Artichokes
マッシュルームとアーティチョークのソテー（4人分）

材料

バター	1/4カップ	洋風練りがらし	小さじ1・1/2
マッシュルーム（薄切り）	大8個	アーティチョークハーツ	1・1/2カップ
小麦粉	大さじ1	パイ生地*（焼く）	小4個
牛乳	1/2カップ	チャイブ（小口切り）	大さじ1
ライトクリーム	1/2カップ		

作り方

1. 鍋にバターを熱し、マッシュルームをしんなりするまで炒める。マッシュルームを取り出し、鍋に小麦粉を加え、ふつふつするまで加熱したら、牛乳、クリーム、からしを加える。とろみがついてきたらマッシュルームを戻し、アーティチョークハーツを加え、よく火を通す。
2. パイ生地に詰め、チャイブをトッピングする。

Petite Pois à la Française
えんどう豆のフランス風（3〜4人分）

材料

冷凍グリーンピースと小玉ねぎ	1パック	砂糖	小さじ1
バター	小さじ1	塩	小さじ1/4
サラダ菜（千切り）	1/2カップ	水	大さじ2

作り方

すべての材料をソースパンに入れて混ぜ、蓋をして8〜10分煮る。

Piments de Montdidier
パプリカのピクルス（6〜8人分）

材料................
赤または緑のパプリカ	大4個	酢		1/4カップ
にんにく（半切り）	1片	塩		小さじ1/2
オリーブオイル	1/2カップ	こしょう		適量

作り方................
1. パプリカをオーブンの熱源から13cm離して焼く。たびたび返しながら全体に焼き目を付ける。
2. パプリカをオーブンから出し、すぐに大きな紙袋に入れてしっかり口を閉じ、約20分蒸らす。
3. パプリカを半分に切って種を取り、細切りにして、にんにくをこすり付けた小さなボウルに入れる。
4. オリーブオイル、酢、塩、こしょうを混ぜ、パプリカにかける。
5. 数時間冷やす。

Algerienne Potatoes
さつまいものアルジェリア風（4〜6人分）

材料................
さつまいも（ピューレにする）1/2カップ		塩・砂糖	各適量
		卵	1個
栗（缶詰）（ピューレにする）1/2カップ		乾燥パン粉	1/2カップ
卵黄	2個分	バター	大さじ2

作り方................
1. ソースパンにさつまいもと栗を入れて混ぜ、弱火にかける。卵黄、塩、砂糖を加えて混ぜ、冷ます。
2. **1**を6mm厚さの1ドル銀貨大（直径4cm弱）に成形する。
3. **2**をほぐした卵にくぐらせ、パン粉をまぶす。

4. フライパンにバターを溶かし、**3**をきつね色になるまで揚げる。

Baked Potatoes Stuffed with Avocados
ベイクドポテトのアボカド詰め （6人分）

材料..............

じゃがいも（男爵など）	3個	塩	小さじ2
サワークリーム	1カップ	挽きたて黒こしょう	適量
アボカド（さいの目切り）	1/2カップ	バター	適量

作り方..............
1. じゃがいもをやわらかくなるまで焼く。縦半分に切り、皮を崩さないように中身をくり抜く。
2. じゃがいもの中身、サワークリーム、アボカド、塩、こしょうを混ぜ、泡立てる。
3. じゃがいもの皮に**2**を詰め、少量のバターをのせ、190℃に予熱したオーブンで約10分、軽く焼き色が付くまで焼く。

Pommes de Terre Chantilly
じゃがいものシャンティイ風 （6人分）

材料..............

じゃがいも（よくつぶす）	3カップ	ヘビークリーム	1/2カップ
塩・こしょう	各適量	チーズ（すりおろす）	1/3カップ

作り方..............
1. つぶしたじゃがいもを塩、こしょうで調味し、油を塗ったオーブン皿に敷き詰める。
2. 生クリームを角が立つまで泡立て、じゃがいもの上に広げる。
3. チーズを満遍なくふりかけ、230℃に予熱したオーブンで、チーズが溶けて軽く焼き色が付くまで焼く。

Pommes Dauphine
じゃがいものドフィーネ風（8 〜 10人分）

材料

じゃがいも（男爵など）		ナツメグ	少々
（皮をむき4つ切り）	中2個	塩	適量
卵黄	2個分	デリス・デュ・ロアのシュー生地*	
バター	大さじ1	（焼かずに）	

作り方

1. じゃがいもを熱湯でやわらかくなるまで塩ゆでし、水気を切り、つぶす。
2. **1**を木べらでかき混ぜながら、2分中火にかける。
3. 火からおろし、卵黄、バター、ナツメグ、塩を加え、よく混ぜる。
4. 鍋に油を約10cm深さに入れ熱する。**3**をシュー生地と混ぜ、小さじ1ずつ油に落とし約6分、じゃがいもが自然に裏返り、全体がきつね色になったら取り出す。

バリエーション：

Chamonix Potatoes
シャモニー風

作り方

すりおろしたスイスチーズ1/2カップを生地に加える。

Idéale Potatoes
イデアーレ風

作り方

さいの目切りにしたトリュフ大さじ2を生地に加える。

Lyonnaise Potatoes
じゃがいものリヨン風 （4人分）

材料

じゃがいも（半生程度にゆでてさいの目切り）	2カップ	玉ねぎ（みじん切り）	小さじ1
		油	大さじ2
塩・こしょう	各適量	パセリ（みじん切り）	大さじ1

作り方

1. じゃがいもに塩、こしょうをふる。
2. 玉ねぎを油で軽くあめ色になるまで炒める。じゃがいもを加えて、フォークでかき混ぜ、全体に焼き色を付ける。パセリを散らす。

Casserole de Pommes de Terre et Carottes
じゃがいもとにんじんのキャセロール （4人分）

材料

じゃがいも	中3個	バター	大さじ2
にんじん	中3本	塩	小さじ1/2
牛乳（温める）	1カップ	こしょう	小さじ1/8

作り方

1. じゃがいもとにんじんの皮をむき、一緒に熱湯でやわらかくなるまで塩ゆでする。
2. じゃがいもとにんじんを一緒につぶす。
3. 残りの材料を加え、十分にフワッとするまで撹拌する。
4. 油を塗ったキャセロールに敷き詰め、180℃に予熱したオーブンで焼き色が付くまで20分焼く。

Potatoes Arlie
じゃがいものアーリー風（6人分）

材料

じゃがいも（男爵など）	3個	塩・こしょう	各適量
バター	大さじ1	ナツメグ	少々
チャイブ（小口切り）	大さじ1	スイスチーズ（すりおろす）	大さじ2
サワークリーム	1/2カップ		

作り方

1. 180℃に予熱したオーブンでポテトを45分～1時間、やわらかくなるまで焼く。
2. じゃがいもを半分に割り、中身をくり抜いてボウルに入れ、フォークでつぶす。チーズ以外の残りの材料を加える。
3. じゃがいもの皮に**2**を詰め、スイスチーズをふりかける。
4. 180℃で10分、焼き色が付くまで焼く。

Gratin Savoyard
じゃがいもとチーズのグラタン　サボア風（6～8人分）

材料

じゃがいも	900g	塩・こしょう	各適量
バター（室温）	大さじ1	牛乳	3カップ
にんにく（半切り）	1片	ヘビークリーム	1カップ
スイスチーズ（すりおろす）	1カップ		

作り方

1. じゃがいもの皮をむき、薄く輪切りにする。
2. 焼き型の底にバターを塗り、にんにくをこすり付ける。
3. じゃがいもとチーズを交互に、層ごとに塩とこしょうをふりながら積み重ね、上から牛乳をかけ、180℃に予熱したオーブンで45分焼く。
4. 生クリームを満遍なくかけ、さらに15分焼く。

Pommes de Terre Chavignol
ふんわりポテトのシャヴィニョル風（4人分）

材料

じゃがいも（よくつぶす）		卵（卵黄と卵白に分ける）	2個
（熱い状態で）	2カップ	牛乳	1カップ
バター	大さじ2	塩・こしょう	各適量

作り方

1. つぶしたじゃがいもにバター、よくほぐした卵黄、牛乳、塩、こしょうを加える。フワッと軽くなるまで十分に撹拌する。
2. 卵白を角が立つまで泡立て、**1**にさっくりと混ぜる。
3. 油を塗ったオーブン皿に敷き詰め、180℃に予熱したオーブンで10分焼く。

Whipped Potato Casserole
ホイップポテトのキャセロール（4人分）

材料

じゃがいも	中4個	塩・こしょう	各適量
バター	大さじ5	卵（卵黄と卵白に分ける）	2個
生クリーム	1/4カップ	パルメザンチーズ（すりおろす）	
玉ねぎ（粗みじん切り）	大1個		適量

作り方

1. じゃがいもを熱湯でやわらかくなるまで塩ゆでし、水気を切って皮をむく。
2. ハンドミキサーまたはポテトマッシャーでじゃがいもをつぶし、バター大さじ3と生クリームを少しずつ入れながら、フワッと軽くなるまで撹拌する。
3. 鍋に残りのバターを溶かし、玉ねぎをしんなりするまで炒める。**2**に加えて、塩、こしょうで味を調え、冷ます。
4. 卵黄を**3**に混ぜる。
5. 卵白をパサパサさせない程度に角が立つまで泡立て、**4**にさっくりと混ぜる。
6. キャセロールにたっぷり油を塗り、**5**をスプーンでこんもりと入れて、表

面にチーズを散らす。蓋をしないで、180℃に予熱したオーブンで15〜20分焼く。ブロイラーで2〜3分焼いて表面をパリッと仕上げる。

Patates et Bananes au Four
さつまいもとバナナのオーブン焼き （6〜8人分）

材料

さつまいも	中5本	牛乳（温める）	約1/4カップ
バナナ（皮をむく）	中2本	卵黄	2個分
塩	適量	卵白	1個分
ナツメグ	少々		

作り方

1. さつまいもをやわらかくなるまでゆで、皮をむき、よくつぶす。
2. バナナをつぶし、**1**に加える。塩、ナツメグで調味し、生地がしっとりするまで十分な量の牛乳を加える。卵黄を入れ、フワッと軽くなるまで泡立てる。
3. 角が立つまで泡立てた卵白を、**2**にさっくりと混ぜる。
4. 油を塗ったオーブン皿に敷き詰め、240℃に予熱したオーブンで10分、軽く焼き色が付くまで焼く。

Gratin of Chopped Spinach Washington
ほうれん草のグラタン　ワシントン風 （6〜8人分）

材料

ベシャメルソース*（薄める）	1カップ	スイスチーズ（すりおろす）	1/2カップ
とうもろこし（ゆでて水気を切る）	2カップ	パルメザンチーズ（すりおろす）	大さじ2
ほうれん草（ゆでて調味しざく切り）	1・1/2カップ		

作り方
1. 容量3ℓのキャセロールの底にバターを塗る。
2. ベシャメルソースにとうもろこしを加える。
3. キャセロールの底にほうれん草を薄く敷き詰め、上に**2**の一部をかける。これを繰り返して層を重ね、最後が**2**で終わるようにする。
4. チーズ2種を満遍なくふりかける。
5. 湯を張った浅い鍋にキャセロールを置き、180℃に予熱したオーブンで約20分、よく火が通るまで焼く。お好みでブロイラーで表面に焼き色を付ける。

Spinach Souffle
ほうれん草のスフレ（6人分）

材料

パルメザンチーズ（すりおろす）		牛乳（煮立てる）	1カップ
または小麦粉	適量	卵（卵黄と卵白に分ける）	6個
冷凍ほうれん草	285g	塩	ひとつまみおよび小さじ1
バター	大さじ4	ナツメグ	小さじ1/8
小麦粉	大さじ4	黒こしょう	小さじ1/4

作り方
1. 約16×8cmのスフレ皿にショートニングを塗り、冷蔵庫に入れておく。冷えたらショートニングを再度塗り重ね、チーズまたは小麦粉をふりかけ、余分な粉ははたき落とす。
2. ほうれん草をパッケージの表示どおりに解凍し、すぐに流水にさらすか、鍋に氷を入れて冷やす。ざるにあげて水分を押し絞り、水気をよく切る。ボウルに移し、よけておく。
3. 小鍋に中火でバターを溶かし、小麦粉を少しずつ加え、火が通るまで絶え間なくかき混ぜる。火からおろし、少し冷ます。牛乳1/3カップを加え、しっかりかき混ぜる。残りの牛乳を加え火に戻し、泡立て器でなめらかにとろみがつくまでかき混ぜる。

4. ブレンダーに**2**と**3**を入れ蓋をし、ほうれん草が細かくなるまで速度「強」で攪拌する。卵黄を加え、全体が混ざるまでさらに約5秒攪拌する。
5. ボウルに卵白と塩ひとつまみを入れ、ハンドミキサーでやわらかい角が立つまで泡立てる。卵白の1/3を**4**にさっくりと混ぜてから、残りの卵白も加え混ぜ合わせる。この間に塩小さじ1、ナツメグ、こしょうで味を調える。
6. **1**のスフレ皿に流し込み、湯を張った天板に置いて、180℃に予熱したオーブンで30〜35分、固まるまで焼く。熱々のうちに器に盛り、そのままかブレッドクリームソース*を添えて出す。

American Stuffed Squash
アメリカ風スクウォッシュの詰め物 （6人分）

材料

エイコンスクウォッシュ	中3個	パセリ（みじん切り）	大さじ2
玉ねぎ（粗みじん切り）	2カップ	塩・こしょう	各適量
バター	大さじ3	アメリカンチーズ（細切り）	1カップ
マッシュルーム（缶詰、スライス）		砕いたコーンフレーク（バターで炒める）	大さじ1
（缶汁を切る）	170g		

作り方

1. スクウォッシュを縦半分に切り、種とわたを取り除く。切り口を下にして浅い鍋に入れ、180℃に予熱したオーブンで35〜40分、やわらかくなるまで焼く。
2. 玉ねぎをバターでしんなりするまで炒め、マッシュルームとパセリを加える。
3. スクウォッシュに塩、こしょうをふり、**2**を詰めて、15〜20分焼く。
4. 表面にチーズを散らしてから、その上にコーンフレークをふりかけ、チーズが溶けるまで焼く。

Bonnet de Prêtre Glacé
スクウォッシュのグラッセ（8人分）

材料

バターナッツかぼちゃまたはエイコンスクウォッシュ	中2個	水	1/2カップ
		ライトコーンシロップ	大さじ2
バター	1/2カップ	シナモン	小さじ1/4
ブラウンシュガー	1/2カップ		

作り方
1. スクウォッシュをたっぷりの熱湯で約15分、やわらかくなるまでゆでる。水気を切り、皮をむいて半分に切り、種を取り除いて、厚切りにする。
2. 大きなフライパンにバターとブラウンシュガーを溶かし、残りの材料を入れよく混ぜる。**1**を加え、満遍なくからむようにあえ、蓋をして弱火で10分加熱する。蓋を取ってさらに5分加熱する。

Panache
パナシェ　スペイン風野菜のパテ（6〜8人分）

材料

さやいんげん	225g	ピーマン（粗みじん切り）	1/2個
オリーブオイル	1/4カップ	塩	小さじ1
白玉ねぎ（極薄切り）	大2個	挽きたてこしょう	適量
アーティチョークハーツ（缶詰）（缶汁を分けておく）	225g	パプリカ（缶詰）（細長く切る）	小1缶
卵（泡が立つまで溶く）	3個	パセリ	適量

作り方
1. さやいんげんをやわらかくなるまでゆで、水気を切る。
2. オリーブオイルを熱し、玉ねぎをしんなりするまで弱火で炒める。
3. さやいんげん、**2**の玉ねぎ（オイルごと）、アーティチョークをブレンダーに入れ、なめらかになるまで撹拌する。必要ならば、アーティチョークの

缶汁大さじ1を加える。
4. 卵と**3**を混ぜ、ピーマン、塩、こしょうを加える。
5. たっぷりバターを塗った容量1ℓの型に流し込み、水を張った鍋に置いて、230℃に予熱したオーブンで5分焼く。オーブンの温度を150℃に下げ、固まるまで約55分焼く。
6. 型から器に移し、パプリカを格子状に飾りパセリを添える。冷やしてから食卓に出す。

Ratatouille Niçoise
ラタトゥイユ　ニース風　(6人分)

材料…………

玉ねぎ（みじん切り）	1個	パセリ（みじん切り）	大さじ1
オリーブオイル	大さじ4	ローリエ	1/2枚
なす（皮をむき角切り）	1個	タイム	ひとつまみ
ズッキーニ（皮をむき角切り）	1本	塩・こしょう	各適量
トマト（皮をむきざく切り）	6個	スイスチーズ（すりおろす）	1/2カップ
にんにく（つぶす）	1片		

作り方…………
1. 玉ねぎをオリーブオイルであめ色になるまで炒める。チーズ以外の残りの材料を加え、野菜がやわらかくなるまで約20分炒める。
2. 浅いオーブン皿に入れ、チーズを散らし、ブロイラーで表面に焼き色を付ける。

Saffron Rice with Wine
サフランライス　ワイン風味　(4人分)

材料…………

バター	大さじ1	オリーブオイル	大さじ1

米	1カップ	白ワイン（辛口）	1/4カップ
チキンスープ*（煮立てる）	2カップ	塩・こしょう	各適量
サフラン	小さじ1/4		

作り方
1. ソースパンにバターとオリーブオイルを熱し、米をきつね色に炒める。
2. チキンスープ、サフラン、ワインを加え、蓋をして弱火で汁気がなくなるまで約20分加熱する。塩、こしょうで味を調える。

Nouilles en Casserole aux Fromages
ヌードルとチーズのキャセロール（4人分）

材料
麺	225g	パセリ（みじん切り）	1/4カップ
カッテージチーズ（クリーム）	1カップ	玉ねぎ（みじん切り）	1/4カップ
		卵（よくほぐす）	3個
ブルーチーズ（室温）	1/2カップ	にんにく（つぶす）	小1片
溶かしバター	1/4カップ	塩・こしょう	各適量

作り方
1. 麺をゆで、湯切りする。
2. 残りの材料を混ぜ、麺を加え、よくからめる。
3. 容量1.5ℓのキャセロールに油を塗り、**2**を入れて、180℃に予熱したオーブンで30分焼く。

Fettucini René
フェットチーネ　ルネ風（3～4人分）

材料
麺	225g	エシャロット（粗みじん切り）	
バター	大さじ1	（なくてもよい）	2本

チキンスープ*	1カップ	チャイブ（小口切り）	大さじ2
ヘビークリーム	1/2カップ	パルメザンチーズ（すりおろす）	
サワークリーム	1カップ		1/4カップ

作り方
1. 麺をゆで、湯切りする。
2. ソースパンにバターを溶かし、エシャロットを2〜3分弱火で炒める。スープを加え、3分強火にかける。火からおろし、生クリームを加える。
3. 麺、サワークリーム、チャイブ、チーズを加え、よくからめる。

Nouilles à l'Italienne
イタリア風ヌードル　（3人分）

材料

麺（中細）	113g	パルメザンチーズ（すりおろす）	
クリームチーズ	60g		1/8カップ
ライトクリーム	1/4カップ	塩	小さじ1/8
牛乳	1/4カップ	こしょう	適量
		パセリ（みじん切り）	適量

作り方
1. 麺をゆでる。
2. クリームチーズをボウルに入れてやわらかくし、クリーム、牛乳、チーズ、塩、こしょうを混ぜ合わせる。
3. 麺がやわらかくなったら水気を切り、2をかけ、よくからまるように軽くあえる。器に取り分け、パセリを飾る。

Nouilles Chinois
中華風ヌードル　ウォーターチェスナッツ風味（8人分）

材料

麺（中細）	4カップ	ウォーターチェスナッツ（缶詰）	
バター	大さじ3	（缶汁を切る）	1缶
牛乳	1カップ	アーモンド（刻む）	適量
塩・こしょう	各適量		

作り方

1. 麺をゆで、湯切りする。
2. キャセロールにバター、牛乳、塩、こしょう、ウォーターチェスナッツを入れ、混ぜる。蓋をしてひと晩冷蔵庫に入れておく。
3. 180℃に予熱したオーブンで、ときどきかき混ぜながら1時間焼く。アーモンドを散らす。

Nouilles à l'Epinards et Jambon
ほうれん草とハムのヌードル（6人分）

材料

ほうれん草（少ししんなりする程度に		塩・挽きたて黒こしょう	各適量
ゆで、水気を切る）	680g	ナツメグ	小さじ1/8
レモン汁	大さじ1	生ハムまたはゆでたハム	
バター	大さじ3	（みじん切り）	1/2カップ
玉ねぎ（みじん切り）	大さじ1	麺（少しやわらかくなる程度にゆで、	
にんにく（みじん切り）	1片	湯切りする）	450g
小麦粉	大さじ3	パン粉（バターで炒める）	1/2カップ
ライトクリーム	1カップ		

作り方

1. ほうれん草を粗みじん切りにし、レモン汁を加える。
2. バターを溶かし、玉ねぎ、にんにくをしんなりするまで炒める。小麦粉を

混ぜてから、クリームを少しずつ混ぜる。沸騰させてかき混ぜ、塩、こしょう、ナツメグで味を調える。
3. 2にほうれん草を加えよく混ぜ、ハム、麺と合わせてからめる。バター（分量外）を塗ったキャセロールに入れ、表面にパン粉を散らし、180℃に予熱したオーブンで20分焼く。

SALADS
サラダ

　きちんと作られたサラダはグルメ料理に新鮮さを加え、栄養価も高めます。サラダは春や夏の時期には、昼食はもちろんのことディナーでも、ときにはメーンディッシュになり得ます。「サラダは胃を喜ばせる」といわれてきたわりに、半世紀前の料理本にはレシピすら載っていないというのは驚きです。

　サラダは野菜、ハーブ、卵、肉、魚から作られ、塩、こしょう、オイル、酢で味付けされます。料理人によってはワインビネガーの代わりにレモン汁を使いますが、私はとりたててお勧めはしません。上質のワインビネガーはどんなサラダにもピリッとしたさわやかさを与えます。質のよいナッツオイルや植物性のオイルも使われますが、私はどちらかというとオリーブオイルのほうが好きです。お好みでどうぞ。

　できのよいサラダというのはよく水気が切れ、パリパリしていて、冷たく、そして新鮮な質のよい野菜が使われています。さまざまな野菜の取り合わせが食欲をそそり、目に鮮やかな彩りはさらに楽しみを与えてくれます。最後に、サラダに合ったドレッシングでお楽しみください。

一方で、サラダにも難点があります。ワイン好きの方はご存じですが、ワインのアロマとブーケはサラダを食べると損なわれてしまうのです。ですから食通の方はサラダを召し上がった後、ワインを飲み始める前にチーズを食べることが多いのです。サラダが用意されている場合は、ワインを飲むのを少し待つだけの価値はあると思えます。

　サラダを作るのに2、3提案があります。それはワインの愛好家をも満足させる特別な工夫です。ひとかけのにんにくの代わりに、ガーリックパウダーをふりかけてみてください。にんにくについては、常に細心の注意をお願いします。好みの問題ではありますが、にんにくをサラダボウルにこすり付けるだけよりも、ガーリックパウダーならむらなく風味を散らすことができるのです。もう少しピリッとした風味のあるフレンチドレッシングをお好みの方は、ホースラディッシュを少し足してもよいでしょう。あるいはタバスコでもよいかもしれません。
　さらにレタスの端やパイナップルの輪切りの縁にパプリカパウダーをまぶせば、赤い彩りが添えられ一層華やかになることでしょう。また、パイナップルの縁をナッツの実やチャイブ、あるいは細かく刻んだパセリの上に転がすことで、特別な風味を加えることもできます。すりつぶしたくるみをドレッシングに加えたり、サラダにふりかけるのも大変喜ばれます。
　薄切りのさくらんぼや細かく刻んだレーズン、あるいはピーナツや細かく切ったココナッツなどをトッピングしたフルーツサラダは簡単にできます。
　サラダを作るときは手順が重要です。グリーンサラダをオイルと酢で仕上げるときなどは、オイルの前に酢を入れてはいけません。さもないと、オイルはぬれた葉にからまないで、ボウルの底に沈んでしまいます。まずサラダに塩としょうで味付けをして、次にオイル、それから酢の順、これを守ってください。

少量のロックフォールチーズを砕いてフレンチドレッシングに混ぜると、洗練された風味が加わり、フルーツサラダがさらに美味しくなります。グリーンサラダは生のほうれん草の内側のやわらかい葉を加えるとさらによくなります。生のカリフラワーのつぼみとさいの目切りにしたアボカドも、格別な風味を与えます。アボカドは変色を防ぐためにレモン汁をふりかけましょう。

　固くパリっとしたセロリがお好みなら、レモンスライスを何枚か入れた冷たい水に、少なくとも1時間はつけておいてください。

　濃い色のパセリやクレソンを添えれば、明るいグリーンの葉が強調され、サラダに彩りのコントラストを付けることができます。

Maître Jean's Caesar Salad
ジーン給仕長のシーザーサラダ（6人分）

材料

塩・挽きたて黒こしょう	各適量
にんにく（つぶす）	1片
ディジョンマスタード	小さじ1
レモン汁またはワインビネガー	大さじ1・1/2
オリーブオイル	大さじ3・1/2
ロメインレタス（洗って水気を切る）	2個
パルメザンチーズ（すりおろす）	大さじ2
アンチョビ（缶詰）（缶汁を切る）	1缶
卵（1分ゆでる）	2個
クルトン（パンを角切りにし、オレガノ少々とオリーブオイルでさっと焼く）	1カップ

作り方

1. 塩、こしょうを木製サラダボウルの底にふり、にんにくを加えて混ぜる。マスタードとレモン汁またはワインビネガーを加え、塩が溶けるまで混ぜる。オリーブオイルを加え、全体が混ざり合うまでかき混ぜる。
2. サラダボウルにロメインレタスの葉を一口大にちぎって入れ、チーズとアンチョビを散らし、卵を割り入れる。クルトンを散らし、優しくしっかり混ぜ合わせる。

Salad Mimosa
ミモザサラダ（6人分）

材料

オリーブオイル	1/4カップ
ワインビネガー	大さじ1
塩	小さじ1/2
こしょう	少々
にんにく（みじん切り）	1/2片
パリッとしたサラダ用野菜	2ℓ
固ゆで卵（みじん切り）	2個分

作り方

1. 蓋ができる瓶にオリーブオイル、ワインビネガー、塩、こしょう、にんに

くを入れ、蓋を閉め強く振って混ぜる。
2. サラダボウルに野菜を並べ、**1**のドレッシングを加えてあえ、刻んだ卵を散らす。

Garden Salad
ガーデンサラダ（6〜8人分）

材料................

ターキー（加熱調理済、細切り)　　1カップ
バージニアハム（塩辛いハム）
　（細切り）　　1カップ
レタス（一口大にちぎる）1個
アンディーブまたはチコリ（一口大にちぎる）　　1個
ロレンツォサラダドレッシング*　　1カップ

作り方................

ターキー、ハム、レタス、アンディーブを混ぜ合わせ、食卓に出す前にドレッシングをかける。

Salade de Jambon et Poulet
ハムとチキンのサラダ（4人分）

材料................

ハム（細切りにして焼く）1/2カップ
鶏肉またはターキー（加熱調理済、
　小さめの角切り）　　1/2カップ
セロリ（極薄切り）　　1カップ
スイスチーズ（千切り）　1/2カップ
サウザンアイランドドレッシング*
　　3/4カップ
塩・こしょう　　各適量
レタス　　適量

作り方................

1. ハム、鶏肉、セロリ、チーズを混ぜる。
2. ドレッシングを加えて軽くあえ、塩、こしょうで味を調える。レタスを敷

いた上に盛り付ける。

Ham and Potato Salad
ハムとポテトのサラダ（6人分）

材料

ハム（小さめの角切り）	2カップ	スイートピクルス（さいの目切り）	小6個
じゃがいも（ゆでてさいの目切り）	2カップ	固ゆで卵（薄切り）	3個分
玉ねぎ（みじん切り）	大さじ1	ブレンダーマヨネーズ*	1カップ
		塩・こしょう	各適量

作り方
1. ハム、じゃがいも、玉ねぎ、ピクルス、卵を混ぜる。
2. マヨネーズ、塩、こしょうを加え、軽くあえる。

Salade d'Artichaut au Crabe Froid
アーティチョークとカニの冷たいサラダ（6人分）

材料

アーティチョークハーツ（ゆでて小さめの角切り）	1カップ	ブレンダーマヨネーズ*	1カップ
カニ肉	1カップ	トマトケチャップ	1/2カップ
ヘビークリーム（泡立てる）	1/2カップ	ウスターソース	小さじ1/2
		塩・こしょう	各適量

作り方
1. アーティチョークとカニ肉を混ぜ、冷やす。
2. 残りの材料を混ぜ、冷やす。
3. 食卓に出すときに、**1**と**2**を混ぜる。

Salade d'Homards Essex
ロブスターサラダ　エセックス風（6〜8人分）

材料................
ロブスターのむき身（ゆでたてを小さく切る）　1カップ	ケーパー（みじん切り）　大さじ1
フレンチドレッシング*　大さじ1	アンチョビ（みじん切り）　大さじ1
セロリ（氷水に1時間つけ、水気をよく切って薄切り）　1カップ	チャイブ（小口切り）　大さじ1
	レタス　適量

作り方................
1. ロブスターにフレンチドレッシングで味付けし、冷やす。
2. セロリ、ケーパー、アンチョビ、チャイブを混ぜる。
3. 銘々のサラダ皿にレタスの葉を敷き、**1**と**2**を盛り付ける。お好みで、スタッフドオリーブ、ケーパー、パプリカの薄切り、4つ切りにした固ゆで卵を飾る。ブレンダーマヨネーズ*1/2カップをタラゴンビネガーで薄めてかけてもよい。

Kashmir Chicken Salad
カシミール風チキンサラダ（6人分）

材料................
鶏肉（加熱調理済、薄切り）2カップ	塩　小さじ1/4
ウォーターチェスナッツ（缶詰）（薄切り）　1缶	挽きたて黒こしょう　適量
種なし白ぶどう　225g	しょうゆ　小さじ1
ブレンダーマヨネーズ*　1カップ	ハネデューメロン（球状にくり抜く）　1カップ
カレー粉　小さじ1/2	カンタロープメロン（球状にくり抜く）　1カップ
レモン汁　大さじ1	

作り方................
1. 鶏肉、ウォーターチェスナッツ、ぶどうを混ぜる。

Salads

2. メロン以外の残りの材料を混ぜる。
3. 1と2を混ぜ、メロンにからめるように軽く混ぜる。

Salade d'Avocat et Poulet
アボカドとチキンのサラダ （6人分）

材料

サラダ油	大さじ4	レタス（洗って水気を切る）	大1個
絞りたてライム果汁	大さじ2	セロリ（薄切り）	1カップ
粉末しょうが	小さじ1/4	完熟アボカド（皮をむいて種を取り、刷毛でレモン汁を塗る）	大1個
鶏肉（加熱調理済、薄切り）	4カップ		

作り方

1. サラダ油、ライム果汁、しょうがを混ぜ、鶏肉にからめるように混ぜる。蓋をして冷やす。
2. 銘々皿にレタスの大きめの葉を1枚ずつ敷く。残りのレタスは千切りして、セロリと軽く混ぜ、レタスの葉の周りに並べる。中央に1を盛る。
3. アボカドを縦長に薄切りし、1を盛った上にひと皿につき3枚ずつ飾る。

Jellied Waldorf Luncheon Salad
ウォルドーフ・ランチョンサラダのゼリー寄せ （6人分）

材料

りんご味のゼラチン	85g	アーモンド（刻んで煎る、または同様の製品）	1/3カップおよび少量
湯	1カップ	セロリ（みじん切り）	1/4カップ
アップルサイダーまたはアップルジュース	3/4カップ	サラダ用野菜	適量
レモン汁	大さじ3および少量	カッテージチーズ（クリーム状にする）	1・1/2カップ
赤りんご	大1個		

作り方
1. ゼラチンを湯に溶かし、サイダーとレモン汁大さじ3を加え、少しとろみが出るまで冷やす。
2. りんごの芯を取り、1カップ分を小さなくさび形に切る。残りは薄切りにしておく。
3. 薄切りしたりんごは、変色を防ぐためにレモン汁少量につけ、飾り用に取っておく。
4. くさび型に切ったりんご、アーモンド1/3カップ、セロリを**1**に混ぜ、20cmのリング型に流し込み、固まるまで冷やす。
5. サラダ用野菜を敷いた上に、**4**を型から外してのせる。リングの真ん中にカッテージチーズを詰め、りんごの薄切りとアーモンド少量を飾る。

Molded Grapefruit Salad
グレープフルーツゼリーのサラダ（6人分）

材料

グレープフルーツ	中2個	塩	小さじ1/2
無香料ゼラチン	2包	レモン汁	1/4カップ
冷水	1/2カップ	グレープフルーツ（飾り用）	
熱湯	3/4カップ	（皮をむき小房に分ける）	中1個
蜂蜜	1/2カップ		

作り方
1. グレープフルーツ2個の皮を白い部分ごとナイフでむき、小房に分けてうす皮を取り除く。果汁をこぼさないようにボウルの上で作業する。それぞれの房を3つ切りにし、漉し器で果汁を絞る。
2. ゼラチンは冷水でふやかしてから熱湯を加え、溶けるまでかき混ぜる。蜂蜜、塩、レモン汁を入れてよくかき混ぜる。
3. **1**のグレープフルーツ果汁1カップ（足りなければ追加する）を**2**に加え、とろみがついてシロップ状になるまで冷やす。
4. **3**に飾り用のグレープフルーツ数切れを入れて混ぜ、容量6カップの型に

流し込み、固まるまで冷やす。
5. 型から外して皿にのせ、グレープフルーツの小房を飾る。

Moule d'Avocat
アボカドゼリー（6人分）

材料

無香料ゼラチン	1包	アボカド（皮をむき種を取る）	2個
冷水	1/4カップ	レモン汁	大さじ2
熱湯	1カップ	サワークリーム	3/4カップ
砂糖	小さじ2	ブレンダーマヨネーズ*	1/4カップ
塩	小さじ1・1/2	ブラックオリーブ	適量
白こしょう	小さじ1/2		

作り方

1. ゼラチンを冷水に5分つけ、ふやかす。熱湯、砂糖、塩、こしょうを加え、溶けるまでかき混ぜる。固まり始めるまで冷やす。
2. ブレンダーにアボカドとレモン汁を入れ、ピューレにする。
3. サワークリームとマヨネーズを**2**に入れて混ぜる。**1**のゼラチンを加え、調味料で味を調える。
4. **3**を油を塗った20cmのリング型に流し、固まるまで冷やす。型から外して皿にのせ、真ん中にブラックオリーブを詰める。

Tomato Aspic Loaf
トマトゼリーのサラダ（8～10人分）

材料

レモン味のゼラチン	170g	トマトジュース（冷やす）	1・1/2カップ
塩	小さじ1	ホースラディッシュ（練り状）	
トマトジュース(煮立てる)	2カップ		小さじ2

玉ねぎ（すりおろす）	大さじ1	小房に分けたカリフラワー・にんじんスティック	各適量
カイエンペッパー	小さじ1/8	固ゆで卵	適量

作り方
1. ゼラチンと塩を煮立てたトマトジュースに溶かし、冷やしたトマトジュース、ホースラディッシュ、玉ねぎ、カイエンペッパーを加える。
2. 23×13×7.5cmのローフパンに流し込み、固まるまで3時間からひと晩冷やす。
3. 型から外す。周りにカリフラワーとにんじんスティックを、上に薄切りにしたゆで卵を飾る。

Bangalore Potato Salad
バンガロール風ポテトサラダ（10人分）

材料

じゃがいも（ゆでて角切り）	7カップ（中8個程度）	ブレンダーマヨネーズ*1カップ	
ピーマン（さいの目切り）	1/2カップ	カレー粉	大さじ1〜1・1/2
セロリ（さいの目切り）	1カップ	玉ねぎ（すりおろす）	大さじ2
固ゆで卵（さいの目切り）	2個分	レモン汁	大さじ3
		塩・こしょう	各適量

作り方
1. じゃがいも、ピーマン、セロリ、卵を混ぜ合わせる。
2. 残りの材料をしっかり混ぜ合わせ、1に加えてよくあえる。冷やしてから食卓に出す。

Chick-Peas Salad Grenoble
ひよこ豆のサラダ　グルノーブル風（6人分）

材料

ひよこ豆（缶詰）（すすいで水気を切る）	2カップ	パセリ（みじん切り）	大さじ2
アンチョビフィレ（粗みじん切り）	2枚	塩・こしょう	各適量
にんにく（みじん切り）	1片	レモン汁	適量
ケーパー	大さじ1	ブレンダーマヨネーズ*	1/4〜1/2カップ
エシャロットまたはねぎ（みじん切り）	小さじ1		

作り方................

マヨネーズ以外の材料をよく混ぜ、マヨネーズを加えて全体をまとめる。冷やしてから食卓に出す。

Dutch Potato Salad
オランダ風ポテトサラダ（6人分）

材料................

じゃがいも	中6個	ホースラディッシュ	小さじ2
わけぎ（小口切り）	1/3カップ	酢	小さじ4
きゅうり（皮をむきさいの目切り）	1/2カップ	塩	小さじ1
		砂糖	小さじ1/4
ブレンダーマヨネーズ*	1/3カップ	こしょう	小さじ1/8
サワークリーム	1/3カップ	キャラウェイシード	小さじ1

作り方................

1. じゃがいもを皮付きのまま、やわらかくなるまでゆでる。皮をむき、角切りにする。
2. じゃがいも、わけぎ、きゅうりを混ぜる。
3. 残りの材料を混ぜ合わせ、**2**にかけ軽くあえる。冷やしてから食卓に出す。

Hot Pickled Cauliflower
カリフラワーのホットピクルス (6人分)

材料...............
カリフラワー	中1個(680g)	ピーマン(粗みじん切り)	大さじ2
ワインビネガー	大さじ3	砂糖	小さじ1
バター	大さじ2	塩	小さじ1/4
パプリカ(さいの目切り)	大さじ2		

作り方...............
1. カリフラワーを小房に分け、沸騰したひたひたの湯で約10分塩ゆでし、水気を切る。
2. カリフラワーをゆでている間に、小さなソースパンに残りの材料を混ぜ、弱火で約5分煮る。
3. 熱々のカリフラワーに 2 をかける。

Italian White Bean Salad
イタリア風ホワイトビーンサラダ (6人分)

材料...............
カネリーニ豆(白いんげん豆、缶詰) 2缶		塩	小さじ1
赤玉ねぎ(粗みじん切り) 2/3カップ		バジル	小さじ1
オリーブオイル	1/2カップ	ワインビネガー	大さじ2

作り方...............
すべての材料をよく混ぜ合わせる。冷蔵庫で数時間冷やしてから食卓に出す。

Jaipur Rice Salad
ジャイプル風ライスサラダ（6人分）

材料

米	1カップ	ビーツ（ゆでて皮をむき、薄い細切り）	小4個
トマト（皮をむいて種を取り、細かくざく切り）	2個	グリーンオリーブ（薄切り）	1/4カップ
ラディッシュ（茎を切り取り、薄切り）	6個	塩・挽きたて黒こしょう	各適量
		カレー粉	小さじ1/2
玉ねぎ（みじん切り）	1/2カップ	ディジョンマスタード	小さじ1
セロリ（葉を除いてみじん切り）		ワインビネガー	大さじ2
	1/2カップ	オリーブオイル	大さじ6

作り方
1. 米を炊き、冷やす。
2. 冷えたご飯とトマト、ラディッシュ、玉ねぎ、セロリ、ビーツ、オリーブ、塩、こしょうを混ぜ合わせる。
3. カレー粉、マスタード、ビネガーを混ぜ、**2**にかける。
4. **3**を軽くあえ、オリーブオイルをかけてさらにあえる。

Marinated Cucumber Salad
きゅうりのマリネサラダ（4人分）

材料

きゅうり（薄切り）	中2本	砂糖	小さじ1/2
酢	1/2カップ	塩・こしょう	各少々
冷水	1/4カップ		

作り方
すべての材料を混ぜ、24時間冷やす。

Onion Salad
オニオンサラダ（6人分）

材料................
白玉ねぎ（スペイン産または赤いイタリア産）	4個	アンチョビフィレ	適量
オリーブオイル	大さじ6	完熟ブラックオリーブ（種を取る）	適量
ワインビネガー	大さじ3		

作り方................
1. 玉ねぎを極薄切りにし、氷を入れた塩水に30分つける。ペーパータオルで水気をよく拭き取る。
2. 大きなサラダボウルに玉ねぎを盛り付け、オリーブオイルとワインビネガーをかけて、アンチョビとオリーブを飾る。

Tomate Riviera
トマトのリビエラ風（8人分）

材料................
トマト	4個	塩・こしょう	各適量
ハート・オブ・パーム（ヤシの芽、缶詰）	4本	赤パプリカ（細切り）	1個
ブレンダーマヨネーズ*	大さじ2	パセリ（粗みじん切り）	大さじ1
レモン汁	小さじ1	固ゆで卵（粗みじん切り）	1個分
		レタス	適量

作り方................
1. トマトの皮をむいて半分に切り、詰め物ができるように中身をくり抜く。
2. ヤシの芽を薄切りにして、マヨネーズ、レモン汁、塩、こしょうを混ぜ合わせる。
3. トマトに2を半分の高さまで詰め、その上にパプリカを広げ、パセリと卵を散らして表面を覆う。レタスの葉を敷いた上に盛り付ける。

DESSERTS
デザート

　再びルイ 14 世に登場していただきましょう。コースの最後、デザートになっても、ルイ 14 世からは逃れようがないようです。驚くことに当時のフランスの美食家たちからは、ルイ 14 世は真の食通とはみなされていなかったようです。しかし、ルイ 14 世は王族として相応しい、食欲をそそる料理を創らせるために、料理人に宮廷内でし烈な競争をするよう仕向けていました。その結果、今当たり前にある多くのデザートが考案されたのです。

　デザートメニューの定番、プチフールは、ある日ルイ 14 世が田舎にある裕福な友人の大邸宅でディナーを食べたときに、初めて世に出たものに間違いありません。ルイ 14 世の取り巻きの宮廷貴族たちは、田舎のシェフには多くを期待していませんでした。貴族たちは、パリで腕の立つシェフが日々作る美味しい料理に慣れています。この田舎のシェフが、彼らの好奇心をかきたてる料埋を作り出せるなどとは思いもよらなかったのです。だから田舎のシェフによるデザートが出された瞬間は、ちょっとした笑いと嘲笑うような声が出てしまったのです。
　召し使いがダイニングホールに入ってきて、たったひとつのとても小さなケーキ、プチフールをシルバーの大皿に載せて王にお出ししました。カッと

なりやすい性格の王が激怒するのではないかと貴族たちは心配になりました。王はプチフールを見て、驚きを隠すことができませんでした。しかし、ケーキをひょいと口に入れた瞬間、王の顔に歓喜の表情が広がりました。王は満ち足りた表情とともにそのケーキをさらに所望されたのです。プチフールの誕生です。

この砂糖菓子を文字どおりに訳すと、「小さな窯」という意味になりますが、オーブンが冷めていく途中の熱で焼かれるお菓子というほうが相応しいといわれています。ともかく、この小さなケーキはいろいろな楽しい形をしていますので、食事の最後を楽しいものにしてくれます。

もちろん私もホワイトハウスでプチフールをお出ししました。ホワイトハウスのスイーツの伝統は、驚くべきことに第3代大統領トーマス・ジェファーソンにまで遡るのです。ジェファーソンは鋭い審美眼を持った食通でした。彼は大統領になってからも、シェフであるルメール氏とともにジョージタウンの市場に行き、最高の肉や果物、野菜を自ら選びました。ジェファーソンは日々のホワイトハウスのメニューも考え、決めていました。彼は駐仏大使時代に、時間の許す限りパリの最高のレストランを食べ歩き、この経験から美食家という素晴らしい名声をアメリカで得ることができました。

ジェファーソンがアメリカにスパゲッティをもたらしたことはよく知られていますが、デザートメニューの普及にも貢献したことはあまり知られていません。彼はフランス滞在中にアイスクリームを作ることを学び、公式の晩餐会でアイスクリームを出した最初の外交官でもあります。しかし、もっと注目すべきことは、ホワイトハウスの晩餐会に、現在ベイクドアラスカ*と呼ばれているデザートを持ち込んだことです。ジェファーソン版のそれは、温かいパイ生地の真ん中に冷たいアイスクリームが入っていました。来賓の方々はそれまでそのようなものを見たことがなく、ホワイトハウスで初めて

出されたアイスクリームを大いに楽しんだわけです。
　私は、ホワイトハウスでベイクドアラスカをあまり出しませんでした。なぜならそのデザートは私には奇妙なアメリカ料理に見えて、私に求められている料理とは相反するもののように思えたからです。

　ホワイトハウスでもスイーツを喜んで食べるのは、当然のことながら保育園の子どもたちです。秘書であるリンカーン女史の机の傍らの小さなテーブルには、常にミルクチョコレートがたくさん載った皿が置いてありました。それはおもに訪問客用でしたが、子どもたちは乳母のモード・ショー女史の監視の目をかいくぐり、隙あらばチョコレートをわしづかみにして、嬉しそうに逃げ去りました。ケネディ大統領は間食はいっさいされませんでしたので、チョコレートには決して手を出されませんでした。
　ほかのすべての子どもと同じように、キャロラインとジョンもことのほかクッキーが好きでした。キャロラインはしばしば厨房にクッキーをおねだりにやってこられました。これには必ずショー女史の許可が必要です。私は彼女が頷けば、クッキーを差し上げていました。でも食事時間が近かったりすると彼女は首を横に振ります。キャロラインはそのようなときでもいい子にしていて、泣いたり癇癪を起こすようなことはありませんでした。キャロライン、ジョンのおふたりとも大変お行儀がよく、いつも「お願いします」と「ありがとう」の言葉を忘れることはありませんでした。

　デザートは素晴らしい食事の最後に相応しい仕上げとして出されるべきです。魅力的でワクワクするものになるよう、それでいて簡単に作れるように心がけました。皆さんにもデザート作りを楽しんでいただけることを祈っています。

Batter for Basic Crêpes
クレープ生地（15cmのクレープパンで30〜34枚分）

材料..............
卵	3個	牛乳	1・1/2カップ
塩	ひとつまみ	小麦粉	1カップ
砂糖	1/8カップ	バター	大さじ2
バニラエキストラクト	小さじ1/2		

作り方..............
1. ブレンダーに卵、塩、砂糖、バニラエキストラクトを入れ、蓋をして速度「弱」で5秒撹拌する。
2. ブレンダーを回したまま牛乳を少しずつ加え、さらにペーパータオルかワックスペーパーを漏斗にして小麦粉を流し込む。
3. 15cmの鋳鉄製のクレープパンで溶かしたバターを、「弱」で回したままのブレンダーにゆっくり加える。
4. クレープを焼く。クレープパンは焼くつどバター（分量外）を塗ったチーズクロスで軽く拭く。クレープパンを傾け、**3**を約大さじ2、底を覆う程度の量をそっと注ぐ。すぐに鍋を回し生地を均一に広げる。中火でさっと焼き、生地を裏返して両面に焼き色を付ける。
5. クレープをやぶかないように、後に焼いた面を上にして皿に積み重ねる。
6. ソースを後でかける場合は、ラップで覆って冷蔵しておく。

備考：保存は生地のまま冷蔵するか、焼いてからラップして冷蔵または冷凍する。

Suzette Butter for Crêpes
クレープシュゼット（クレープ12枚分）

材料..............
オレンジ	2個	砂糖	2/3カップ
レモンの皮	2片 (2.5×1.3cm)	バター（室温）	2/3カップ

| オレンジキュラソー | 大さじ6 | ブランデー | 大さじ2 |
| クレープ | 12枚 | | |

作り方

1. オレンジの皮の表面をピーラーでむき、オレンジ色の部分だけを使う。
2. オレンジを半分に切り、果汁を1/2カップ分絞る。ブレンダーにオレンジの果汁と皮、レモンの皮を入れ、蓋をして速度「弱」で皮が細かくなるまで撹拌する。砂糖、バター、オレンジキュラソー大さじ4を加え、蓋をして速度「強」でよく混ざるまで撹拌する。
3. 2の1/2カップをチェーフィングディッシュか浅い鍋にスプーンで入れ、加熱して溶かす。
4. 3にクレープを1枚ずつのせて、両面を温める（クレープは後に焼いた面を下にすると、折りたたんだときにきれいな色が表にくる）。クレープをフォークとスプーンで1/4に折りたたむ。必要ならばソースを足す。折りたたんだクレープは鍋の側面に寄せて並べていき、12枚のクレープの角が同じ方向を向くようにする。出す直前に、オレンジキュラソー大さじ2とブランデー大さじ2をクレープにスプーンでかけ、フランベする。炎が上がり続けるようにソースをまわす。必要に応じて全体に回るように鍋を傾ける。ゲストの前で行えば、食卓をドラマチックに演出できる。

Apples Normandy

アップル・ノルマンディー　クレープ用ソース（クレープ8～10枚分）

材料

バター	大さじ2	クレープ	8～10枚
りんご（皮をむいて芯を取り、6mm角に切る）	大2個	コーンシロップ	1/4カップ
		カルヴァドス（アップルブランデー）	1/4カップ
シナモンパウダー	小さじ1/8		
ライトブラウンシュガー	大さじ2		

作り方

1. 大きなフライパンかチェーフィングディッシュで、バターをきつね色にな

Desserts

るまで溶かす。
2. りんごを入れ、焦がさないようにときどきかき混ぜながら、しんなりと色づくまで火を入れる。シナモン、ブラウンシュガーをふりかけ、さらに3分火にかける。
3. クレープを1枚ずつフライパンかチェーフィングディッシュで温める。
4. クレープの中央に2を大さじ1ずつのせて巻き、鍋の側面に寄せて並べていく。
5. 出す直前に、クレープにコーンシロップとカルヴァドスをかけ、フランベして、炎が上がり続けるようにスプーンでコーンシロップとカルヴァドスをかける。ゲストの前で炎をつけると、ドラマチックな演出になる。

Pêches Glacés Amandine
桃のグラッセ　アーモンドを散らして（6人分）

材料

半切りの桃（缶詰）（シロップを分けておく） 6切れ	レモン汁　大さじ2
アーモンドスリバード　1/2カップ	レモンの皮（すりおろす）　小さじ1/2
蜂蜜またはブラウンシュガー　大さじ2	バター　大さじ1

作り方

1. 桃をくぼんだ面を上にしてキャセロールに入れ、アーモンドと蜂蜜またはブラウンシュガーをふりかける。
2. 桃のシロップを1カップになるまで強火で煮詰め、火からおろしてレモンの汁と皮を加える。
3. **2**を桃にかけてバターを少量のせ、160℃に予熱したオーブンで30分焼く。温かいままでも冷やしてもよい。

Rhum Fraises Chantilly au Chocolat
いちごのチョコレートとラムのクリームがけ（6人分）

材料

いちご	4カップ	スイートチョコレート	（すりおろす）
グラニュー糖	1/2カップ		1/2カップ
ヘビークリーム	1カップ	粉砂糖	大さじ1
		ラム酒（ライト）	大さじ1

作り方

1. サービングボウルにいちごを入れ、グラニュー糖をふりかけ、冷やす。
2. 出す直前に生クリームを泡立て、チョコレート、粉砂糖をさっくりと混ぜてから、さらにラムを加え混ぜる。冷やしたいちごにかける。

Fruited Bread Pudding
フルーツ入りブレッドプディング（8～10人分）

材料

砂糖漬けフルーツの盛り合わせ		フランスパン	（6mm厚さに薄切り）
（さいの目切り）	1/4カップ		適量
レーズン	1/4カップ	砂糖	1カップ
キルシュワッサー	大さじ1	バニラエキストラクト	小さじ1
バター	1/4カップ	牛乳	1ℓ
		卵	5個

作り方

1. フルーツとレーズンをキルシュワッサーに漬ける。
2. バターを溶かし、フランスパンに塗る。パンは20×13cmのオーブン皿の底を覆える量を用意する。
3. オーブン皿にバター（分量外）を塗り、フルーツを並べてからレーズンを散らし、フランスパンをその上に敷き詰める。
4. 砂糖、バニラエキストラクト、牛乳を混ぜ、煮立てる。

5. ボウルに卵を割り入れてほぐし、かき混ぜながら 4 を少しずつ加えていく。
6. 5 をパンの上に流し込み、190℃に予熱したオーブンで 25 分焼く。

Honey-Baked Apples
ハニーベイクドアップル（4人分）

材料

焼き用のりんご（紅玉）	大4個	蜂蜜	1/2 カップ
くるみ（刻む）	大さじ1	水	1 カップ
レーズン	大さじ1	シナモンスティック	1本
ライトブラウンシュガー	3/4 カップ		

作り方

1. りんごは芯をくり抜き、上1/4を切り落とす。
2. くりぬいた穴に、くるみ、レーズン、ブラウンシュガー 1/4 カップを混ぜて詰め、オーブン皿に置く。
3. 蜂蜜、水、シナモンスティック、残りのブラウンシュガーを混ぜ、4分煮る。りんごにかけ、180℃に予熱したオーブンで45分、りんごがやわらかくなるまで焼く。

Macédoine de Fruits Chantilly
マセドワーヌ・ド・フリュイ・シャンティイ　ミックスフルーツのクリーム添え（8人分）

材料

完熟パイナップル	1個	あんず（缶詰、種抜き）（シロップも使う）	1/2 カップ
キルシュワッサーまたはコニャック	大さじ4	ヘビークリーム（泡立てる）（甘さはお好みで）	1 カップ
砂糖	適量		
いちご	3 カップ		

作り方

1. パイナップルの皮をむき薄切りにする。そのうち4枚を半分に切り、キルシュワッサー大さじ2と砂糖大さじ2をかけて冷やす。残りのパイナップルはさいの目切りにする。
2. いちごは1カップを飾り用に取り置き、残りを4つ切りにして、さいの目に切ったパイナップルと混ぜ合わせる。お好みで砂糖を加え、冷やす。
3. ブレンダーにあんずをシロップごと入れ、ピューレにする。砂糖1/4カップを加え、ソースパンに入れて中火にかけ、透明感が出るまでかき混ぜる。残りのキルシュワッサーを加え、冷やす。
4. 銘々皿の中央に**2**を盛り付け、その周りにパイナップルのスライスを1枚ずつ飾る。中央を生クリームで覆い、飾り用のいちごをあしらう。パイナップルのスライスを**3**でコーティングする。

Peaches Stuffed with Almonds
桃のアーモンド詰め　砂糖とダークラム風味（12人分）
温かいままでも冷やしても

材料

粉砂糖	1カップ	桃（皮をむいて種を取り、半分に切る）	12個
アーモンド（湯通しして皮をむき細かく挽く）	1カップ	バター	1カップ（225g）
ラム酒（ダーク）	1/2カップ	砂糖	1/2カップ

作り方

1. 粉砂糖、アーモンド、ラムをペースト状になるまで混ぜる。
2. 半分に切った桃の片方に**1**を詰め、もう片方を合わせてひとつの桃の形に戻す。
3. 蓋付きのオーブン皿にバターを溶かし、桃を置いて砂糖1/2カップをふりかける。蓋をして180℃に予熱したオーブンで15分、桃がやわらかくなるまで焼く。

Pêches au Vin Blanc
桃のコンポート（8人分）

材料................
かたく熟した桃	8個	レモン汁	大さじ1
水	2カップ	砂糖	1カップ
白ワイン（辛口）	2カップ		

作り方................
1. 桃を洗い、水気を切る。
2. 残りの材料を混ぜて沸騰させ、砂糖が溶けるまで煮る。
3. 桃を2に入れ、再び煮立ててから弱火にし、桃がやわらかくなるまで煮る。
4. 3を冷やす。桃の皮をむき、器にシロップごと盛り付ける。

Poires Karachi
洋梨のカラチ風（6人分）

材料................
バター	1/2カップ	塩	小さじ1/2
ブラウンシュガー	1/2カップ	半切りの洋梨（缶詰）（缶汁を切る）	
カレー粉	大さじ1		12切れ

作り方................
1. 洋梨以外の材料を混ぜ、スプーンで洋梨に入れる。
2. グリルでふつふつするまで焼く。

Ananas et Fraises Chantilly
パイナップルといちごのクリーム添え（6人分）

材料................
完熟パイナップル（角切り）	1個分	いちご（へたを取る）	4カップ

砂糖	大さじ2	泡立てた生クリームまたはバニラ	
コアントロー	1/4カップ	アイスクリーム	適量

作り方
1. パイナップルといちごをかるく混ぜ合わせる。
2. 砂糖とコアントローをふりかけ、冷蔵する。
3. 甘みをつけた生クリームまたはバニラアイスクリームを添えて、冷たい状態で出す。

Strawberries and Cream Cheese Dessert
いちごとクリームチーズのデザート（6人分）

材料
クリームチーズ（室温）	450g	ヘビークリーム（泡立てる）	
砂糖	1/2カップ		1カップ
冷凍いちご（解凍し水気を切って、薄切り）	450g		

作り方
1. クリームチーズをフワッとするまでかき混ぜ、砂糖を加えよく混ぜる。
2. **1**にいちごと生クリームをさっくりと混ぜる。
3. 容量1ℓの型にスプーンで入れ、4時間以上冷凍する。

Fraises au Grand Marnier
メレンゲにのったリキュール風味のいちご（6〜8人分）

材料
卵白	1個分	ヘビークリーム（泡立てる）	
クリームオブターター	小さじ1/8		1/2カップ および飾り用分
砂糖	大さじ4	バニラエキストラクト	小さじ1/2
		いちご（へたを取る）	4カップ

| 野いちごのジャム（プリザーブタイプ） | 大さじ6 | キルシュワッサー | 大さじ3 |
| | | グランマルニエ | 大さじ3 |

作り方
1. 卵白とクリームオブターターを混ぜ、泡が立つまでかき混ぜる。少しずつ砂糖を加え、かたい角が立つまで泡立てる。
2. **1**に生クリーム1/2カップ分とバニラエキストラクトをさっくりと混ぜる。
3. **2**を浅い銘々皿に、底と側面を覆うように広げる。
4. その上にいちごを尖っている方を上にして並べる。
5. 野いちごのジャムをキルシュワッサーとグランマルニエで溶いて、それをいちごの表面に塗って艶を出す。飾り用の生クリームを添えて出す。

Fraises aux Framboises Chantilly
いちごのラズベリーソース　クリーム添え （6人分）

材料
| いちご | 2カップ | レモン汁 | 大さじ1 |
| 冷凍ラズベリー（半解凍） | 285g | 泡立てた生クリーム | 適量 |

作り方
1. いちごを洗ってへたを取り、銘々皿に盛り付ける。
2. ブレンダーにラズベリーとレモン汁を入れ、なめらかになるまで撹拌する。
3. **2**をいちごにかけ、冷やす。生クリームを飾る。

Biscuits Brabant
ブラバント風ビスケット （32枚分）

材料
| バター | 1カップ | 卵黄 | 3個分 |
| 砂糖 | 1/2カップ | 塩 | 小さじ1/4 |

小麦粉	2・1/2カップ	卵白	3個分
ジャム	適量	砂糖	1カップ

作り方
1. オーブンを160℃に予熱する。
2. バター、砂糖1/2カップ、卵黄、塩、小麦粉をよく混ぜ合わせる。
3. 20cm角の型2つに油を塗らずに**2**を入れ、軽くたたいて均し、表面にジャムを広げる。
4. 卵白に砂糖1カップを加え、ボソボソしてこない程度にかたく泡立て、ジャムの上に広げる。
5. 30〜35分焼く。冷ましてから正方形に切り分ける。

Moques Hollandaises（Sables）
オランダ風クッキー （80枚分）

材料
バター（室温）	225g（1カップ）	塩	小さじ1/2
粉砂糖	1カップ	バニラエキストラクト	小さじ1/4
小麦粉	2・1/2カップ	グラニュー糖	適量

作り方
1. バターをクリーム状にして、粉砂糖、小麦粉、塩、バニラと混ぜ、1時間冷やす。
2. 薄く打ち粉をしたペストリーボードの上で**1**の生地を転がし、ソーセージの形にして、グラニュー糖をまぶす。
3. 6mm厚さに薄切りし、油を塗り粉をふるった天板に並べ、230℃に予熱したオーブンで8分焼く。

Madeleines
マドレーヌ （約24個分）

材料................

卵	5個	溶かしバター	3/4カップ
砂糖	1・1/4カップ	バニラエキストラクト	小さじ1
小麦粉	1・1/4カップ		

作り方................

1. オーブンを190℃に予熱する。
2. 卵をほぐし、砂糖を少しずつ加えて混ぜ、ぬるめの温かさになるまで弱火にかける。
3. 火からおろし、小麦粉を混ぜる。溶かしバターとバニラエキストラクトを加え混ぜる。
4. マドレーヌ型に流し入れ、オーブンで約18分焼く。

Orange Tile Cookies
オレンジタイルクッキー （約30枚分）

材料................

バター（室温）	1/2カップ	オレンジジュース	30ml
砂糖	1/2カップ	オレンジの皮（非常に細かく刻む）	
卵白	2個分		大さじ1
小麦粉	1/2カップ	赤い食用色素	2滴
アーモンド（薄切り）	85g		

作り方................

1. オーブンを200℃に予熱する。
2. バターと砂糖をフワッとクリーム状になるまで混ぜる。
3. 残りの材料を加えよく混ぜ、ゆるめの生地を作る。
4. よく油を塗った天板に、生地を小さじ山盛り1ずつ落とす。クッキーの縁に焼き色が付くまで7～8分焼く。

5. 熱いうちにクッキーの両端を曲げて円柱形を作り、薄くサクサクしたクッキーに仕上げる。

Palais au Raisin
パレ・オ・レザン　レーズンまたはチョコチップ入りクッキー（約75枚分）

材料

レーズン	225g	砂糖	1カップ（225g）
ダークラム	1/2カップ	卵	4個
バター（室温）	1カップ（225g）	小麦粉	1・1/2カップ

作り方

1. オーブンを200℃に予熱する。
2. ソースパンにレーズンとラムを入れ1分火にかけ、炎が上がった瞬間に火を止め、スプーンでかきまぜる。冷ます。
3. バターと砂糖を混ぜてクリーム状にし、卵を1個ずつ加えそのつど混ぜる。小麦粉と2を加える。
4. 3を絞り袋に入れ、油を塗り粉をふるった天板にくるみ大に絞っていく。約7分焼く。

備考：レーズンの代わりにチョコレートチップを使ってもよい。

Biscuits Tulles
チュールビスケット（36枚分）

材料

ショートニング	1/2カップ	小麦粉（ふるう）	1カップ
砂糖	1/2カップ	ベーキングパウダー	小さじ1
バニラエキストラクト	小さじ1	塩	小さじ1/4
卵黄	1個分	赤色のジャム	適量

作り方
1. オーブンを180℃に予熱する。
2. ショートニングと砂糖をフワッとクリーム状になるまで混ぜる。
3. ジャム以外の残りの材料を加え、よく混ぜる。
4. 油を塗った天板に、生地を小さじ山盛り1ずつ落とす。それぞれ中央にギザギザの刻み目を付け、そこにジャム少量を盛る。10〜12分焼く。

Délice du Roi（*King's Delight*）

デリス・デュ・ロア（王のよろこび）　シュークリーム（24個分）

シュー生地の材料
水	1/2カップ	小麦粉	1/2カップ
塩	小さじ1/4	卵	2個
バター	1/4カップ		

作り方
1. オーブンを200℃に予熱する。
2. 小さなソースパンに水と塩を入れ沸騰させる。バターを加えて溶かす。小麦粉を加え、金属製の泡立て器で、生地が中央に丸くまとまるまでかき混ぜる。火からおろし、ハンドミキサーのミキシングボウルにスプーンで移す。速度「中」で混ぜ、卵を1個ずつ加え、クリーム状になるまで撹拌する。
3. 生地を絞り袋に入れ、油を塗り粉をふるった天板に、くるみ大のボール状に絞っていく。200℃で25分焼き、180℃に下げ5分焼く。冷ましてからフィリングを詰める。

フィリングの材料
ホイッピングクリーム	240ml	アーモンドエキストラクト	4滴
砂糖	大さじ1		

作り方
1. シュー生地の底にナイフの先で、絞り袋の口が入る程度の小さな穴を開ける。
2. クリームをブレンダーに入れ、速度「弱」で角が立つまで泡立てる。砂糖とアーモンドエキストラクトを加え、混ざるまで撹拌する。絞り袋に入れ

てシュー生地に詰める。すぐに食卓に出さない場合は冷蔵する。

備考：バニラアイスクリームのフィリングに、ホットチョコレートソース*をかけてもよい。

Baked Blackberry Dessert
ベイクドブラックベリーケーキ （6人分）

材料................
ブラックベリー	2カップ	バター	1/2カップ
砂糖	1・1/4カップ	卵	1個
小麦粉（ふるう）	1・3/4カップ	バニラエキストラクト	小さじ1
ベーキングパウダー	小さじ2・1/4	牛乳	1/2カップ
塩	小さじ1/3	生クリーム	適量

作り方................
1. ブラックベリーを洗って選別し、よく水気を切り、砂糖1/2カップを混ぜる。
2. 小麦粉、ベーキングパウダー、塩を合わせてふるう。
3. バターをフワッとクリーム状になるまで混ぜ、残りの砂糖を少しずつ加え、卵、バニラエキストラクトを入れかき混ぜる。2と牛乳を交互に加え、よく混ぜ合わせる。
4. バター（分量外）を塗ったオーブン皿の底にブラックベリーを敷き詰め、上に3を注ぎ、180℃に予熱したオーブンで50分焼く。生クリームを添える。

Blueberry and Cheese Cake
ブルーベリーチーズケーキ （6人分）

材料................
バター	1/3カップ	卵	2個
砂糖	1/3カップ	牛乳	3/4カップ

ベーキングパウダー	大さじ1	レモン汁	大さじ1
小麦粉	1・1/2 カップ	小麦粉	1 カップ
ブルーベリー	2 カップ	砂糖	1/4 カップ
クリームチーズ（室温）	85g	バター	1/4 カップ
砂糖	大さじ2	シナモン	小さじ1/4

作り方
1. オーブンを190℃に予熱する。
2. バターと砂糖各1/3カップをフワッとクリーム状になるまで混ぜ、卵を加えよくかき混ぜる。牛乳と、ベーキングパウダーをふるった小麦粉1・1/2カップを加える。
3. ブルーベリー1カップを生地に加え、しっかり混ぜる。
4. 23cmのケーキ型にバター（分量外）を塗り、生地を流し入れ、残りのブルーベリーを表面に散らす。
5. クリームチーズ、砂糖大さじ2、レモン汁を混ぜ、ブルーベリーの表面にのばす。
6. 小麦粉1カップ、砂糖1/4カップ、バター1/4カップ、シナモンをぼろぼろするまで混ぜ、ケーキの表面全体にふりかけ、30分焼く。

Devil's Food Cake with Honey
デビルズフードケーキ　蜂蜜入り（8〜10人分）

材料

小麦粉（ふるう）	2・1/2 カップ	蜂蜜	3/4 カップ
ベーキングパウダー	小さじ2	卵（卵黄と卵白に分ける）	1個
ベーキングソーダ	小さじ1/2	無糖板チョコレート（溶かす）	
塩	小さじ1/2		113g
ショートニング	1/2 カップ	牛乳	3/4 カップ
砂糖	1/2 カップ	バニラエキストラクト	小さじ1

作り方
1. オーブンを180℃に予熱する。

2. 小麦粉、ベーキングパウダー、ベーキングソーダ、塩を合わせてふるう。
3. ショートニング、砂糖、蜂蜜をしっかり混ぜクリーム状にし、卵黄と溶かしたチョコレートを加え、よくかき混ぜる。
4. **3**に**2**、牛乳、バニラエキストラクトを交互に少量ずつ加え、そのつどよくかき混ぜる。
5. 卵白を角が立つまで泡立て、生地にさっくりと混ぜる。
6. 20cm角のケーキ型2つに油を塗り、生地を等しく流し入れ、30分焼く。冷まして、お好みのフィリングやフロスティングで仕上げる。おすすめは泡立てた生クリーム。

French Fruitcake
フレンチフルーツケーキ（15～20人分）

材料..............

砂糖漬けフルーツ	1・1/4カップ	卵	3個
レーズン	3/4カップ	卵黄	2個分
ラム酒（ダーク）	30mℓ	小麦粉（ふるう）	1・1/2カップ
バター（室温）	1・1/4カップ	卵白	4個分
砂糖	1・1/2カップ		

作り方..............

1. フルーツ、レーズン、ラムを混ぜ、ひと晩漬けておく。
2. オーブンを160℃に予熱する。
3. 大きなミキシングボウルにバターを入れてやわらかくし、少しずつ砂糖を混ぜる。卵3個と卵黄2個分を1個ずつ加え、そのつど混ぜる。
4. 漬けておいたフルーツとレーズンに小麦粉を混ぜ、**3**に加える。
5. 卵白を角がピンと立つまで泡立て、**4**にさっくりと混ぜる。
6. 23×13×7.5cmのローフ型2つにクッキングシートを敷き、生地を等しく流し入れる。約45分、ようじを刺してみて何も付かなくなるまで焼く。焼き時間の半ばで、ケーキの中央にナイフで切り込みを入れる。

Gâteau d'Abricot à l'Orange
アプリコットをのせたオレンジ風味のチーズケーキ （6人分）

材料..............

クリームチーズ（やわらかくする）	225g	あんず（缶詰、ホール、種抜き）（シロップも使う）	6〜8缶
加糖練乳（缶詰）	425g	砂糖	1/4カップ
レモン汁	1/3カップ	コーンスターチ	大さじ1・1/2
オレンジエキストラクト	小さじ1/2	塩	少々
グラハムクラッカークラスト*（焼いて冷ます）	1台(23cm)	あんず（缶詰）のシロップ	1/2カップ
		オレンジジュース（濾す）	1/2カップ

作り方..............

1. クリームチーズをフワッとするまでかき混ぜ、少しずつ練乳を加えよく混ぜる。レモン汁、オレンジエキストラクトを加え混ぜる。
2. クラストに流し入れ、3時間冷蔵する。
3. **2**のケーキの上にあんずを並べる。
4. 小さなソースパンに砂糖、コーンスターチ、塩を混ぜる。あんずのシロップ、オレンジジュースを加え、なめらかになるまで混ぜる。火にかけ、とろみがつき透き通るまでかき混ぜ続ける。冷ます。
5. あんずに**4**を塗り、ケーキを2時間冷蔵する。

Spicecake with Bananas
バナナをのせたスパイスケーキ （8人分）

材料..............

ショートニング	3/4カップ	卵	3個
A		生クリーム（泡立てる）	2カップ
薄力粉	2・1/4カップ	バナナ（薄切りして刷毛でレモン汁を塗る）	中2本
砂糖	1カップ		
ベーキングパウダー	小さじ1		

338

ベーキングソーダ	小さじ3/4
塩	小さじ1
クローブ（砕く）	小さじ1/2
シナモンパウダー	小さじ3/4
ブラウンシュガー	3/4カップ
バターミルク	1カップ

作り方

1. オーブンを180℃に予熱する。
2. ショートニングをかき混ぜやわらかくし、**A**の材料を加え、2分しっかりとかき混ぜる。
3. 卵を加え、さらに2分かけてよくかき混ぜる。
4. 23cmのケーキ型2つに油を塗り、生地を等しく流し入れ、30〜35分焼く。冷ます。
5. 下段のケーキに生クリームとバナナを敷き詰めて上段のケーキを重ね、その上面にも生クリームとバナナをトッピングする。

Genoise

ジェノワーズ　スポンジケーキ（8人分）

材料

| 卵（室温） | 4個 | 小麦粉 | 3/4カップ |
| 砂糖 | 3/4カップ | 溶かしバター（冷ます） | 1/4カップ |

作り方

1. オーブンを160℃に予熱する。23cmのケーキ型2つに軽く油を塗り、底に粉をふるう。
2. ハンドミキサーのボウルに卵を割り入れ、速度「強」で軽く角が立つまで泡立てる（ミキサーの出力にもよるが30分くらいは撹拌し、泡立ちが不十分にならないようにする）。その間に砂糖を2〜3分かけて少しずつ加える。
3. ハンドミキサーの速度を弱め、ボウルを回転させながら小麦粉を表面にふるう。バターを加え、ボウルの側面に付いた材料を寄せ集めてから、速度

「弱」で1分撹拌する。
4. 準備した型に生地を流し入れる。約40分、中心にようじを刺して何もつかなくなるまで焼く。室温で冷ましたのち型から外す。

Gâteau des Fraises au Double Crème
いちごのアーモンドチーズケーキ （6人分）

材料.................

クリームチーズ	310g	サワークリーム	2カップ
卵	2個	砂糖	1/4カップ
砂糖	1/2カップ	アーモンドホール（煎る）	1/4カップ
バニラエキストラクト	小さじ1/2	いちご	適量
グラハムクラッカークラスト*		すぐりジャム	大さじ4
	1台	水	大さじ1

作り方.................
1. オーブンを180℃に予熱する。
2. 大きなミキシングボウルにクリームチーズを入れ、ハンドミキサーでゆっくり混ぜる。十分なめらかになったら卵を1個ずつ加え、そのつどよく撹拌する。砂糖1/2カップとバニラエキストラクトを少しずつ加える。
3. グラハムクラッカークラストに流し入れ、20分焼く。
4. サワークリーム、砂糖1/4カップ、アーモンドを混ぜ、**3**の上面に塗り広げる。
5. オーブンの火を止め、ケーキをオーブンに戻し余熱で4分焼く。粗熱を取ってから、冷蔵庫で固まるまで冷やす。
6. 食卓に出す前にいちごを飾り付ける。
7. すぐりジャムと水を混ぜ、ジャムが溶けるまで加熱する。いちごにかけて艶を出す。

Sue's Cheesecake
スーのチーズケーキ（6〜8人分）

材料................
グラハムクラッカークラスト*の生地		砂糖	3/4カップ
クリームチーズ	450g	卵	3個
バニラエキストラクト　小さじ1		サワークリーム	470mℓ
レモンエキストラクト　小さじ1			

作り方................
1. オーブンを190℃に予熱する。
2. 23cmの底が外れるケーキ型にバターを塗り、底にクラストを押し広げる。
3. チーズをハンドミキサーでなめらかにフワッとするまで混ぜる。バニラ、レモンエキストラクト各小さじ1/2を加える。砂糖1/2カップと卵を加え、さらによく混ぜ合わせる。
4. **2**に流し入れ20分焼く。オーブンから取り出し20分休ませる。
5. オーブンの温度を240℃に上げる。
6. サワークリームと残りのバニラ、レモンエキストラクト、砂糖を混ぜ、ケーキに均一に塗り広げる。さらに10分焼き、冷ます。

Walnut Cake Augusta
くるみケーキ　オーガスタ風（16個分）

材料................

ショートニング	1/2カップ	牛乳	1/2カップ
砂糖	1カップ	バニラエキストラクト	小さじ1
全卵	1個	くるみ（刻む）	1/2カップ
卵黄	1個分	卵白	1個分
小麦粉	1・1/2カップ	ブラウンシュガー	1カップ
塩	小さじ1/2	ベーキングパウダー	小さじ1/2
ベーキングパウダー	小さじ1・1/2		

Desserts

作り方
1. オーブンを180℃に予熱する。
2. ショートニングと砂糖を混ぜクリーム状にする。全卵と卵黄を加え撹拌する。
3. 小麦粉、塩、ベーキングパウダー小さじ1・1/2を合わせてふるい、**2**に牛乳と交互に加える。バニラエキストラクトを加える。
4. 油を塗った20cm角の焼き型に生地を流し入れ、表面をくるみで覆う。30分焼き、オーブンから取り出す。
5. ケーキを焼いている間に、卵白を角が立つまで、ボソボソしてこない程度にかたく泡立てる。ブラウンシュガーとベーキングパウダー小さじ1/2を混ぜ、卵白に少しずつ加え、しっかりかたくなるまで泡立てる。焼けたケーキに塗り広げ、さらに10分焼く。冷ましてから、四角形に切り分ける。

Graham Cracker Crumb Crust
グラハムクラッカークラスト （23cmのパイ皿または底が外れるケーキ型1台分）

材料
グラハムクラッカー	15枚	シナモンパウダー	小さじ1/2
砂糖	大さじ1	溶かしバター	1/4カップ

作り方
1. クラッカーを5枚ずつ4つ割りにしてブレンダーに入れ、速度「弱」で粉々に砕けるまで回し、ボウルにあける。残りのクラッカーも同様に砕く。
2. 砂糖、シナモンを加え混ぜる。溶かしバターを加え、クラッカーの粉が万遍なくしっとりするまで混ぜる。
3. バターを塗った型の底と側面に、**2**を押し付けて型に沿って形を作る。冷蔵庫で冷やしてからフィリングを詰めるか、そのまま180℃のオーブンで8分焼く。

Pastry Shell
パイ生地（2台分）

材料

小麦粉（ふるう）	2カップ	ショートニング	2/3カップ
塩	小さじ3/4	水	大さじ4〜6

作り方

1. 小麦粉と塩を合わせてふるう。
2. 2本のナイフまたはペストリーブレンダーでショートニングを切って加える。
3. 生地がまとまるまで、水を少しずつ加え混ぜる。
4. 生地を2つに分け、打ち粉をした台でのばす。
5. 一方の生地にフィリングを詰めたら、生地の端を水で湿らせ、のばした残りの生地で蓋をし、蒸気を逃がすように数カ所切り込みを入れておく。
6. 生地の端を押して閉じ、焼く。
7. 生地のみを焼くときは、230℃に予熱したオーブンで15分、うっすら焼き色が付くまで焼く。

Pâte Brisée
パートブリゼ　タルト生地（23cm型3台分）

材料

小麦粉	4カップ	卵	2個
バター（室温）	1・1/4カップ	冷水	1/2カップ
塩	小さじ1		

作り方

1. 大きなボウルに小麦粉、バター、塩を入れ、サラサラになるまで手ですり合わせる。卵と水を加え、全体が均一になるように手でまとめる。
2. 打ち粉をした台で生地を3〜6mm厚さにのばす。
3. 23cmのタルト型に敷き、縁にひだを付ける。1時間冷蔵する。
4. 生地のみを焼くときは、220℃に予熱したオーブンで約12分焼く。

Desserts

Puff Pastry
パフペストリー　折りパイ生地（カップ型約12個分）

材料................
無塩バター	450g	小麦粉	4カップ
氷水	1・1/2カップ	塩	小さじ1/2

作り方................

1. バターを氷水に入れてなめらかになるまで練る。隙間に入った水を絞り出して水気を切り、平らな長方形に成形して、ワックスペーパーに包み冷蔵する。
2. 小麦粉と塩を大理石の平板かペストリーボードにふるう。左手に氷水を持って少しずつ注ぎ、右手で小麦粉と合わせ、非常にかたい生地になるようにまとめる。30分冷蔵庫で休ませる。バターも生地と同じかたさにしておく。
3. 生地を四角形にのばし、真ん中にバターの塊を斜めに置く。生地の四隅を折りたたみ、バター全体を包み込む。15分冷蔵する。
4. 生地を長さが幅の3倍の長方形になるようにのばし、両端を1/3ずつ中央に折りたたんで3層にする。再び同様にのばしてたたみ、20分冷やす。
5. 生地を90度回転させて**4**をもう2セット繰り返す。また生地を90度回転させて、**4**を2セット繰り返し、最後は30分冷蔵庫で休ませる。
6. 生地のみで焼くときは、200℃に予熱したオーブンで約25分焼く。

備考：ペストリー（焼き菓子）に使う場合は、砂糖小さじ1を加える。

Tourte des Anges
天使のパイ（8人分）

材料................
卵（卵黄と卵白に分ける）	1個	レモン汁	大さじ2
砂糖	大さじ2	クリームチーズ	225g

生クリーム（ホイップ用）	1/2カップ	砂糖（フロスティング用）	2/3カップ
粉砂糖	大さじ1	クリームオブターター	小さじ1/4
バニラエキストラクト	小さじ1	水	1/4カップ
パイ生地*(焼いて冷ます)1台(23cm)		塩	小さじ1/8
いちご（洗ってへたを取る）4カップ			

作り方................

1. 卵黄、砂糖大さじ2、レモン汁を混ぜて、火にかけながら湯せんし、とろみがつくまで5分かき混ぜる。
2. 火からおろし、クリームチーズを切り入れ、白い縞模様が残らなくなるまでかき混ぜる。
3. 生クリーム、粉砂糖、バニラエキストラクト小さじ1/2を混ぜてかたく泡立て、**2**にさっくりと混ぜる。
4. パイ生地に広げ、固まるまで冷蔵庫で30分冷やす。いちごを尖っている方を上にして並べてパイの表面を覆い、冷蔵する。
5. 小鍋に砂糖2/3カップ、クリームオブターター、水を混ぜ、蓋をして煮立てる。煮立ったら蓋を取って、小さじ1を取って冷水に落としたときにボール状に丸く固まる程度になるまで素早く煮詰め、火を止める。
6. 卵白に塩を入れ角が立つまで泡立てる。糸をひくように**5**の熱いシロップを注ぎ、しっかり角が立つまでよく泡立てる。バニラエキストラクト小さじ1/2を混ぜ泡立てる。
7. パイの中心に**6**を積み上げ、2時間冷やす。食卓に出す1時間前に冷蔵庫から取り出す。

備考：5のシロップと泡立てた卵白を混ぜたものを「ディヴィニティーアイシング（Divinity Icing）」と呼ぶ。

Tarte Tatin
タルトタタン （6人分）

材料................

バター	大さじ1	グラニュー糖	1/2カップ

Desserts 345

酸味のあるりんご（皮をむいて芯を取り、4つ切り）　4〜5個	パフペストリー*（直径25.5cm、厚さ6mm）または市販の冷凍生地（解凍する）　1枚

作り方

1. オーブンを200℃に予熱する。
2. オーブンで使える21.5cmのフライパンにバターを溶かし、砂糖を入れかき混ぜる。弱火にかけかき混ぜながら、砂糖が溶けて塊がなくなり明るいカラメル色に変わるまで熱する。カラメルの上にりんごを、フライパンの底を輪状に覆うように並べる。
3. **2**をパフペストリーで覆い、その縁をりんごの下に押し込む。表面に蒸気を逃がすための小さな穴をつついて開ける。
4. オーブンで約10分、焼き色が付くまで焼く。
5. フライパンに平たい蓋をかぶせて素早く返し、タルトを皿に移す。ケーキサーバーか銘々皿に移す。

Tourte aux Cerises et Double Crème
チェリーのチーズパイ（6人分）

材料

クリームチーズ（室温）	225g	砂糖	大さじ3
砂糖	1/3カップ	コーンスターチ	大さじ2
小麦粉	大さじ1	シナモン	小さじ1/4
卵（ほぐす）	2個	サワーチェリー（缶詰、種抜き）	
バニラエキストラクト	小さじ1/4	（シロップを分ける）	570g
アーモンドエキストラクト	小さじ1/2	サワーチェリー（缶詰）のシロップ	
サワークリーム	1/4カップ	1カップ（足りない分は水を加える）	
パイ生地*	1台（23cm）		

作り方

1. オーブンを230℃に予熱する。
2. クリームチーズ、砂糖1/3カップ、小麦粉を混ぜる。卵、バニラ、アーモ

ンドエキストラクト、サワークリームを加え、よく混ぜ合わせる。
3. パイ生地に流し入れ、230℃で10分焼く。オーブンの温度を90℃に下げ、さらに10分、固まるまで焼く。室温で冷ます。
4. シロップを作る。砂糖大さじ3、コーンスターチ、シナモンを混ぜ、チェリーのシロップをゆっくり加える。弱火にかけ、ときどきかき混ぜながら色が透き通りとろみがつくまで加熱する。
5. 火からおろし、チェリーを入れ混ぜる。
6. パイの表面に**5**を塗り広げ、冷やしてから食卓に出す。

Cherries Flan Tart
チェリーのフラン（6人分）

材料................
砂糖	1/2カップ
卵（よくほぐす）	2個
小麦粉（ふるう）	2/3カップ
牛乳	2カップ
バニラエキストラクト	小さじ1/2
またはシャルトリューズ	1/4カップ
ブラックチェリー（缶詰、種抜き）	
（缶汁を切る）	450g
泡立てた生クリーム	適量

作り方................
1. 砂糖、卵、小麦粉、牛乳、バニラまたはシャルトリューズを混ぜる。
2. 20cm角、深さ5cmの型によく油を塗り、チェリーを広げて、上に**1**の生地を流し入れる。
3. 200℃に予熱したオーブンで約45分焼く。
4. 生クリームを添えて、熱いうちに出す。

Chocolate Cheese Pie
チョコレートチーズパイ（8人分）

材料................

Desserts 347

グラハムクラッカークラスト*		クリームチーズ	225g
（ライトブラウンシュガー大さじ1、		ブラウンシュガー	3/4カップ
ナツメグ小さじ1/8を加えて作る）		塩	小さじ1/8
	1台（23cm）	卵（卵黄と卵白に分ける）	2個
セミスイートチョコレートチップ		泡立てた生クリーム	1カップ
	1カップ	バニラエキストラクト	小さじ1

作り方

1. フィリングを準備する間にクラストを冷やしておく。
2. チョコレートを湯せんして溶かし、約10分冷ます。
3. クリームチーズ、ブラウンシュガー1/2カップ、塩を混ぜる。卵黄を加えてかき混ぜ、溶かしたチョコレートを入れ混ぜる。
4. 卵白を角が立つまで泡立て、残りのブラウンシュガー1/4カップを少しずつ混ぜ泡立てる。3にさっくりと混ぜる。
5. 生クリームとバニラを加えさっくりと混ぜる。
6. クラストに流し入れ、ひと晩冷やす。

Tourte au Four Maine

チョコレートパイ　アイスクリーム添え（6人分）

材料

バター	1/2カップ	小麦粉	1/3カップ
砂糖	1カップ	塩	小さじ1/8
卵（卵黄と卵白に分ける）	2個	アイスクリーム（バニラかバタース	
無糖板チョコレート		コッチかコーヒー）	1ℓ
（溶かして冷ます）	2枚	チョコレートソース*	適量
バニラエキストラクト	小さじ1		

作り方

1. オーブンを160℃に予熱する。
2. バターと砂糖を混ぜクリーム状にして、卵黄を1個分ずつ加え、そのつどよくかき混ぜる。チョコレート、バニラエキストラクト、小麦粉を入れ混

ぜる。
3. 卵白に塩を加え、ボソボソしてこない程度にかたく泡立てる。**2**にさっくりと混ぜる。
4. 油を塗った20cmのパイ型に流し入れ、約40分、ケーキテスターに何も付かなくなるまで焼く。
5. アイスクリームとチョコレートソースをトッピングし、熱いうちに出す。

Tourte de Banane au Double Crème
バナナチーズパイ（6人分）

材料................

無香料ゼラチン	1包	塩	小さじ1/8
水	1/2カップ	サワークリーム	1カップ
卵（卵黄と卵白に分ける）	3個	熟したバナナ（薄切り）	3本
砂糖	1/4カップ	グラハムクラッカークラスト*	
クリームチーズ	340g	（砂糖を加えずに作り、23cmのパイ型	
レモン汁	大さじ1	に敷く）	1台

作り方................
1. ゼラチンを水1/4カップに入れてふやかす。
2. 軽くほぐした卵黄、砂糖、水1/4カップを混ぜ湯せんする。鍋の湯を沸騰させながら、とろみがつくまでよくかき混ぜる。火からおろし、ゼラチンを混ぜ入れる。
3. 大きなボウルでチーズをやわらかくなるまでかき混ぜる。**2**、レモン汁、塩を加え、よく混ぜる。サワークリームをさっくりと混ぜ、それからかたく泡立てた卵白を泡をつぶさないように混ぜる。少し固まるまで置いておく。
4. クラストに**3**の生地とバナナを交互に薄く敷いていく。生地から敷き始め、最後の層も生地で終わるようにする。バナナは飾り用に少し残して、レモン汁（分量外）にくぐらせておく。約3時間冷やす。
5. 残りのバナナを飾り付ける。

Tourte des Pommes au Miel
ハニーアップルパイ（6人分）

材料

サワークリーム	1/2カップ	ナツメグ	小さじ1/2
蜂蜜	3/4カップ	酸味のあるりんご（薄切り）	
塩	小さじ1/4		大6個
シナモンパウダー	小さじ1	パイ生地*	2台(23cm)

作り方

1. オーブンを230℃に予熱する。
2. サワークリーム、蜂蜜、塩、シナモン、ナツメグを混ぜる。りんごを加え、よく混ぜ合わせる。
3. **2**をパイ生地の中ほどまで敷き詰める。残りのパイ生地をかぶせて閉じ、縁を押えてひだを付けるか、ほかの模様を付ける。生地の表面にフォークで穴を開ける。りんごがやわらかくなるまで40〜45分焼く。

Peach Pecan Pie
ピーチピーカンパイ（6人分）

材料

桃（薄切り）	900g	ブラウンシュガー	1/4カップ
砂糖	3/4カップ	バター	1/4カップ
タピオカ（インスタント）	大さじ2	ピーカンナッツ（刻む）	1/2カップ
小麦粉	1/2カップ	パイ生地*	1台(23cm)

作り方

1. オーブンを230℃に予熱する。
2. 大きなボウルに桃、砂糖、タピオカを混ぜる。
3. 小麦粉とブラウンシュガーを混ぜ合わせる。バターを切り入れ、生地がぼろぼろとするまで混ぜる。ピーカンナッツを入れ混ぜる。

4. **3**の1/3をパイ生地の底全体に散らす。**2**を重ね、**3**の残りをその上にかける。
5. 230℃で10分焼く。オーブンの温度を180℃に下げ、さらに20分焼く。

Raleigh Pecan Pie
ローリー風ピーカンパイ（6〜8人分）

材料

溶かしバター（冷ます）	1/2カップ	卵（軽くほぐす）	4個
ブラウンシュガー	1カップ	ピーカンナッツ（粗く刻む）	
ホワイトコーンシロップ	1カップ		1/2カップ
塩	ひとつまみ	パイ生地*	1台(23cm)

作り方
1. オーブンを200℃に予熱する。
2. バター、ブラウンシュガー、コーンシロップ、塩を混ぜる。卵とピーカンナッツを入れ混ぜる。
3. **2**をパイ生地に流し入れ、10分焼く。オーブンの温度を180℃に下げ、さらに35分、生地に焼き色が付くまで焼く。ナイフをパイの中心近くに刺して、生地が付着しなければ焼き上がり。

Strawberry Tart
いちごのタルト（6〜8人分）

材料

いちご	6カップ	赤い食用色素	2滴
砂糖	3/4カップ	焼いたパイ生地*	
コーンスターチ	大さじ2・1/2	またはパートブリゼ*	1台(23cm)
水	1/2カップ		

作り方
1. いちごを洗い、へたを取る。

Desserts

2. いちごの全量のうち 1/3 をつぶす。
3. ソースパンに砂糖、コーンスターチ、水を入れ混ぜる。そこにつぶしたいちごと食用色素を加えて煮立て、全体が透き通るまで約2分火にかける。濾す。
4. 焼いたパイ生地に残りのいちごを並べる。いちご1つずつに3をスプーンで丁寧にかけてコーティングし、冷やす。

Floating Island
フローティングアイランド（8～10人分）

材料................
卵（卵黄と卵白に分ける）8個　　　牛乳　　　　　　　　　1ℓ
砂糖　　　　　　　1・1/2 カップ　　バニラエキストラクト　小さじ2

作り方................
1. 卵白を泡が立つまでかき混ぜてから、砂糖 1/2 カップを少しずつ加え、角が立つまで泡立てる。
2. 大きな鍋に牛乳を煮立て、残りの砂糖とバニラを加える。
3. 鍋を火からおろし、牛乳の上に 1 を大きなスプーンを使って1さじずつ落とす。
4. 鍋を火に戻し、とろ火で卵白を2分加熱する。穴あきお玉で裏返し、反対の面を2分、触れるくらいに固まるまで火にかける。
5. 4 のメレンゲをクッキングシートに移す。牛乳は取っておく。
6. クレーム・アングレーズ（イングリッシュクリーム）を作る。ボウルに卵黄をほぐし、鍋に入った牛乳をかき混ぜながら少しずつ加える。それを鍋に戻し、沸騰させないように数秒加熱する。目の細かい濾し器かチーズクロスで濾す。
7. メレンゲの表面に砂糖（分量外）をふりかけ、ブロイラーで焼き色が付くまで焼く。色が付きすぎないようにブロイラーの扉は開けておく。
8. 器にクレーム・アングレーズを満たし、メレンゲを浮かべて冷やす。プチフールとともに出す。

Meringue Shells
メレンゲシェル（6個分）

材料

卵白	4個分	塩	少々
砂糖	1カップと大さじ1	バニラエキストラクト	小さじ3/4

作り方

1. オーブンを110℃に予熱する。
2. 卵白をハンドミキサーか泡立て器で角がピンと立つまで泡立てる。砂糖、塩、バニラエキストラクトを少しずつ入れかき混ぜる。
3. 天板にワックスペーパーを敷き、その上に**2**のメレンゲを絞り袋やスプーンで自由に形作る。
4. 水分が飛んでカリカリに固まるまで焼く。白く仕上げるために1時間以上かけてじっくり焼く。

Soufflé de Chocolat au Crème de Cacao
チョコレートスフレ（12～14人分）

材料

無香料ゼラチン	2包	卵（卵黄と卵白に分ける）	8個
水	1/2カップ	塩	小さじ1/2
クレーム・ド・カカオ	2/3カップ	ヘビークリーム（泡立てる）	
ブラウンシュガー	1・1/4カップ		2カップ
セミスイートチョコレートチップ	340g	ピスタチオ（刻む）	1/2カップ

作り方

1. ソースパンにゼラチン、水、クレーム・ド・カカオ、ブラウンシュガー1/2カップを混ぜて弱火にかけ、ゼラチンとシュガーが溶けるまでかき混ぜながら加熱する。
2. チョコレートチップを加えてかき混ぜ、溶けたら火からおろす。卵黄を1

個ずつ入れ、そのつどかき混ぜる。冷ましておく。
3. 卵白に塩を加え、ボソボソしてこない程度にしっかり泡立てる。残りのブラウンシュガーを少しずつ入れ、しっかり泡立てる。
4. **2**に**3**をさっくりと混ぜ、さらに生クリームを加え泡をつぶさないように混ぜる。高さ5cmのえりを立てた容量2ℓのスフレ皿、または容量2ℓのサービングボウルに移し、数時間からひと晩冷やす。
5. ピスタチオを散らす。

Arlequin Soufflé
アルルカンスフレ（6人分）

材料................

牛乳	1カップ	砂糖	1/4カップ
卵白	8個分	小麦粉	1/4カップ
砂糖	大さじ1	バニラエキストラクト	小さじ2
卵黄	6個分	無糖板チョコレート	1/2枚（15g）

作り方................

1. オーブンを180℃に予熱する。
2. 16.5×8cmのスフレ皿にショートニングを塗り、冷蔵庫で冷やす。冷えたら再度ショートニングを塗って砂糖（分量外）でコーティングする。折りたたんだアルミホイルでスフレ皿を半分に仕切る。
3. ソースパンに牛乳を入れ沸騰させる。
4. 大きなボウルに卵白を入れ、ハンドミキサーで軽くやわらかい角が立つまで泡立てる。砂糖大さじ1を少しずつ加え撹拌し、取り置く。
5. ハンドミキサーで小さなボウルに卵黄2個分を白っぽくなるまで撹拌する。砂糖1/4カップと小麦粉を加え、とろみがつき全体が均質なペースト状になるまで混ぜる。ペーストを**3**に加えて強火にかけ、とろみがつきなめらかになるまで金属製の泡立て器で撹拌する。バニラを加えてよく混ぜる。
6. **5**を2つのソースパンに等しく分ける。片方にチョコレートと卵黄2個分を加えて、チョコレートが溶けるまでかき混ぜ、中火にかけてさらに混ぜ

合わせる。もう一方には卵黄2個分を加え、同様に中火にかけて全体が混ざるまでかき混ぜ続ける。
7. チョコレートを入れたほうの生地に**4**の卵白2/3をさっくりと混ぜ、もう一方に残りの卵白1/3を混ぜる。
8. 仕切ったスフレ皿に生地を左右1種ずつ流し入れ、アルミホイルを慎重に取り外す。
9. スフレ皿を天板にのせ、180℃で30〜35分、固まるまで焼く。バニラソース*を添えて熱いうちに出す。

Chocolate Mousse
チョコレートムース（10〜12人分）

材料

スイートチョコレート	170g	卵黄	4個分
無糖板チョコレート	1枚(30g)	砂糖	1カップ
コーヒー	1/2カップ	ホイッピングクリーム	1ℓ

作り方
1. チョコレートとコーヒーを湯せんし、チョコレートが溶けるまでよく混ぜる。
2. 卵黄と砂糖を合わせてかき混ぜ、**1**を加えてよく混ぜる。
3. 生クリームを泡立て、**2**としっかり混ぜ合わせる。容量2ℓの型に入れ、固まるまで冷凍庫か冷蔵庫に入れる。泡立てた生クリーム（分量外）をのせ、すりおろしたチョコレート（分量外）を散らして出す。

Mousse Africaine
ムース・アフリケーヌ　モカムース（8人分）

材料

無糖板チョコレート	3枚(85g)	砂糖	3/4カップ
水	1/3カップ	塩	ひとつまみ

卵黄	3個分	バニラエキストラクト	小さじ1/2
インスタントコーヒー	大さじ1	泡立てた生クリーム	2カップ

作り方
1. ソースパンにチョコレートと水を入れ、絶えずかき混ぜながらゆっくり火を入れる。
2. チョコレートが溶けたら砂糖と塩を加え、弱火で2分、かき混ぜながら加熱する。
3. ボウルに卵黄をよくほぐして、かき混ぜながら2を加える。さらにコーヒーを加え、冷やす。
4. **3**にバニラエキストラクトと生クリームをさっくりと混ぜ、耐冷のトレーに流し入れて凍らせる。

Strawberry Mousse
ストロベリームース（8〜10人分）

材料
いちご（洗ってへたを取る）	4カップ	水	1/2カップ
砂糖	1/2カップ	湯	1/2カップ
白ワイン（辛口）	1/2カップ	泡立てた生クリーム	2カップ
無香料ゼラチン	2包		

作り方
1. いちごは飾り用にいくつか取っておく。
2. 残りのいちごをブレンダーで液状にして、砂糖、ワインとよく混ぜて、冷やす。
3. ゼラチンを水にふやかしてから湯を加え、溶けるまでかき混ぜ、冷やす。
4. **2**と**3**を混ぜ、フワッとして少しとろみがつくまで泡立て、生クリームをさっくりと混ぜる。
5. 容量2ℓの型に入れ、3時間以上冷蔵する。
6. 型から外し、冷やしておいた皿にのせ、取っておいたいちごを飾る。

Pommes Chantilly au Fraises
アップルカスタードのいちご添え （6人分）

材料

卵（卵黄と卵白に分ける）3個		りんご（皮をむき、薄く細切り）	
牛乳	1・1/4カップ		1個
砂糖	1/2カップと大さじ1・1/2	泡立てた生クリーム	235ml
無香料ゼラチン	1包	いちご	470ml

作り方
1. 卵黄を泡立つまでかき混ぜ、牛乳、砂糖、ゼラチンを加え、よく混ぜ合わせる。
2. **1**を小さなソースパンに入れ、かき混ぜながら弱火にかける。とろみがつきカスタードのようになったら火からおろし、冷ます。
3. 卵白をやわらかい角が立つまで泡立て、りんごとともに**2**にさっくりと混ぜる。油を塗った容量1ℓの型に流し入れ、固まるまで冷蔵する。
4. 型から外し、生クリームといちごを飾る。

Parfait aux Framboises Noyau
フランボワーズのシャンパンパフェ （4人分）

材料

冷凍ラズベリー	1カップ	砂糖	3/4カップ
無香料ゼラチン	大さじ2	ノワヨー酒（果実の種の仁を浸けた	
水	1/3カップ	リキュール）	1/2カップ
シャンパン	1カップ	泡立てた生クリーム	2カップ

作り方
1. ラズベリーを解凍して加熱し、裏漉しする。
2. ゼラチンを水にふやかしてから、**1**に加え、溶けるまで加熱する。
3. シャンパン、砂糖、ノワヨー酒を加える。氷の上に置き、とろみがつくまでかき混ぜたら、生クリームをさっくりと混ぜる。

4. パフェグラスに盛り、数時間冷やす。

Mandarin Orange Mold
マンダリンオレンジゼリー（4人分）

材料
オレンジ味のゼラチン	85g	マンダリンオレンジ（缶詰）	
湯	1カップ	（缶汁を切る）	310g
オレンジシャーベット	470mℓ	オレンジ（飾り用）	適量
		いちご（飾り用）	適量

作り方
1. ボウルにゼラチンを湯とともに入れて溶かす。
2. シャーベットを加え、溶けるまでかき混ぜる。
3. マンダリンオレンジを加え、切るように混ぜる。
4. 型に流し入れ、3時間以上冷蔵する。型から外して皿に盛り、オレンジのスライスといちごを飾る。

Raspberry Cream
ラズベリークリーム（6人分）

材料
ラズベリー味のゼラチン	85g	冷凍ラズベリー（解凍せずに）	1パック
湯	1カップ	バニラアイスクリーム	235mℓ

作り方
1. ゼラチンを湯で溶かす。
2. 凍ったままのラズベリーを混ぜ、アイスクリームを加え溶けるまでかき混ぜる。
3. 固まるまで約20分冷蔵する。スプーンで器に盛り付ける。

Moule Victoria
ヴィクトリア風クリームチーズケーキ （5人分）

材料...............

クリームチーズ（室温）	170g	牛乳（温める）	1・1/2カップ
粉砂糖	大さじ2	泡立てた生クリーム	1/2カップ
バニラエキストラクト	小さじ1	冷凍ラズベリー	適量
無香料ゼラチン	大さじ1	冷凍桃	適量

作り方...............
1. チーズ、砂糖、バニラエキストラクトを混ぜる。
2. ゼラチンを牛乳1/2カップで溶かしてから、残りの牛乳を加える。1に加えてよく混ぜ、15分冷蔵する。
3. 生クリームを2にさっくりと混ぜ、カスタードカップに流し入れ、冷やす。
4. カップから器にあけて、解凍したラズベリーと桃を添える。

Cream Custard Flambé Georgia
カスタードプリン・フランベ　ジョージア風 （6～8人分）

材料...............

砂糖	1/2カップ	バニラエキストラクト	小さじ1
水	大さじ1	半切りの桃（缶詰）	6切れ
牛乳	2カップ	グランマルニエ	大さじ3
卵	3個	ブランデー	大さじ3

作り方...............
1. オーブンを190℃に予熱する。
2. 厚手のソースパンに砂糖大さじ3と水を入れ、強火でカラメルにする。容量1ℓの型か皿かボウルに、底全体を覆うようにカラメルを入れる。
3. ソースパンに牛乳を入れ沸騰させる。
4. ブレンダーに卵、バニラ、残りの砂糖を入れ、蓋をして速度「弱」で撹拌する。その間に牛乳をゆっくり加え、混ざりあったところで止める。気泡

Desserts

ができていたらすくって取り除いてから、型に注ぎ入れる。浅い鍋に深さ2.5cmに水を張り、そこに型を置いて、190℃で約1時間焼く（カスタードの割れやひび入りを防ぐには、鍋にペーパータオルを1枚敷き、その上に型を置く）。取り出して型ごと24時間冷やす。
5. プリンを型から大皿の中央にあけ、周囲に桃を切口を上にして並べる。グランマルニエとブランデーを鍋に入れ、ゲストの前でフランベし、桃のくぼみにかける。

Cherries Jubilee
チェリージュビリー（6人分）

材料……………

コーンスターチ	大さじ1	オレンジの皮	3〜4片
砂糖	大さじ1	レモン汁	少々
ブラックチェリー（缶詰、種抜き）		ブランデー（温める）	1/2カップ
（シロップも使う）	450g	バニラアイスクリーム	適量

作り方……………
1. コーンスターチと砂糖を混ぜ、チェリーのシロップとオレンジの皮を加える。とろみがつくまで火にかける。オレンジの皮を取り除き、チェリーとレモン汁を加える。
2. ゲストの前でブランデーをかけて火をつけ、盛り付けたバニラアイスクリームにかける。

Nut Balls
ナッツボール（約24個分）

材料……………

バター	2/3カップ	小麦粉（ふるう）	1カップ
くるみ（砕く）	1カップ	砂糖	大さじ3

バニラエキストラクト	小さじ1	粉砂糖	適量

作り方
1. バターをクリーム状にして、粉砂糖以外の材料を加え、手でよく混ぜ合わせる。大きめのビー玉大に丸める。
2. 軽くバター（分量外）を塗ったクッキーシートに並べ、190℃に予熱したオーブンで約10分焼く。熱いうちに粉砂糖をまぶす。

Pecan Balls with Bourbon
バーボン風味のピーカンボール（48個分）

材料
グラハムクラッカー（粉にする）	1カップ	ココア	大さじ2
ピーカンナッツ（刻む）	1カップ	ホワイトコーンシロップ	大さじ1/2
粉砂糖	1カップ および仕上げ用少量	バーボン	1/4カップ

作り方
1. 大きなボウルにグラハムクラッカー、ピーカンナッツ、粉砂糖1カップ、ココアを入れる。
2. コーンシロップとバーボンを混ぜて1に加え、全体をよく混ぜ、丸くまとめる。まとめるのに湿り気が足りなければ、バーボンを数滴足す。
3. バーボン（分量外）で湿らせた手でビー玉大に丸め、粉砂糖をまぶす。涼しい場所で保存する。

Baked Alaska
ベイクドアラスカ（4人分）

材料

スポンジケーキ*	1枚（2.5cm厚さで、周囲を皿より2.5cm小さくカットする）	粉砂糖 アイスクリーム	適量 470mℓ
卵白	4個分		

作り方................

1. スポンジケーキを耐熱の平皿にのせる。
2. メレンゲを作る。卵白をできるだけかたく泡立て、粉砂糖をふりかけ、軽さが保たれるように注意深く混ぜる。
3. ケーキの上にアイスクリームを盛り、全体をメレンゲでスポンジの側面もしっかり隠れるように覆い、へらで約1.3cm厚さに整える。絞り袋を使って残ったメレンゲで飾り付ける。
4. 260℃に予熱したオーブンで約3分、メレンゲに焼き色が付くまで焼く。アイスクリームが溶けないよう注意する。

Moule de Crème à la Glace aux Fraises
アイスクリームといちごのゼリー （4人分）

材料................

いちご味のゼラチン	85g	ストロベリーアイスクリーム	
湯	1カップ		470mℓ
水	1カップ	いちご	2カップ

作り方................

1. ゼラチンを湯で溶かし、水を加える。
2. アイスクリームを加え、溶けたらいちごを加える。
3. 型かガラス製サービングボウルに流し入れ、3時間以上冷蔵する。

Crème à la Glace aux Fruits Amandine
桃とアイスクリーム　アーモンドとラズベリーのソース添え （6人分）

材料................

完熟桃	6個	アーモンドスリバード（煎る）	
ラズベリーソース*	1カップ		3/4カップ
		バニラアイスクリーム	710mℓ

作り方
1. 桃の皮をむき、ラズベリーソースにくぐらせ、アーモンドをまぶす。
2. サービングボウルにアイスクリームを広げ、くぼみを6つ作ってラズベリーソースで満たし、その中に桃を置く。

Lime Ice
ライムアイス（4～5人分）

材料

水	4カップ	ライムの皮（すりおろす）	1個分
砂糖	2カップ	ライム果汁	3/4カップ

作り方
1. 水に砂糖を入れ、5分沸かす。
2. ライムの皮と果汁を加え、粗熱を取ってから濾し、耐冷のトレーに入れて凍らせる。
3. お好みで緑色の食用色素を加えてもよい。

Fraises Granité
いちごのグラニテ（4～6人分）

材料

いちご	8カップ	水	1カップ
レモン汁	小1個分	砂糖	1カップ

作り方
1. いちごを洗ってへたを取り、ブレンダーにレモン汁半量と一緒に入れ、ピューレにする。

Desserts

2. 水に砂糖を入れ5分沸かし、**1**と合わせ、残りのレモン汁を入れ混ぜる。
3. 耐冷のトレーに流し入れ凍らせる。

Suggestions for Food Preparation
下ごしらえのヒント

もてなしの心得
- ゲストがカナッペを食べすぎたり、お酒を飲みすぎないためにも、ディナーが始まる予定時刻とゲストの到着時刻が、30分以上開かないように努めましょう。難しいことですが、ときには料理とゲストが飲むお酒の量のどちらがより重要かを判断することも大切です。そうしないと、せっかく皆さんが入念に準備したディナーのよさを十分に分かってもらえなくなってしまうでしょう。もしゲストが食事をするより飲みにくるのであれば、食事に多くの手間をかける必要はありません。
- 一部のホステスは、気前よくワインをなみなみと注ぎ、たいていはこぼしています。ワイングラスは3分の2程度満たせば十分です。
- オードブルや前菜には、メーンディッシュで使う食材は使わないことです。前菜はメーンディッシュと互いに補い合う味、対比するさまざまな形や色合い、歯ごたえを念頭に置いて賢く選びましょう。よく計画を立てることも大切です。
- 温かい料理、特に野菜類は調理したらできる限りすぐに食卓に出すことを心がけましょう。そのためには、家族やゲストの皆さんに食事の時間を守るようお願いすることです。調理済みの料理を再加熱するとビタミ

ンが失われてしまいます。再加熱は避けるようにしましょう。
- 正式なディナーでテーブルの中央に置く装飾品は、ゲスト同士が顔を合わせるのに支障が出ないように、高さが低いものを使いましょう。小ぶりの花、ガラスや銀や陶磁器のオーナメント、果物を使うのも一案です。
- ゲストに座る場所を伝えるのはホステスの務めです。ホスト、ホステスはテーブルを挟んだ両端の席に座るのが習わしです。女性の主賓はホストのすぐ右隣りに座ります。男性の主賓はホステスのすぐ右隣りに座ります。混乱を避けるため、席の配置はゲストの到着前に決めておきましょう。
- ビュッフェディナーには2種類の温かい料理、例としてニューバーグ風ロブスター*やビーフストロガノフ*のような料理と、それから冷たいハム、ローストビーフ、ペストリーを合わせるとよいでしょう。

材料の下準備と調理法
- オレンジの皮を簡単にすり下ろすには、ジュースを絞った後のオレンジを冷凍庫に入れておくことです。
- セロリの葉は取っておきましょう。葉はスープや詰め物の風味をよくします。茎は汚れを取り除き、念入りに洗いましょう。
- クリームは泡立たせると2倍の量になります。レシピが1カップ以上を必要としていても1カップのクリームを泡立たせることで十分です。
- どんな肉でも平らなところに置き、両面を繰り返し何度もたたけばさらにやわらかくなります。肉たたきがなければ、重たい皿の縁を使ってもよいでしょう。
- やわらかくしたバターは塗りやすいのですが、必要以上に室温で放置しておくのは避けましょう。10℃以上の空気に長時間放置しておくと、バ

ターの繊細な風味やビタミンAが損なわれてしまいます。
- ブラジルナッツの殻を簡単にはぐには、約180℃のオーブンで15分ほど加熱します。熱は同時にナッツの風味もよくします。
- 冷凍肉は室温で約450g当たり約2時間を目安に解凍します。急いで解凍する場合は、肉を扇風機の前に置くと、時間を半分以上短縮することができます。
- ナッツの茶色の皮を取り除くには、蓋のある容器にナッツを入れ、かぶるくらいの熱湯をかけ5分間そのままにします。その後お湯を捨てれば、皮は容易にこすり落とせます。ブラジルナッツの場合は小型の鋭いナイフを使いましょう。
- ゆで卵のひび割れを避けるには、卵は冷蔵庫から出してしばらく室温で放置し、水に入れる前に針で先端が丸いほうに穴を開けましょう。
- 卵白を撹拌するときは、アルミニウム製の平鍋ではなくボウルを使いましょう。卵がアルミニウムを黒くしてしまいます。
- 数個の卵を必要とする料理の場合は、小皿に卵を1個ずつ割ってみるのがよいでしょう。そうすれば卵の新鮮さを1個ずつチェックできます。ひとつのボウルに数個の卵を割り入れるとき、最後の1個が腐っていたらすべてが台なしになってしまいます。すべてを駄目にすることを思えば、1個ずつ割ることは大した手間ではありません。

美味しさのひと工夫
- オムレツを作るときには、刻んだほうれん草を少し混ぜてみてください。
- パンケーキの生地には、細かく刻んだナッツとすり下ろしたオレンジの皮を少し加えるとすごくよくなります。
- アンチョビと溶かしたグリュイエールチーズを上にかければ、子牛のヒ

レ肉のソテーがさらに美味しくなります。
- コールスローを引き立たせるには、赤い林檎を皮を剥かずさいの目に切って入れましょう。
- ケーキがあまりにもパサパサしていたら、それはケーキの生地を発酵させすぎたか、卵白を泡立たせすぎたか、小麦粉が多すぎたか、あるいはショートニングか砂糖が足りなかったのかもしれません。また単純に焼きすぎたためかもしれません。このようなことは、プロにでもときどき起きることですので、もう一度やってみましょう。そうすれば次はきっとうまくいきます。
- パセリはビタミンCが豊富に含まれています。飾りとして使う以外にも、スープやサラダドレッシング、サラダ、ソースに、みじん切りにして入れてみましょう。
- アップルソースにフレッシュミントの小枝を1〜2本入れて調理してみてください。豚肉や子羊、ガチョウに添えると美味しくいただけます。
- 最高の部位の上質な肉は、直火で焼くことで最も美味しいステーキになると思います。ステーキの正しい焼き方は、グリル器を事前に温め、脂を網棚になじませます。5cmの厚さのステーキならば、熱源から約7.5cm離した網棚に置きます。これは肉の表面の温度が約180℃になる位置です。肉の片面がほどよくきつね色になったら、好みに合わせて塩をし、肉汁が流れ出ないように脂肪部分にフォークを刺し裏返します。反対の面もきつね色になったら、また塩をし、温めた皿にステーキを載せます。レアかミディアムがよい場合は、2.5cmの厚さのときは全体で8〜10分焼きます。4cmほどの厚さならば10〜15分です。冷凍の肉の場合は、焼く時間はほぼ倍になります。
- ビスケットを温め直したい場合は、湿らした紙袋に入れてきつくしばり、数分適度に温めたオーブンに入れます。

- 魚をひときわ風味豊かにするには、焼いたり、煮たり、ゆでたりする前にレモン汁をこすり付けてみてください。これは魚の身がほぐれたり、変色したりするのを防ぎます。
- 朝食のパンケーキに、缶詰の水気を切ってつぶしたパイナップル1カップを足してみてください。ひと味違ったパンケーキになります。これに多量のバターを添えブラウンシュガーをふりかけて、熱いうちに出しましょう。

調理器具の活用
- レシピは調理をする前にじっくりと読み込みましょう。次に、必要なすべての材料と器具を準備します。オーブンを使う場合、鍋はオーブンの中央に置きます。鍋をオーブンの壁に寄せて置くと、出来上がりにむらができることがあるからです。
- ゼラチン料理を型から簡単に外すには、ナイフの先をゼラチンの上の端の周囲にぐるっと回してみてください。それから冷やした皿にひっくり返して載せます。それでもうまくいかないときは、熱いタオルをよく絞り水気を取って型の周りを包んでください。必要ならば、これを繰り返します。
- エンゼルケーキやその他いろんな種類のスポンジケーキを切るときは、電動ナイフを使うと楽です。

食材の購入と保存
- 使用するレシピと旬の食材を考慮し、買い物は前もって綿密に計画しましょう。キッチンにメモパッドや鉛筆が付いた掲示板を用意して、すぐ

に書き留めるようにするのもよい方法です。野菜は商品の回転が早い店で新鮮な品物だけを買うことを心がけましょう。売り場に置いてある時間が長ければ長いほど、ビタミンは失われていくからです。
- 家庭用の秤は料理の必需品です。配送されたすべての品物は受け取ったときに秤を用いてチェックしましょう。
- 肉屋は、肉の余計な部分を切り取る前の重さで請求してきますので、切り落とした部分もすべて送り届けてもらってください。骨は青野菜と一緒にことこと煮れば、美味しい野菜スープが作れますし、脂はソテーに使えます。
- 蓋のない缶に食材を保存するときは、缶の上をアルミ箔で覆い冷蔵すれば安全に保存できます。
- サラダ用の青野菜が店から届いたら、しおれた部分は捨てましょう。流水でよく洗い、冷蔵庫の野菜専用室か、冷蔵保存バッグに入れ保存します。
- 魚を買うときは、1人分約340gが目安になります。
- 生魚をつつくと鮮度を調べられます。もしくぼんだままだったら、その魚は新鮮ではないということです。新鮮ならば、すぐにくぼみは元に戻ります。

美味しいコーヒーの淹れ方
- どうすれば美味しいコーヒーを淹れられるかは永遠のテーマですが、以下の簡単なアドバイスを参考にしてみてください。美味しいコーヒーを保証します。
  1. コーヒーポットがきれいであること。ポットは熱いお湯で洗い、必ず洗剤を使うようにしてください。注ぎ口と管は細いブラシを使ってよく洗ってください。熱湯で十分にすすぎ、それから冷水で洗い、よく

乾かします。
2. 新鮮なコーヒー豆を使いましょう。使い残しのコーヒーは、しっかり密閉できる真空缶に入れておきます。
3. コーヒーと水を正しい割合で使うことが大切です。通常は水1カップに対してコーヒー大さじ1です。もし濃いコーヒーがお好きならば、好みに応じてコーヒーを足してください。ただし長く抽出しすぎてはいけません。
4. コーヒーの計量は正確に、そして常に同じ条件で行うことです。コーヒーメーカーで皆さんがやることは、水とコーヒーを入れてスイッチを入れるだけです。ただ、コーヒーに塩やココアをひとつまみ加えると風味やコクが出ますので試してみてください。
5. 手動パーコレーターを用いるときは、6カップ以上に対して、ろ過が始まったときから数えて9分間コーヒーを抽出します。6カップより少ないときは7分で十分です。抽出する時間が長すぎると、コーヒーの味は苦くなってしまいます。コーヒーが入り終わったら、粉がアロマと風味を吸収してしまいますので粉が入っているかごは速やかに取り外してください。

　ここでは私がこれまでの料理経験で得たたくさんのヒントの一部をいろいろと取り混ぜてご紹介しました。時間を費やすことや最低限の注意を払えば、結果として料理は大いなる喜びとなります。ときには失敗することもありますが、何が悪かったのかを突き止め、今一度試せば必ず努力は報われるでしょう。
　私の同志である料理人の皆さんへ、キッチンで幸せな時間を過ごせますように、心からの願いを込めて！

EPILOGUE
The Mellon Party for Mrs. Kennedy
結び
ケネディ夫人のためのメロン家でのパーティー

　1966年7月初旬、ケネディ夫人の秘書が、ケネディ夫人のための特別なディナーパーティーを担当できるシェフを探していると電話で問い合わせてきました。パーティーは8月初旬にポール・メロン夫人[1]が主催するものです。私は即座に、喜んでそのディナーパーティーをお引き受けしますと伝えました。

　メロン夫人はホワイトハウスに何度もゲストとして来られていましたし、それどころか花壇のデザインと園芸が彼女の趣味ということもあって、ホワイトハウスにフラワーガーデンを設計されていました。彼女はまた、ケネディ夫人の庭園にもハーブを植えていました。

　パーティーの1カ月前、私はメロン夫人のニューヨークのお住まいに伺い、メニューについてお打ち合わせをしました。パーティーは形式張らないもので、出席者は96名、10テーブルの着席形式になるということでした。

　メロン夫人はケネディ夫人の好みについてお尋ねになりました。夏でしたので、私は冷たいフレッシュサーモンを1品目にお薦めしました。残念なことに、私がほしかった2〜3kgのサーモンは入手できそうにないので、私たちは最初の一品をロックバス[2]に決めました。

　レシピは「ロックバスのカンバセレス風」と名付けられました。トマトと

Epilogue　373

皮をむきスライスしたきゅうりを添えたシマスズキ、その盛り皿の周囲にはサワークリームとデビルドエッグを配しました。傍らにはマヨネーズ、ほうれん草、クレソン、パセリ、チャービル、タラゴンの葉で作ったグリーンソース・サン・ヴァンサン風を添えます。ハーブはすべて、パーティーが開催されるケープコッドのオスタービルにあるメロン夫人の庭園で摘み取ることになりました。

　メーンディッシュはラムチョップに決まりました。パセリ、パン粉、少しのにんにくをふりかけて、新鮮なローズマリーと一緒にローストします。給仕するときは肉汁をかけ、ミントのゼリーソースは別にしてお出ししました。付け合わせの野菜には、靴ひものように細く、けれども短く切ったシャンゼリゼポテトを、トリュフやアーモンドと一緒にスライスしたさや豆とともに。サラダはフレンチドレッシングをかけたビブレタスで、ブリーチーズを別に添えます。

　私たちが選んだデザートは、グラッセ・アレキサンドラです。バニラアイスクリームとつぶしたマカロン、濃厚なシロップで煮込んだ新鮮な桃を盛り付け、レモンの皮とグランマルニエで香り付けして、上にはラズベリーソースをかけます。そしてプチフール・セックとデミタスコーヒーが食事を締めくくります。

　ワインは念入りに選びました。魚料理には「プュイィ・フュメ」、子羊には「シャトー・マルゴー」、デザートには「ドン・ペリニヨン1959」を合わせました。

　私の娘がちょうどフランスから訪ねてきていました。彼女は私立の高等学校を卒業し、医学を学ぶために大学に入学する直前でした。メロン夫人に娘をパーティーに同伴しても構わないか伺ったところ、夫人は快く承諾してくださり、ダンスパーティーにゲストとして参加できるように娘を招待してく

ださいました。娘のキャサリンが後で私に言いました。「パパ、これまでの私の人生で最高の時間だったわ」と。彼女はディナーの準備も手伝ってくれて、じゃがいもの皮むきやさや豆のカットなど、厨房にいるベテランのようにサラダ作りを助けてくれました。

オスタービルへ行くためにニューヨークを発つ準備ができたとき、メロン家が自家用飛行機をラガーディア空港に手配してくれましたので、私はパイロットのストライキに巻き込まれずに済みました。飛行機には娘と助手のシェフが同乗しました。搭乗時にもてなしてくれた方がポール・メロン氏ご自身であったことは、後になってから分かりました。

オスタービルではディナーの準備が進んでいました。メロン夫人が食事に関する打ち合わせ中におっしゃいました。「ルネ、私はあなたにデザートを給仕してもらいたいの。ケネディ夫人はあなたがここにいることをご存じないから、あなたが出せば夫人には嬉しいサプライズになるでしょう？」

私のささやかな出番が訪れると、私は10名のウエーターの先頭に立って食堂に入り、ウエーターは各自担当のテーブルに皿を運んでいきました。先頭に立った私を見て、「まあ、ルネ」とケネディ夫人は声をかけられました。「こんなことってあるの？　どうりでディナーに馴染み深い何かが感じられたわけね」。彼女は続けて、「でも、それが何かが分からなかったの。今その何かが分かったわ。あなたの料理だったのね！　明朝、必ず私に会いにきてね」

私は翌朝、ハイアニスポートのご自宅に夫人を訪問しました。私たちは30分ほど話をし、夫人はいつものとおり、優しくそしてチャーミングに私のその後の仕事や暮らしについて質問されました。

メロン家のパーティーは私がケネディ夫人をはじめそのご家族、ご友人に料理をお作りした最後の機会となりました。私の人生における最大の栄誉で

Epilogue

あった、ケネディ家とのご縁についての忘れがたい出来事として追記させていただきました。

［1］レイチェル・ランバード・メロン夫人（Rachel Lowe Lambert Lloyd Mellon,1910-2014)。バニーの通称で知られた園芸家、アートコレクター。夫のポール・メロン氏（Paul Mellon,1907-1999）は米国の資産家で、ロックフェラー家などと並ぶメロン財閥の後継者。潤沢な資産をもとに、さまざまな慈善活動、投資活動を行い、美術界や競馬界に多大な貢献をした。
［2］rock bass: スズキの一種でミシシッピー川上流や五大湖に生息する釣り魚。

INDEX

あ行

アーティチョーク：
    アーティチョーク　プロバンス風　279
    アーティチョークとカニの冷たいサラダ　308
    アーティチョークのフォアグラとトリュフ詰め　278
    ごま風味のアーティチョーク　37
    マッシュルームとアーティチョークのソテー　287
    マッシュルームとアーティチョークのマリネ　37

アイス：
    いちごのグラニテ　363
    ライムアイス　363

アイスクリーム：
    アイスクリームといちごのゼリー　362
    チョコレートパイ　アイスクリーム添え　348
    ベイクドアラスカ　361
    ホイップクリームとコーヒーのアイスクリームソース　271
    桃とアイスクリーム　アーモンドとラズベリーのソース添え　362
    ラズベリークリーム　358

赤ワインで煮込むビーフシチュー　198

アスパラガス：
    アスパラガス・ヴィネグレット　278
    アスパラガススープ　79
    アスパラガスとハムのグラタン　209

アップル・ノルマンディー（クレープ用ソース）　323

アップルカスタードのいちご添え　357

アプリコットをのせたオレンジ風味のチーズケーキ　338

アボカド：
    アボカドスープ　カーメル風　79
    アボカドゼリー　312
    アボカドとカニのカクテル　30
    アボカドとチキンのサラダ　310
    アボカドのカクテル　31
    クリームチーズとアボカドのディップ　48
    ターキーとアボカドのワインソース　190
    ベイクドポテトのアボカド詰め　289

甘酸っぱいミートボール　イヴェット風　56
甘酸っぱいミートボール　イヴォンヌ風　57
甘酸っぱいミートボール　ヨランダ風　57

アルルカンスフレ　354

アンチョビ：
    アンチョビバター　25
    サワークリームとアンチョビのサラダドレッシング　252
    夏の子牛料理　アンチョビソース　228
    ピーマンのアンチョビソース仕立て　36

アンディーブのグラタン　280

いちご：
    アイスクリームといちごのゼリー　362
    アップルカスタードのいちご添え　357
    いちごとクリームチーズのデザート　329
    いちごのアーモンドチーズケーキ　340
    いちごのグラニテ　363
    いちごのタルト　351
    いちごのチョコレートとラムのクリームがけ　325
    いちごのラズベリーソース　クリーム添え　330
    ストロベリームース　356
    パイナップルといちごのクリーム添え　328
    メレンゲにのったリキュール風味のいちご　329

イングリッシュソール　アルル風　139
イングリッシュソールのフィレ　ノルマンディー風　139
イングリッシュソールのムニエル　143

Index　377

ヴィールチョップ　カーメル風　227
ヴィールチョップ　バロック風　227
ヴィールチョップのタラゴン焼き　228
ヴィシソワーズ　84
ヴィネグレットソース　264
ウォルドーフ・ランチョンサラダのゼリー寄せ
　310
うずらのワインソース　186
ヴルーテソース　247

エッグ・ア・ラ・マントン　103
エッグ・パシフィック　103
エビ：
　エビとベーコンの串焼き　58
　エビとロブスター　地中海風　133
　エビのアーモンドソース　ボンベイ風　132
　エビのオードブル　58
　エビのオリエンタル風　131
　エビの中南米風　138
　エビのナポリ風　135
　エビのニューバーグ風　136
　エビのハーブ焼き　138
　エビのフランチェスカ風　134
　エビのボイル　57
　エビのマーガレット風　134
　エビのラタトゥイユ　136
　エビのリミニ風　137
　シュリンプチャウダー　77
　シュリンプドラール　133
　シュリンプビスク　ベンガル風　77
　冷製エビの上海風　131
　冷製エビ用ソース　262
えんどう豆のフランス風　287

オイスター・カシーノ　122
大ヒラメ：
　大ヒラメのサントロペ風　116
　大ヒラメの白ワインソース　116
　大ヒラメのデュグレレ風　115
オーブン料理（Baked）：
　子羊のモントリオール風（なすとトマトソースの
　　重ね焼き）　218
　さつまいもとバナナのオーブン焼き　294
　サバの詰め物焼き　121
　鶏肉のオーブン焼き　フルーツソース　148
　ベイクドアラスカ　361
　ベイクドクラム　ハイアニスポート風　49
　ベイクドブラックベリーケーキ　335
　ベイクドポテトのアボカド詰め　289
　ベイクドレッドスナッパー　フロリダ風　124
　桃のグラッセ　アーモンドを散らして　324
オールドファッション・ボイルドチキン　178
オニオンオムレツ　100
オニオンサラダ　317
オニオンスープ　75
オマール・テルミドール　119
オマールのニューバーグソース　118
オムレツ：
　オニオンオムレツ　100
　オムレツ　97
　オムレツ　グリュイエール　97
　オムレツ　ノントロン風　99
　オムレツ　モントレー風　99
　オムレツ　ルイ風　98
　スパニッシュオムレツ　100
　マッシュルームオムレツ　97
オランデーズソース　238
オリーブ，カレー風味の　36
オリエンタル：
　エビのオリエンタル風　131
　オリエンタルソース　260
　マリネソース，オリエンタル　206
オレンジ：
　アプリコットをのせたオレンジ風味のチーズケー
　　キ　338
　オレンジタイルクッキー　332
　鴨肉のオレンジソース　181
　マンダリンオレンジゼリー　358

か行

ガーデンサラダ　307
カクテル：
　アボカドとカニのカクテル　30
　アボカドのカクテル　31
　カクテル・スキュア　32
　カクテル・マッシュルーム　31
　セビーチェ，エクアドル風（魚の冷製カクテル）　33
カクテルソース：
　カクテルソース　247
　カクテルソース・コルドー　248
　カクテルソース・タント　248
　セロリのカクテルソース　249
カスタードプリン・フランペ　ジョージア風　359
ガスパチョ　81
ガチョウのロースト　焼きりんご添え　184
カナッペ　ロレーヌ風　27
カニ：
　アーティチョークとカニの冷たいサラダ　308
　アボカドとカニのカクテル　30
　カニスープ　69
　カニとトマトのビスク　69
　カニとライス　イタリア風　111
　カニ肉のロワイヤル　28
　カニのアーモンド添え　113
　カニのヴァレンタイン風　112
　カニのスプレッド，ポリネシア風　45
　カニのセント・ジョージ風　29
　カニのディップ　48
　クラブ・カリブ　111
　魚のカニ詰め　きゅうりソース　112
　シーフードのキッシュ　ニューバーグ風　51
　デビルクラブミート，ロジャーの　30
かぼちゃ：
　スクウォッシュのグラッセ　297
　スクウォッシュの詰め物，アメリカ風　296
鴨肉：
　鴨肉のオレンジソース　181
　鴨肉のメキシカン風　181

鴨肉のロースト，ペンシルベニア・ダッチ風　184
鴨肉のロースト　桃添え　182
子鴨のロースト　183
子鴨のロースト　きんかんのブランデー煮とともに　183
カリフラワー：
　カリフラワーのボイル　卵とクレソンとともに　279
　カリフラワーのホットピクルス　315
カレイ：
　アルル風　→イングリッシュソール　アルル風　139
　アンタン風　→シタビラメのアンタン風　141
　カレイのエグロン風　114
カレーソース　258
カレー風味：
　オリーブ，カレー風味の　36
　クリームスープ　セネガル風（カレースープ）　81
　なすのカレー風味　280
　ホタテのカレーソテー　126
カワマス：
　カワマスのアーモンドソテー　144
　カワマスのクールブイヨン煮　144
カンバーランドソース　257

キジ：
　キジのパテのパイ包み　トリュフ添え　40
　子キジのスヴァロフ風　185
キッシュ：
　キッシュ　ロレーヌ風　50
　キッシュ・ピペラード　ビスケーン風　52
　シーフードのキッシュ　ニューバーグ風　51
キャビア：
　セロリのキャビア詰め　35
　卵のカナッペ　26
　デビルドエッグ　フローレンス風　59
　ムース・ルージュ　38
　ロシア風サラダドレッシング　252
キャピトルヒル・サラダドレッシング　250

Index　379

キャベツスープ　ロシア風　66
牛すね肉のボイル　199
牛肉：
　赤ワインで煮込むビーフシチュー　198
　オリエンタル・マリネソース　206
　家庭風ビーフストロガノフ　204
　牛すね肉のボイル　199
　牛肉の赤ワイン煮　198
　牛肉の香草シチュー　プロヴァンス風　205
　牛肉のミロトン　199
　牛肉ロールの煮込み　スウェーデン風　225
　牛ローストの蒸し煮　200
　ケバブ　204
　ショートリブの蒸し煮　アラジン風　201
　スペイン風ショートリブ　207
　トップサーロインのポットロースト　レモン風味　208
　ビーフウェリントン　202
　フィレミニヨン　エセックス風　201
　ペッパーステーキ　207
　ポットロースト　206
　→ミートボールの項
きゅうり：
　きゅうりのカナッペ　26
　きゅうりのソース　257
　きゅうりのマリネサラダ　316

クイックチーズソース　242
クールブイヨン，魚介類をゆでるための　244
串焼き：
　エビとベーコンの串焼き　58
　ホタテの串焼き　127
クッキー：
　オレンジタイルクッキー　332
　クッキー，オランダ風　331
　チュールビスケット　333
　パレ・オ・レザン（レーズンまたはチョコチップ入りクッキー）　333
　ビスケット，ブラバント風　330
　マドレーヌ　332
　グラハムクラッカークラスト　342

クラブ・カリブ　111
クラム：
　クラム　ジャクリーン風　50
　クラムディップ　47
　ソース：
　　ホワイトクラムソース　255
　　レッドクラムソース　254
　チャウダー：
　　クラムチャウダー，マンハッタン風　73
　　ニューイングランド・クラムチャウダー　南ボストン風　74
　　ベイクドクラム　ハイアニスポート風　49
クリーミーマスタードソース　256
クリーム：
　カスタードプリン・フランベ　ジョージア風　359
　クリームスープ　セネガル風（カレースープ）　81
　クリームスープ　ブルボン風　86
　クリームチーズとアボカドのディップ　48
　クレソンのポタージュ　71
　スプリットピーのクリームスープ　71
　チキン・シェリー・クリームスープ　68
　チキンクリームスープ　ビルマ風　86
　デリス・デュ・ロア（シュークリーム）　334
　ビリビ（ムール貝クリームスープ）　64
　ブロッコリーのクリームスープ　70
　冷製クリームスープ，ブラジル風　80
　クリームチーズケーキ，ヴィクトリア風　359
　グリーン・ゴッデス・サラダドレッシング　250
　グリビッシュソース　263
　くるみケーキ　オーガスタ風　341
クレープ：
　アップル・ノルマンディー（クレープ用ソース）　323
　クレープ生地　322
　クレープシュゼット　322
　グレープフルーツゼリーのサラダ　311
　クレソンのポタージュ　71

ケーキ：
　アプリコットをのせたオレンジ風味のチーズケーキ　338
　いちごのアーモンドチーズケーキ　340
　ヴィクトリア風クリームチーズケーキ　359
　くるみケーキ　オーガスタ風　341
　ジェノワーズ（スポンジケーキ）　339
　スーのチーズケーキ　341
　デビルズフードケーキ　蜂蜜入り　336
　デリス・デュ・ロア（シュークリーム）　334
　バナナをのせたスパイスケーキ　338
　ブルーベリーチーズケーキ　335
　フレンチフルーツケーキ　337
　ベイクドブラックベリーケーキ　335
ケーパーのディップ　47
ケバブ　204

子牛肉：
　ヴィールチョップ　カーメル風　227
　ヴィールチョップ　バロック風　227
　ヴィールチョップのタラゴン焼き　228
　牛肉ロールの煮込み　スウェーデン風　225
　子牛のエスカロップ　アルル風　229
　子牛のカプリ風　226
　子牛のコートレット（カツレツ）　リッチモンド風　230
　子牛のシチュー　インド風　233
　子牛のスカロピーネ　ヴェロニカ風　232
　子牛のゼリーコンソメ，メキシコ風　83
　子牛のポピエット　ストロガノフ風　231
　子牛のマントン風　232
　子牛の蒸し煮　ケーパーソース　224
　夏の子牛料理　アンチョビソース　228
コーンチャウダー，アルザス風　64
子鴨：
　子鴨のロースト　183
　子鴨のロースト　きんかんのブランデー煮とともに　183
子キジのスヴァロフ風　185
コダラのニューオーリンズ風　129
子鳩のキャセロール　188

子鳩の蒸し煮　グリンピース添え　188
子羊：
　ケバブ　204
　子羊のケバブ　220
　子羊のソテーとなすの煮込み　221
　子羊のナヴァラン・プランタニエール　224
　子羊の蜂蜜ロースト　219
　子羊の蒸し煮　サン・カルロ風　219
　子羊のモントリオール風（なすとトマトソースの重ね焼き）　218
　子羊のもも肉のロースト　ギリシャ風　222
　子羊のもも肉のロースト　ジュニパーベリーソース　223
　ラック・オブ・ラム　ジャクリーン風　222
　ローストラムのためのコーティングソース　256
　ローストラム用ソース　262
ごま風味のアーティチョーク　37
米：
　カニとライス　イタリア風　111
　サフランライス　ワイン風味　298
　パエリア　バレンシア風　214
　ハムとアーモンドのピラフ　211
　ライスサラダ，ジャイプル風　316
コンソメ：
　子牛のゼリーコンソメ，メキシコ風　83
　コンソメ・コスタリカ　68
　ゼリーコンソメ　トマト風味　82

さ行

サーディン：
　サーディンスプレッド　46
　サーディンバター　ニース風　46
　ノルウェーサーディン・ミモザ　28
サーモン：
　サーモン・イン・ビア　35
　サーモンステーキのポシェ　125
　スモークサーモンのディップ　49
　サウザンアイランドドレッシング　253
　魚のカニ詰め　きゅうりソース　112

Index　381

さつまいもとバナナのオーブン焼き　294
さつまいものアルジェリア風　288
サバ：
　サバの詰め物焼き　121
　サバのフィレ　漁師風　121
サバイヨンソース　マルサラ酒風味　269
サフランライス　ワイン風味　298
さやいんげんのアーモンドあえ　285
サラダドレッシング：
　キャピトルヒル・サラダドレッシング　250
　グリーン・ゴッデス・サラダドレッシング　250
　サウザンアイランドドレッシング　253
　サワークリームとアンチョビのサラダドレッシング　252
　ビネガーとオイルのサラダドレッシング　253
　フレンチドレッシング　マスタード風味　251
　リミニサラダドレッシング　251
　ロシア風サラダドレッシング　252
　ロレンツォサラダドレッシング　250
サワークリーム入りポテトスープ　76
サワークリームとアンチョビのサラダドレッシング　252

シーザーサラダ，ジーン給仕長の　306
シーフードのキッシュ　ニューバーグ風　51
ジェノワーズ（スポンジケーキ）　339
シタビラメ：
　イングリッシュソール　アルル風　139
　イングリッシュソールのフィレ　ノルマンディー風　139
　イングリッシュソールのムニエル　143
　シタビラメのアンタン風　141
　シタビラメのディエップ風　142
　シタビラメのドリア　141
　シタビラメのフィレ　ヴェロニカ風　140
シチュー：
　赤ワインで煮込むビーフシチュー　198
　牛すね肉のボイル　199
　牛肉の香草シチュー　プロヴァンス風　205
　子牛のシチュー　インド風　233
　子羊のナヴァラン・プランタニエール　224

　鶏肉のシチュー，デラウェア風　174
　ハムとフラジョレ豆のフレンチシチュー　210
　ラタトゥイユ　ニース風　298
シャードエッグ　アルバート風　95
シャードエッグ　ロバート風　95
じゃがいも：
　サワークリーム入りポテトスープ　76
　じゃがいもとチーズのグラタン　サボア風　292
　じゃがいもとにんじんのキャセロール　291
　じゃがいものアーリー風　292
　じゃがいものシャンティィ風　289
　じゃがいものドフィーネ風　290
　　イデアーレ風　290
　　シャモニー風　290
　じゃがいものリヨン風　291
　ハムとポテトのサラダ　308
　ふんわりポテトのシャヴィニョル風　293
　ベイクドポテトのアボカド詰め　289
　ホイップポテトのキャセロール　293
　ポテトサラダ，オランダ風　314
　ポテトサラダ，バンガロール風　313
シャッドの卵の煮付け　アンジュ風　130
シャッドの卵の煮付け　ポーランド風　130
シャルキュティエールソース　261
シュプレーム・ド・ボライユ・ジスモンダ（鶏の胸肉　マッシュルームとほうれん草添え）　151
シュリンプチャウダー　77
シュリンプドラール　133
シュリンプビスク　ベンガル風　77
ショートリブ，スペイン風　207
ショートリブの蒸し煮　アラジン風　201
ショー・フロワ，ソース（ゼリー状のホワイトソース）　245
ショロン，ソース　243

スーのチーズケーキ　341
スービーズソース　246
スクウォッシュのグラッセ　297
スクウォッシュの詰め物，アメリカ風　296
スクランブルドエッグ　カルモー風　96
スクランブルドエッグ　ニエーブル風　96

スタッフドエッグ　104
スタッフドエッグ　カリフォルニア風　104
スタッフドエッグ　ナネット風　105
ステーキ：
　ペッパーステーキ　207
　ワインとディルのステーキ用ソース　265
ストロベリームース　356
スパイシーチキン　アスパラガス添え　180
スパニッシュ：
　ショートリブ，スペイン風　207
　スパニッシュオムレツ　100
　パナシェ（スペイン風野菜のパテ）　297
スプリットピーのクリームスープ　71
スフレ：
　アルルカンスフレ　354
　スフレ　ヴィクトアール風　92
　スフレ　マルト風　92
　ターキースフレ　191
　チョコレートスフレ　353
　ほうれん草のスフレ　295
　野菜、チーズまたはシーフードのスフレ　94
スモークサーモンのディップ　49

セビーチェ，エクアドル風（魚の冷製カクテル）　33
ゼリー：
　アボカドゼリー　312
　ウォルドーフ・ランチョンサラダのゼリー寄せ　310
　グレープフルーツゼリーのサラダ　311
　子牛のゼリーコンソメ，メキシコ風　83
　ショー・フロワ，ソース(ゼリー状のホワイトソース)　245
　ゼリーコンソメ　トマト風味　82
　トマトゼリーのサラダ　312
　マンダリンオレンジゼリー　358
セロリのカクテルソース　249
セロリのキャビア詰め　35

ソテー：
　カワマスのアーモンドソテー　144
　子羊のソテーとなすの煮込み　221
　鶏肉のソテー　ケイティ風　179
　ホタテのカレーソテー　126
　マッシュルームとアーティチョークのソテー　287
　若鶏のソテー　クレオール風　158
　若鶏のソテー　猟師風　161

た行

ターキー：
　ターキースフレ　191
　ターキーとアボカドのワインソース　190
　ターキーのための栗の詰め物　189
　ターキーパテ　41
　ローストターキー　189
タフィーナッツソース　270
卵：
　エッグ・ア・ラ・マントン　103
　エッグ・パシフィック　103
　→オムレツの項
　カリフラワーのボイル　卵とクレソンとともに　279
　シャードエッグ　アルバート風　95
　シャードエッグ　ロバート風　95
　スクランブルドエッグ　カルモー風　96
　スクランブルドエッグ　ニエーブル風　96
　スタッフドエッグ　104
　スタッフドエッグ　カリフォルニア風　104
　スタッフドエッグ　ナネット風　105
　→スフレの項
　卵のカナッペ　26
　卵のベネディクト風　101
　デビルドエッグ　フローレンス風　59
　ほうれん草のキャセロール　スザンヌ風　93
　ポーチドエッグ　101
　ポーチドエッグ　ニーム風　102
　ポーチドエッグ　リール風　102
玉ねぎ：
　オニオンオムレツ　100

Index　383

オニオンサラダ 317
オニオンスープ 75
タラのフィレ ピンクソース 114
タルタルソース 264
タルト →パイ、タルトの項
タルトタタン 345

チーズ：
 オムレツ グリュイエール 97
 カナッペ ロレーヌ風 27
 キッシュ ロレーヌ風 50
 クリームチーズ：
  クリームチーズケーキ，ヴィクトリア風 359
  クリームチーズとアボカドのディップ 48
  ホットクリームチーズカナッペ 27
  スフレ ヴィクトアール風 92
 ソース：
  クイックチーズソース 242
  チーズソース 243
 チーズカナッペ 25
 チーズスープ，ニューポート風 75
 チーズスプレッド，ハンガリー風 44
 チーズとキルシュワッサーのスプレッド 42
 チーズとビールのスプレッド 42
 チーズミートボール 54
 チーズログ 52
 ヌードルとチーズのキャセロール 299
 パイ：
  チェリーのチーズパイ 346
  チョコレートチーズパイ 347
  バナナチーズパイ 349
  ブルーチーズとくるみのハム巻き 33
  ペイルゴールドチーズペストリー 53
  野菜、チーズまたはシーフードのスフレ 94
 ロックフォールチーズ：
  チキン・ロックフォール 166
  ロックフォール アリアドネ風 45
  ロックフォールスプレッド，ノルマンディー風 45
  ロックフォールロール 34

チーズケーキ：
 アプリコットをのせたオレンジ風味のチーズケーキ 338
 いちごのアーモンドチーズケーキ 340
 スーのチーズケーキ 341
 ブルーベリーチーズケーキ 335
チェリー
 チェリージュビリー 360
 チェリーのチーズパイ 346
 チェリーのフラン 347
チキン・オイスター・ガンボ アメリカ南部風 67
チキンカナッペ 26
チキンクリームスープ ビルマ風 86
チキンサラダ，カシミール風 309
チキン・シェリー・クリームスープ 68
チキンジャンバラヤ 162
チキンスープ 66
チキンスープ フランダース風 67
チキン・ディアボロ 158
チキンパイ 帝国風 165
チキン・フランセーズ 159
チキンレバーパテ 39
チキン・ロックフォール 166
チャウダー：
 クラムチャウダー，マンハッタン風 73
 コーンチャウダー，アルザス風 64
 シュリンプチャウダー 77
 ニューイングランド・クラムチャウダー 南ボストン風 74
 フィッシュチャウダー マンハッタン風 72
 野菜チャウダー 78
チュールビスケット 333
チョコレート：
 いちごのチョコレートとラムのクリームがけ 325
 チョコレートスフレ 353
 チョコレートソース：
  チョコレートソース 266
  ホットチョコレートソース 267
  ラムとチョコレートの温かいソース 267
  リッチチョコレートソース 268

チョコレートチーズパイ　347
チョコレートパイ　アイスクリーム添え　348
チョコレートファッジソース　266
チョコレートムース　355
パレ・オ・レザン（レーズンまたはチョコチップ入りクッキー）　333

詰め物料理（Stuffed）：
　牛肉ロールの煮込み　スウェーデン風　225
　魚のカニ詰め　きゅうりソース　112
　サバの詰め物焼き　121
　スクウォッシュの詰め物，アメリカ風　296
　スタッフドエッグ　104
　スタッフドエッグ　カリフォルニア風　104
　スタッフドエッグ　ナネット風　105
　セロリのキャビア詰め　35
　ターキーのための栗の詰め物　189
　なすのファルシ　285
　ベイクドポテトのアボカド詰め　289
　桃のアーモンド詰め（砂糖とダークラム風味）　327

デビルズフードケーキ　蜂蜜入り　336
デビルドエッグ　フローレンス風　59
デビルドクラブミート，ロジャーの　30
デリス・デュ・ロア（シュークリーム）　334
天使のパイ　344

トップサーロインのポットロースト　レモン風味　208
トマトゼリーのサラダ　312
トマトのリビエラ風　317
鶏肉：
　アボカドとチキンのサラダ　310
　オールドファッション・ボイルドチキン　178
　スープ：
　　チキン・オイスター・ガンボ　アメリカ南部風　67
　　チキンクリームスープ　ビルマ風　86
　　チキン・シェリー・クリームスープ　68
　　チキンスープ　66

チキンスープ　フランダース風　67
スパイシーチキン　アスパラガス添え　180
チキンカナッペ　26
チキンサラダ，カシミール風　309
チキンジャンバラヤ　162
チキン・ディアボロ　158
チキンパイ　帝国風　165
チキン・フランセーズ　159
チキンレバーパテ　39
チキン・ロックフォール　166
鶏と牛肉の田舎風　152
鶏とアーモンドのワイン煮　173
鶏とヌードルのクリームソース　153
鶏とパイナップルの中華炒め　154
鶏の赤ワイン煮　172
鶏のウイスキーソース　162
鶏のヴェローナ風　170
鶏肉のオーブン焼き　フルーツソース　148
鶏肉のサバンナ風　168
鶏肉のサンフランシスコ風　167
鶏肉のシェリー酒風味　180
鶏肉のシチュー，デラウェア風　174
鶏肉のソテー　ケイティ風　179
鶏肉のソレント風　169
鶏肉のチーズ焼き　170
鶏肉のナポリ風　165
鶏肉のハーブ焼き　171
鶏肉のバスク風　155
鶏肉のフランス風　160
鶏肉のヘレーヌ風　160
鶏肉のボーヴェ風　156
鶏肉のボルチモア風　154
鶏肉のボンベイ風　156
鶏肉のマドラス風　163
鶏肉のマドリード風　164
鶏肉のマンダリンスタイル　164
鶏肉のレモン煮　172
鶏料理，東アジア風　175
鶏料理，東インド風　174
パエリア　バレンシア風　214
ハニーチキン　177

Index　385

→フライドチキンの項
ルマーキ（鶏レバーのベーコン巻き　ハワイアンスタイル）　32
若鶏：
　若鶏のエストラゴン風味　147
　若鶏のクリーム添え、オージュ谷風　169
　若鶏のソテー　クレオール風　158
　若鶏のソテー　猟師風　161
　若鶏のロースト　ボーセジュール風　178
鶏の胸肉：
　シュプレーム・ド・ボライユ・ジスモンダ（鶏の胸肉　マッシュルームとほうれん草添え）　151
　鶏の胸肉　インド風　151
　鶏の胸肉　エリザベス女王風　149
　鶏の胸肉　フロリオ風　157

な行

なす：
　子羊のソテーとなすの煮込み　221
　子羊のモントリオール風（なすとトマトソースの重ね焼き）　218
　なすとトマト、マッシュルームの重ね焼き　284
　なすのアミアン風（チキンとハム詰め）　283
　なすのヴォーリヴァージュ風　43
　なすのカラブリア風（トマトとチーズの重ね焼き）　282
　なすのカレー風味　280
　なすのキャセロール　281
　なすのキャセロール　バグダッド風　282
　なすのスプレッド　アテネ風　44
　なすのファルシ　285
　なすの冷製前菜　43
ナッツボール　360
夏の子牛料理　アンチョビソース　228
夏のマッシュルームスープ　84
煮込み料理（Boiled）：
　カワマスのクールブイヨン煮　144

牛すね肉のボイル　199
牛肉のミロトン　199
ニューイングランド・クラムチャウダー　南ボストン風　74
ヌードル，イタリア風　300
ヌードル，中華風（ウォーターチェスナッツ風味）　301
ヌードルとチーズのキャセロール　299
ノルウェーサーディン・ミモザ　28

は行

バージニアハム　ヴェルドン風　212
パーチのフランベ　123
パートブリゼ（タルト生地）　343
バーベキューソース　256
バーベキューミートボール　54
バーボン風味のピーカンボール　361
パイ、タルト：
　いちごのタルト　351
　キジのパテのパイ包み　トリュフ添え　40
　キッシュ　ロレーヌ風　50
　キッシュのタルト台　→キッシュ　ロレーヌ風　50
　キッシュ・ピペラード　ビスケーン風　52
クラスト：
　グラハムクラッカークラスト　342
　パートブリゼ（タルト生地）　343
　パイ生地　343
　シーフードのキッシュ　ニューバーグ風　51
　タルトタタン　345
　チェリーのチーズパイ　346
　チェリーのフラン　347
　チキンパイ　帝国風　165
　チョコレートチーズパイ　347
　チョコレートパイ　アイスクリーム添え　348
　天使のパイ　344
　バナナチーズパイ　349

ハニーアップルパイ　350
ピーカンパイ，ローリー風　351
ピーチピーカンパイ　350
パイナップルといちごのクリーム添え　328
パエリア　バレンシア風　214
バター：
　アンチョビバター　25
　クレープシュゼット　322
　サーディンバター　ニース風　46
　澄ましバター　→アスパラガス・ヴィネグレット　278
蜂蜜：
　子羊の蜂蜜ロースト　219
　デビルズフードケーキ　蜂蜜入り　336
　ハニーアップルパイ　350
　ハニーチキン　177
　ハニーベイクドアップル　326
パテ：
　キジのパテのパイ包み　トリュフ添え　40
　ターキーパテ　41
　チキンレバーパテ　39
　パテ・ド・カンパーニュ（田舎風パテ）　39
　パナシェ（スペイン風野菜のパテ）　297
鳩肉のロースト，ガルフコースト風　186
パナシェ（スペイン風野菜のパテ）　297
バナナチーズパイ　349
バナナをのせたスパイスケーキ　338
ハニーアップルパイ　350
ハニーチキン　177
ハニーベイクドアップル　326
バニラソース　270
パフペストリー（折りパイ生地）　344
パプリカのピクルス　288
ハム：
　アスパラガスとハムのグラタン　209
　なすのアミアン風（チキンとハム詰め）　283
　バージニアハム　ヴェルドン風　212
　ハムとアーモンドのピラフ　211
　ハムとチキンのサラダ　307
　ハムとフラジョレ豆のフレンチシチュー　210
　ハムとポテトのサラダ　308

ハムのムース　210
ブルーチーズとくるみのハム巻き　33
ほうれん草とハムのヌードル　301
パレ・オ・レザン（レーズンまたはチョコチップ入りクッキー）　333

ピーカンパイ，ローリー風　351
ピーチピーカンパイ　350
ビーフウェリントン　202
ビーフストロガノフ，家庭風　204
ピーマンのアンチョビソース仕立て　36
ピカント，ソース　246
ピザトマトソース　254
ビスケット，ブラバント風　330
ビネガーとオイルのサラダドレッシング　253
ピューレ，お気に入りの　286
ひよこ豆のサラダ　グルノーブル風　313
ビリビ（ムール貝クリームスープ）　64

フィッシュストック　244
フィッシュチャウダー　マンハッタン風　72
ブイヤベース，マルセイユ風　110
フィレミニヨン　エセックス風　201
フェットチーネ　ルネ風　299
豚肉：
　ポークサーロインロースト　セント・クラウド風　217
　ポークチョップ　パドア風　215
　ポークチョップ　ワルシャワ風　217
　ポークチョップとマッシュルームの煮込み　216
　ポークチョップのシャルキュティエールソース添え　215
　ポークチョップのフランベ　アンリ風　213
フライドチキン：
　フライドチキン　ウィーン風　176
　フライドチキン　フレデリック風　176
　フライドチキン　ボルチモア風　175
ブラウンソース　242
フランクフルト：
　カクテル・スキュア　32
フランボワーズのシャンパンパフェ　357

Index　387

ブルーチーズとくるみのハム巻き　33
ブルーベリーチーズケーキ　335
プリン：
　カスタードプリン・フランベ　ジョージア風　359
　ブレッドプディング，フルーツ入り　325
　フローティングアイランド　352
フルーツ：
　→アボカドの項
　→いちごの項
　グレープフルーツゼリーのサラダ　311
　さつまいもとバナナのオーブン焼き　294
　→チェリーの項
　鶏肉とパイナップルの中華炒め　154
　鶏肉のオーブン焼き　フルーツソース　148
　パイナップルといちごのクリーム添え　328
　バナナチーズパイ　349
　バナナをのせたスパイスケーキ　338
　ブルーベリーチーズケーキ　335
　ブレッドプディング，フルーツ入り　325
　フレンチフルーツケーキ　337
　ベイクドブラックベリーケーキ　335
　マセドワーヌ・ド・フリュイ・シャンティイ（ミックスフルーツのクリーム添え）　326
　マンダリンオレンジゼリー　358
　メロンスープ，冷製　80
　→桃の項
　洋梨のカラチ風　328
　ライムアイス　363
　→ラズベリーの項
　→りんごの項
ブレッドクリームソース　241
ブレッドプディング，フルーツ入り　325
ブレンダーマヨネーズ　249
フレンチ：
　えんどう豆のフランス風　287
　鶏肉のフランス風　160
　ハムとフラジョレ豆のフレンチシチュー　210
　フレンチドレッシング　マスタード風味　251
　フレンチフルーツケーキ　337
　フローティングアイランド　352

ブロッコリーのクリームスープ　70
ふんわりポテトのシャヴィニョル風　293
ベアルネーズソース　239
ベイクドアラスカ　361
ベイクドクラム　ハイアニスポート風　49
ベイクドブラックベリーケーキ　335
ベイクドポテトのアボカド詰め　289
ベイクドレッドスナッパー　フロリダ風　124
ペイルゴールドチーズペストリー　53
ベシャメルソース（クリームソース）　240
ペストリー：
　パイ生地　343
　パフペストリー（折りパイ生地）　344
　ペイルゴールドチーズペストリー　53
ペッパーステーキ　207
ホイップクリームとコーヒーのアイスクリームソース　271
ホイップポテトのキャセロール　293
ほうれん草：
　シュプレーム・ド・ボライユ・ジスモンダ（鶏の胸肉　マッシュルームとほうれん草添え）　151
　ほうれん草とハムのヌードル　301
　ほうれん草のキャセロール　スザンヌ風　93
　ほうれん草のグラタン　ワシントン風　294
　ほうれん草のスフレ　295
ポークサーロインロースト　セント・クラウド風　217
ポークチョップ　パドア風　215
ポークチョップ　ワルシャワ風　217
ポークチョップとマッシュルームの煮込み　216
ポークチョップのシャルキュティエールソース添え　215
ポークチョップのフランベ　アンリ風　213
ポーチドエッグ　101
ポーチドエッグ　ニーム風　102
ポーチドエッグ　リール風　102
ホタテ：
　ホタテのアントワーヌ風　126

ホタテのカレーソテー　126
ホタテの串焼き　127
ホタテのサリアト風　128
ホタテのセント・イブ風　129
ホタテのブルーニ風　127
ホットクリームチーズカナッペ　27
ホットチョコレートソース　267
ホットマスタードソース　259
ポットロースト　206
ポテトサラダ, オランダ風　314
ポテトサラダ, バンガロール風　313
ポラボラ（アメリカンスープ）　65
ボルドレーズソース　240
ホワイトクラムソース　255
ホワイトビーンサラダ, イタリア風　315
ホワイトワインソース　239
ポンパーノのフィレ　エロイーズ風　123

ま行

マス　→カワマスの項
マスタードオランデーズ　238
マスタードソース：
　クリーミーマスタードソース　256
　ホットマスタードソース　259
　マスタードソース　260
マセドワーヌ・ド・フリュイ・シャンティイ（ミックスフルーツのクリーム添え）　326
マッシュルーム：
　カクテル・マッシュルーム　31
　シュプレーム・ド・ボライユ・ジスモンダ（鶏の胸肉　マッシュルームとほうれん草添え）　151
　なすとトマト、マッシュルームの重ね焼き　284
　夏のマッシュルームスープ　84
　ポークチョップとマッシュルームの煮込み　216
　マッシュルームオムレツ　97
　マッシュルームソース　259
　マッシュルームとアーティチョークのソテー　287

マッシュルームとアーティチョークのマリネ　37
マッシュルームロール　34
マディラソース　245
マドレーヌ　332
マリネ：
　牛肉の香草シチュー　プロヴァンス風　205
　きゅうりのマリネサラダ　316
　マッシュルームとアーティチョークのマリネ　37
マリネソース, オリエンタル　206
マルテーズソース　238
マンダリンオレンジゼリー　358
ミートボール：
　甘酸っぱいミートボール　イヴェット風　56
　甘酸っぱいミートボール　イヴォンヌ風　57
　甘酸っぱいミートボール　ヨランダ風　57
　チーズミートボール　54
　バーベキューミートボール　54
　ミートボール　206
　ミートボール　スカンジナビア風　55
　ミートボール, 南の島の　55
ミネストローネ　73
ミモザサラダ　306
ムース：
　ストロベリームース　356
　チョコレートムース　355
　ハムのムース　210
　ムース・アフリケーヌ（モカムース）　355
　ムース・ルージュ　38
ムースリーヌソース　239
ムール貝：
　ビリビ（ムール貝クリームスープ）　64
　ムール貝の白ワイン煮　122
蒸し煮料理（Braised）：
　牛ローストの蒸し煮　200
　子牛の蒸し煮　ケーパーソース　224
　子鳩の蒸し煮　グリンピース添え　188
　子羊の蒸し煮　サン・カルロ風　219

ショートリブの蒸し煮　アラジン風　201

メレンゲシェル　353
メレンゲにのったリキュール風味のいちご　329
麺類：
　鶏肉とヌードルのクリームソース　153
　ヌードル，イタリア風　300
　ヌードル，中華風（ウォーターチェスナッツ風味）　301
　ヌードルとチーズのキャセロール　299
　フェットチーネ　ルネ風　299
　ほうれん草とハムのヌードル　301

桃：
　鴨肉のロースト　桃添え　182
　ピーチピーカンパイ　350
　桃とアイスクリーム　アーモンドとラズベリーのソース添え　362
　桃のアーモンド詰め（砂糖とダークラム風味）　327
　桃のグラッセ　アーモンドを散らして　324
　桃のコンポート　328

や行

野菜，チーズまたはシーフードのスフレ　94
野菜チャウダー　78
ヤシの芽のグラタン　286

洋梨のカラチ風　328

ら行

ライスサラダ，ジャイプル風　316
ライムアイス　363
ラズベリー：
　ラズベリークリーム　358
　ラズベリーソース　267
ラタトゥイユ　ニース風　298

ラタトゥイユ，エビの　136
ラック・オブ・ラム　ジャクリーン風　222
ラムとチョコレートの温かいソース　267
ラムレーズンソース　268
ラムレーズンソース　ピーカンナッツ入り　269

リッチチョコレートソース　268
リミニサラダドレッシング　251
りんご：
　アップルカスタードのいちご添え　357
　アップル・ノルマンディー（クレープ用ソース）　323
　ガチョウのロースト　焼きりんご添え　184
　ハニーアップルパイ　350
　ハニーベイクドアップル　326

ルマーキ（鶏レバーのベーコン巻き　ハワイアンスタイル）　32

冷製エビの上海風　131
冷製エビ用ソース　262
冷製クリームスープ，ブラジル風　80
冷製メロンスープ　80
冷製野菜スープ　81
レーズンソース　260
レッドクラムソース　254
レッドスナッパー：
　魚のカニ詰め　きゅうりソース　112
　ベイクドレッドスナッパー　フロリダ風　124
レバー：
　チキンレバーパテ　39
　ルマーキ（鶏レバーのベーコン巻き　ハワイアンスタイル）　32
レミックソース　263
レムラードソース　261

ロースト：
　ガチョウのロースト　焼きりんご添え　184
　鴨肉のロースト　桃添え　182
　鴨肉のロースト，ペンシルベニア・ダッチ風　184

子鴨のロースト 183
子鴨のロースト　きんかんのブランデー煮とともに 183
子羊の蜂蜜ロースト 219
子羊のもも肉のロースト　ギリシャ風 222
子羊のもも肉のロースト　ジュニパーベリーソース 223
鳩肉のロースト，ガルフコースト風 186
ポークサーロインロースト　セント・クラウド風 217
ローストターキー 189
ローストラムのためのコーティングソース 256
ローストラム用ソース 262
若鶏のロースト　ボーセジュール風 178
ロシア風サラダドレッシング 252
ロジャーのデビルドクラブミート 30
ロックコーニッシュヘンのバイエルン風 187
ロックフォール　アリアドネ風 45
ロックフォールスプレッド，ノルマンディー風 45
ロックフォールロール 34

ロブスター：
　エビとロブスター　地中海風 133
　オマール・テルミドール 119
　オマールのニューバーグソース 118
　ロブスターサラダ　エセックス風 309
　ロブスター，ニューデリー風 120
　ロブスターのアメリケーヌソース 117
　ロブスターのシュプレームソース 119
ロベール，ソース 243
ロレンツォサラダドレッシング 250

わ行

ワインとディルのステーキ用ソース 265
若鶏のエストラゴン風味 147
若鶏のクリーム添え，オージュ谷風 169
若鶏のソテー　クレオール風 158
若鶏のソテー　猟師風 161
若鶏のロースト　ボーセジュール風 178

著者略歴
ルネ・ヴェルドン（René Verdon, 1924-2011）
フランス生まれ。
パリをはじめフランス国内のいくつかの名門レストランで働いたのち、1958 年に渡米。
ニューヨークの高級ホテル「カーライルホテル」、「エセックスハウス」を経て、
1961 年ホワイトハウス初の専任シェフとなる。

ホワイトハウスシェフの料理本(りょうりぼん)
ケネディ家(け)の想(おも)い出(で)

2016 年 3 月 18 日　第 1 刷発行

著者	ルネ・ヴェルドン
監修者	鹿島公子
発行所	鹿島出版会　〒104-0028　東京都中央区八重洲 2-5-14
	電話 03-6202-5200　振替 00160-2-180883

印刷	三美印刷
製本	牧製本
装幀	西野 洋
装幀協力	渡邉 翔
DTP	エムツークリエイト

©Kajima Institute Publishing Co., Ltd. 2016, Printed in Japan
ISBN 978-4-306-09443-7 C0077

落丁・乱丁本はお取り替えいたします。
本書の無断複製（コピー）は著作権法上での例外を除き禁じられています。
また、代行業者等に依頼してスキャンやデジタル化することは、
たとえ個人や家庭内の利用を目的とする場合でも著作権法違反です。
本書の内容に関するご意見・ご感想は下記までお寄せ下さい。

URL: http://www.kajima-publishing.co.jp/
e-mail: info@kajima-publishing.co.jp